中國學術思想 研究輯刊

四　編
林　慶　彰　主編

第 7 冊

今文《尚書》語法與經文詮釋關係之探討（上）

劉　靜　宜　著

花木蘭文化出版社

國家圖書館出版品預行編目資料

今文《尚書》語法與經文詮釋關係之探討（上）／劉靜宜 著
— 初版 — 台北縣永和市：花木蘭文化出版社，2009〔民98〕

目 2+252 面；19×26 公分
（中國學術思想研究輯刊 四編：第7冊）

ISBN：978-986-6449-06-2（精裝）

1. 書經 2. 今文經學 3. 研究考訂 4. 語法

621.117   98001840

ISBN - 978-986-6449-06-2

9 789866 449062

中國學術思想研究輯刊
四 編 第 七 冊   ISBN：978-986-6449-06-2

今文《尚書》語法與經文詮釋關係之探討（上）

作　　者　劉靜宜
主　　編　林慶彰
總 編 輯　杜潔祥
出　　版　花木蘭文化出版社
發 行 所　花木蘭文化出版社
發 行 人　高小娟
聯絡地址　台北縣永和市中正路五九五號七樓之三
　　　　　電話：02-2923-1455／傳真：02-2923-1452
網　　址　http://www.huamulan.tw 信箱 sut81518@ms59.hinet.net
印　　刷　普羅文化出版廣告事業
封面設計　劉開工作室
初　　版　2009年3月
定　　價　四編28冊（精裝）新台幣 46,000 元

今文《尚書》語法與經文詮釋關係之探討（上）

劉靜宜　著

作者簡介

　　劉靜宜，台灣省台中市人，1971 年生，逢甲大學中文所博士，亦擁有中等教育學程證書、教育部對外華語教學能力證書。

　　從事外籍生教學，有近十年的豐富經驗。目前在逢甲大學、中興大學、暨南國際大學教授中文、華語等相關課程。2007、2008 年曾教授僑務委員會美國團華語教師研習班、日韓加歐泰團華語教師研習班，培育更多的海外華語教師。

　　曾獲華嚴蓮社趙氏孝慈大專佛學論文獎、中華扶輪社教育基金會論文獎、逢甲大學「學生優秀作品數位典藏計劃」（e-Paper Contributor）指導教授紀念牌等。

提　　要

　　本文內容主要是從語法角度，由詞類、句類、篇章，對今文《尚書》進行系統的研究。並採取《孔傳》、《孔疏》、《蔡傳》、錢江本《尚書》、屈氏《尚書釋義》五種文本，互相比對，以究今文《尚書》經文所詮釋的要義。

　　諸家對今文《尚書》之句讀與詮釋，見解各異，但研究過程中，藉由語法分析，能辨析句讀與詮釋何者較妥切。從分析中，可得知屹立不搖的《孔傳》、《孔疏》、《蔡傳》等詮釋，並非全部符合原來經文所要呈現的意思。

　　論文共分為九章。第一章「緒論」。第二章「今文《尚書》詞類、短語、句法之探析」，對於今文《尚書》各詞類類別與語法特徵、短語的結構類型、句子成分、單句的類型、複句的類型，一一舉證說明。第三章、第四章、第五章、第六章、第七章，分別對今文《尚書》陳述句、祈使句、疑問句、感嘆句、判斷句加以析論。第八章「今文《尚書》語法析例」，是對六篇內容，各句的語法分析。第九章「結論」，將各章節所提出的論述，簡單扼要的提出本論文之特色。

　　本文可歸納出六點色：一、對比歸納出《經傳釋詞》引《書》之內容；二、釐清台灣與大陸學者語法用語之異同；三、辨析今文《尚書》各句類的語法與特點；四、提出詮釋今文《尚書》句式之路徑；五、辨解「單詞、短語、語句」詮釋之要義；六、提出入今文《尚書》15條例之鑰。

目

次

第一章 緒 論

第一節 研究動機與研究目的

一、研究動機

（一）經學角度而言

《尚書》是記載二帝三王聖道之政書，蔡沈《書經集傳》開宗明義就說：「天下之大經大法，皆載此書」。〔註1〕《尚書》是虞、夏、商、周的文化總匯，記載著政治、天文、地理、曆法、禮儀、教育、刑法等文獻，可提供後人在政治、教育、德行……等方面的參考，有非常高的價值。《尚書》為什麼是儒家所尊之經典，根據《禮記·經解》第二十六記載說：

> 孔子曰：「入其國，其教可知也。其為人也：溫柔敦厚，《詩》教也；疏通知遠，《書》教也；廣博易良，《樂》教也；絜靜精微，《易》教也；恭儉莊敬，《禮》教也；屬辭比事，《春秋》教也。故《詩》之失，愚；《書》之失，誣；《樂》之失，奢；《易》之失，賊；《禮》之失，煩；《春秋》之失，亂。其為人也：溫柔敦厚而不愚，則深於《詩》者也；疏通知遠而不誣，則深於《書》者也；廣博易良而不奢，則深於《樂》者也；絜靜精微而不賊，則深於《易》者也；恭儉莊敬而不煩，則深於《禮》者也；屬辭比事而不亂，則深於《春秋》者也。」〔註2〕

〔註1〕 〔宋〕蔡沈：《書經集傳》（台北：世界書局，1969年8月），序頁1。
〔註2〕 〔清〕阮元刻本：《十三經注疏禮記·經解》（台北：藝文印書館，1955年），

《禮記・經解》篇以「疏通知遠」說明《尚書》的要旨，也就是說藉由研讀《尚書》，可以做為日常生活的借鑑。古代讀書人，除了強調自我個人知識的學習，有機緣也重視為大眾服務。《論語・子張》云：「學而優則仕。」，〔註3〕即是強調經世致用的功用。清代章學誠在《文史通義・原道下》也說，研究六經目的是「以究大道也」。〔註4〕章氏認為研究六經，並不是捨天下事物人倫之日用，而整日窮守六經章句訓詁以言道，六經是要合乎時代的需要，針對時弊而發，並且能在社會生活中起作用，達到經世致用。《尚書》既是古代「大經大法」之所在，故讀書人有機緣應該了解上古的智慧結晶，擔任承先啟後的橋樑。

（二）語法學角度而言

1. 篇幅、體式方面

商周甲文、金文文獻資料，與《尚書》是共時語言。但甲文、金文與《尚書》相比，甲文、金文篇幅小，體式方面較多限制；而今文《尚書》除了篇幅較長之外，也是當時的公文書面資料，兼具當時口語特點，因此可以比較有系統地，反映了商周語言面貌，為漢語史的研究，提供了珍貴的材料。

2. 時代性方面

余心樂、雷良啟〈今文《尚書》語言研究的重大創獲〉〔註5〕一文說，今文《尚書》的語言系統，上承甲文、金文，下啟先秦、兩漢和唐宋的文獻語言。今文《尚書》語言具有明顯的過渡性，既包含了一些早期初始形態及規則，也包含了一些成熟的形態及規則。故通過今文《尚書》文獻語言的研究，可以瞭解當時語法形態及其規則的演變軌迹。

3. 語料價值方面

今文《尚書》是研究上古漢語不可或缺的語料。錢宗武〈論今文《尚書》

　　　頁 845。

〔註3〕〔清〕阮元刻本：《十三經注疏論語・子張》（台北：藝文印書館，1955 年），頁 172。

〔註4〕章學誠《文史通義・原道下》：「夫道備於六經。義蘊之匿於前者，章句訓詁足以發明之：事變之出於後者，六經不能言，固貴約六經之旨，而隨時撰述，以究大道也。……立言與立功相準，蓋必有所需而後從而給之，有所鬱而後從而宣之，有所弊而後從而救之，而非徒誇聲音采色以為一己之名也。」〔清〕章學誠：《文史通義・原道下》（台北：鼎文書局，1977 年 3 月），頁 42。

〔註5〕余心樂、雷良啟：〈今文《尚書》語言研究的重大創獲〉，《古漢語研究》第 1 期（1999 年），頁 91～92。

的語法特點及語料價值〉〔註6〕一文說，今文《尚書》和甲文、金文屬同一語言系統，是漢語最早的書面語，但甲、金文的語法內容遠遠不及今文《尚書》豐富系統。錢宗武《尚書新箋與上古文明》〔註7〕一書，對《尚書》語言現象和語言特點加以說明。書中提及《尚書》既有見於甲文、金文，而不見於先秦、兩漢文獻的語法現象和語法形式；當然，也有見於先秦、兩漢文獻，而不見於甲文、金文的語法現象和語法形式。因此，《尚書》對於古代漢語語法的研究，具有重要的價值。

二、研究目的

（一）語法方面

《易經・繫辭上》云：「河出圖，洛出《書》，聖人則之。」〔註8〕故知《尚書》所反映的語言時代久矣，是屬於上古漢語後期。由於年代久遠，而殷商和周初所用語言，和秦漢時的古漢語，已有很大不同，所以艱澀難讀。故韓愈〈進學解〉曾描述說：「周誥殷盤，詰屈聱牙」。〔註9〕本文藉由語法的歸納，試著建構上古散文法則或條例，有把語法入門鑰匙，對解讀《尚書》有個準則，不再畏懼其艱澀。

（二）思想方面

《尚書》涉及政治、軍事、天文、地理、官制、禮儀、刑法等領域，反映了原始社會，以及封建社會的政治制度、宗法思想、倫理道德。另外，《尚書》也記載了這一時期重要的歷史人物和歷史事件，如：堯舜禪讓、鯀禹治水、盤庚遷殷、周公攝政等史事，對於後世有借鑒之作用。葉國良《經學通論》說：

> 由於《尚書》的性質有極強的政治性，其內容又記述古代聖賢如堯、舜、文、武、周公等人的事蹟，因此它對後代帝王的統治或是一般士人的修身，發揮了指導或糾正的功能……又如〈顧命〉，

〔註6〕　錢宗武：〈論今文《尚書》的語法特點及語料價值〉，《湖南師範大學社會科學學報》第 4 期（1995 年），頁 56～62。

〔註7〕　錢宗武：《尚書新箋與上古文明》（北京：北京大學出版，2004 年 7 月），頁 5。

〔註8〕　〔清〕阮元刻本：《十三經注疏易經・繫辭上》（台北：藝文印書館，1955 年），頁 155。

〔註9〕　〔清〕董誥編：《全唐文》（北京：中華書局，1983 年），頁 56～46。

記成王臨崩命召公、畢公率諸侯輔佐康王之事。此一措施以及「顧命」一詞，在往後二千餘年中不斷重演、使用，「顧命大臣」往往成為新朝政治成敗最具關鍵性的人物，這顯然深受《尚書》的影響。〔註10〕

《論語·八佾》曰：「周監於二代，郁郁乎文哉！吾從周。」〔註11〕《論語·述而》又曰：「甚矣，吾衰也！久矣，吾不復夢見周公。」〔註12〕可知，孔子認為《尚書》是一部重要典籍。本文希望藉由分析語法，進一步辨析《孔傳》、《孔疏》、蔡沈《書經集傳》、屈萬里《尚書釋義》、（周秉鈞校）錢宗武譯注五家說法，何者詮釋較符合接近《尚書》原來經義，以還原《尚書》正確之詮釋。

第二節　研究範圍與研究方法

一、研究範圍

歷代今古文之爭中的經典，最激烈複雜的就是《尚書》，乃是起源於秦始皇焚書坑儒時，《尚書》也被焚毀。這場災難之後，引起了今文《尚書》和古文《尚書》的爭論。漢初伏生，講學於齊、魯之間，這些篇章是用當時的隸書寫成的，故稱為今文《尚書》，在漢朝政府被列於學官。東晉時古文《尚書》立於學官，在社會上流傳，影響較大。到唐朝貞觀五年，唐太宗命令修撰群經正義，孔穎達作《尚書正義》，乃是根據梅賾所獻的本子，於是它便成了官府的標準本。

我們現今流通的《十三經注疏》本《尚書》，即今文《尚書》與梅氏古文《尚書》的合編本，共五十八篇。經過明、清兩代的一些學者考證、辨析，今文《尚書》共二十八篇是先秦原始文獻，古文《尚書》共二十五篇是後人的偽作，〔註13〕這個問題在學術界已成為定論。

〔註10〕 葉國良：《經學通論》（台北：大安出版，2005年8月），頁109～110。

〔註11〕 〔清〕阮元刻本：《十三經注疏論語·八佾》（台北：藝文印書館，1955年），頁28。

〔註12〕 〔清〕阮元刻本：《十三經注疏論語·述而》（台北：藝文印書館，1955年），頁60。

〔註13〕 南宋初年，朱熹等學者開始懷疑梅賾這部書，認為從文字看，不像周秦時的文詞。到明清時，有更多的學者繼續指責梅賾這部書。明梅鷟作《尚書考異》，

　　伏生所傳《尚書》究竟爲二十八篇，還是二十九篇，存有爭論。計有四說。〔註14〕《漢書・藝文志》所述伏生得《尚書》二十九篇，與《史記》一致，是將二十八篇加上〈泰誓〉〔註15〕一篇，共二十九篇。皮錫瑞曾論及研讀《十三經注疏・尚書》之方法，皮錫瑞《經學通論》云：

　　　　百篇全經不可見，二十九篇，篇篇有義，學者當講求大義，不必考
　　　　求逸書。〔註16〕

皮錫瑞又曰：

　　　　昔人謂讀人間未見書，不如讀人間常見書，二十九篇皆常見書。學
　　　　者當寶愛而講明之，勿徒惜不見全經，而反面牆大義也。〔註17〕

　　皮錫瑞意思是說當以研讀今文《尚書》二十九篇爲主。今天通行的《十三經注疏》本《尚書》五十八篇，眞僞參半。茲將僞古文《尚書》與今文《尚書》篇目，比對如下：

虞書	僞古文	5 篇：〈堯典〉、*〔註18〕〈舜典〉、*〈大禹謨〉、〈皋陶謨〉、*〈益稷謨〉。
	今　文	2 篇：〈堯典〉、〈皋陶謨〉。（〈舜典〉包括在〈堯典〉中）（〈益稷〉包括在〈皋陶謨〉中）
夏書	僞古文	4 篇：〈禹貢〉、〈甘誓〉、*〈五子之歌〉、*〈胤征〉。
	今　文	2 篇：〈禹貢〉、〈甘誓〉。

清閻若璩作《古文尚書疏證》，清惠棟作《古文尚書考》，都認爲梅賾的《尚書》爲僞書。這一來，梅賾古文《尚書》的眞僞，便成定論。

〔註14〕伏生所傳《尚書》篇數，計有四說：
　　　一、認爲是二十八篇。另一篇爲〈書序〉。梅鷟、朱彝尊、陳壽祺等持此論。
　　　　梅鷟《尚書考異》引《漢書・藝文志》證之。
　　　二、認爲是二十九篇。另一篇爲〈泰誓〉。陸德明、孔穎達、朱熹、蔡沈、毛
　　　　奇齡、戴震等持此論。陸德明《經典釋文》證之。
　　　三、認爲是二十八篇。另一篇乃〈顧命〉分爲〈顧命〉與〈康王之誥〉所致。
　　　　江聲、龔自珍、俞正燮、皮錫瑞持此論。
　　　四、認爲是二十九篇。〈泰誓〉乃今文尚書故有，非民間所得。王引之、劉逢
　　　　祿、劉師培持此論。王引之《經義述聞》論之。
〔註15〕〈泰誓〉一篇的時間，劉歆《讓太常博士書》說孝武時得，王充《論衡・正
　　　說》說孝宣時得。
〔註16〕〔清〕皮錫瑞：《經學通論》（台北：河洛圖書出版，1974 年 12 月），頁 74。
〔註17〕同上註，頁 76。
〔註18〕按，茲將僞古文《尚書》多出今文《尚書》的篇目，作「*」記號。

商書	偽古文	17 篇：〈湯誓〉、＊〈仲虺之誥〉、＊〈湯誥〉、＊〈伊訓〉、〈太甲上〉、＊〈太甲中〉、＊〈太甲下〉、＊〈咸有一德〉、〈盤庚上〉、〈盤庚中〉、〈盤庚下〉、＊〈說命上〉、＊〈說命中〉、＊〈說命下〉、〈高宗肜日〉、〈西伯戡黎〉、〈微子〉。
	今 文	5 篇：〈湯誓〉、〈盤庚〉、〈高宗肜日〉、〈西伯戡黎〉。〈微子〉。（〈盤庚〉不分上、中、下三篇）
周書	偽古文	32 篇：＊〈泰誓上〉、＊〈泰誓中〉、＊〈泰誓下〉、〈牧誓〉、＊〈武成〉、〈洪範〉、＊〈旅獒〉、〈金縢〉、〈大誥〉、＊〈微子之命〉、〈康誥〉、〈酒誥〉、〈梓材〉、〈召誥〉、〈洛誥〉、〈多士〉、〈無逸〉、〈君奭〉、＊〈蔡仲之命〉、〈多方〉、〈立政〉、＊〈周官〉、＊〈君陳〉、〈顧命〉、＊〈康王之誥〉、＊〈畢命〉、＊〈君牙〉、＊〈冏命〉、〈呂刑〉、〈文侯之命〉、〈費誓〉、〈秦誓〉。
	今 文	19 篇：〈牧誓〉、〈洪範〉、〈金縢〉、〈大誥〉、〈康誥〉、〈酒誥〉、〈梓材〉、〈召誥〉、〈洛誥〉、〈多士〉、〈無逸〉、〈君奭〉、〈多方〉、〈立政〉、〈顧命〉、〈呂刑〉、〈文侯之命〉、〈費誓〉、〈秦誓〉。

本論文研究範圍，以今文《尚書》二十八篇為主，偽古文《尚書》為輔。除了以通行的《十三經注疏·尚書》〔註 19〕為其底本，並輔以宋蔡沈《書經集傳》〔註20〕、近人屈萬里《尚書釋義》，〔註21〕以及周秉鈞校、錢宗武和江灝譯注的《尚書》〔註22〕等，互相比對，俾使能對《尚書》文義更加了解。

二、研究方法

本篇論文研究方法，分別以：（一）異源資料比較法；（二）以經解經互證法；（三）資料庫歸納法；（四）語言學分析法；（五）考古資料印證法，逐加考證。

（一）異源資料比較法

所謂比較法是指取兩種以上的學術，經過比較推量，見其優劣。本研究參考殷周甲骨文、金文共時地下出土材料，或是引《尚書》的先秦典籍，如

〔註19〕〔漢〕孔安國傳、〔唐〕孔穎達疏、〔清〕阮元校：《尚書》（台北：藝文印書館，1955 年），（按：以下引文，將不再注明出處。）

〔註20〕〔宋〕蔡沈：《書經集傳》（台北：世界書局，1969 年 8 月）。（按：以下引文，將不再注明出處。）

〔註21〕屈萬里：《尚書釋義》（台北：華岡書局，1972 年 4 月）。（按：以下引文，將不再注明出處。）

〔註22〕周秉鈞校，錢宗武、江灝譯注：《尚書》（台北：台灣古籍出版，2001 年 11 月）。（按：以下引文，將不再注明出處。）

《詩經》、《墨子》、《莊子》、《韓非子》、《戰國策》、《呂氏春秋》等，或與漢代的司馬遷《史記》、班固《漢書》進行比較。如，司馬遷寫《史記》中的〈五帝本紀〉、〈夏本紀〉、〈殷本紀〉、〈周本紀〉，引用不少《尚書》的材料，或錄全文，或取部分文字，相互對照，以瞭解周代時候的用語意義。例如：《尚書‧堯典》中有「欽若昊天」，《史記》便寫爲「敬順昊天」。又如，〈堯典〉中的「瞽子」，《史記》中改作「盲者」。藉此可勾勒出某些語言發展的軌迹與意義。許錟輝先生《先秦典籍引尚書考》〔註23〕與劉起釪《尚書學史》〔註24〕二書，對先秦典籍引《尚書》都有詳細考探。

（二）以經解經互證法

《詩》、《書》、《禮》、《易》、《春秋》等諸經，記載春秋、戰國時代的歷史、政治、教育、經濟、制度等的上古語料，故經與經之間，可以互相證明。例如，《周書‧洛誥》中云：「彼裕我民，無遠用戾」，而各家對「戾」字的詮釋不同，故可以根據同時代的經書來證明，例如：《詩經‧旱麓》云：「鳶飛戾天，魚躍于淵」，〔註25〕「戾」應該詮釋爲「到達」、「至」之意思。

（三）資料庫歸納法

將今文《尚書》二十八篇中的「原文」、「注」、「疏」綜合歸納，互相對照，

〔註23〕據許錟輝先生《先秦典籍引尚書考》一書，考探出先秦二十多種典籍稱引《尚書》379 次。如，《詩經》引《尚書》九條、《禮記》引《尚書》四十二條、《大戴禮記》引《尚書》六條、《左傳》引《尚書》七十一條、《公羊傳》引《尚書》三條、《穀梁傳》引《尚書》一條、《論語》引《尚書》九條、《孟子》引《尚書》三十五條、《孝經》引《尚書》四條、《國語》引《尚書》三十條、《戰國策》引《尚書》九條、《荀子》引《尚書》二十七條、《老子》引《尚書》一條、《莊子》引《尚書》一條、《韓非子》引《尚書》十一條、《管子》引《尚書》四條、《墨子》引《尚書》四十四條、《呂氏春秋》引《尚書》二十四條、《山海經》引《尚書》二條、《楚辭》引《尚書》四條、《竹書紀年》等六書引《尚書》三十二條、《尸子》等四書引《尚書》十條。許錟輝先生：《先秦典籍引尚書考》（台北：國立臺灣師範大學中國文學研究所博士論文，59 學年）。

〔註24〕劉起釪《尚書學史》一書，統計先秦二十多種典籍稱引《尚書》330 多次。如，墨家《墨子》、道家《莊子》、法家的《韓非子》、縱橫家的《戰國策》、雜家的《呂氏春秋》等，幾乎遍及諸子百家，皆引《尚書》。故研究《尚書》，並和同時期的古籍文獻綜合比對，較能還原當時意義。劉起釪：《尚書學史》（北京：中華書局，1989 年 6 月），頁 62。

〔註25〕〔清〕阮元刻本：《十三經注疏詩經‧旱麓》（台北：藝文印書館，1955 年），頁 556。

能更清楚《孔傳》、《孔疏》所詮釋內容，以利對《尚書》語法之詮釋。〔註26〕

另外，清朝虛詞專書，如劉淇《助字辨略》、王引之《經傳釋詞》，〔註27〕對於《詩》、《書》、《易》、《禮》等儒家經典的解釋，發前人之所未發，頗多新見。筆者首先將《經傳釋詞》所詮釋的「虛詞」歸類，從「一、於、也、允……儻、屬」，歸納出書中虛詞目錄，共156大類。其次，將《經傳釋詞》裡，所引證到《尚書》的部分找出來，將綱目與條例作對照，並製成表格，以利對《尚書》語法之詮釋。〔註28〕

（四）語言學分析法

《尚書》今古文經不僅字體不同，篇章的多少也差異，內容也有出入。歷代研究《尚書》學者，或著重章句訓詁，或重義理探考，闡揚微言大意。為「辨章學術，考鏡源流」，本文嘗試從語言學的角度，對複雜的《尚書》語言現象，進行系統的研究，從基本的詞類、句類、篇章，一一分析，以究《尚書》經文要義。

（五）考古資料印證法

新出土的《戰國楚竹書》〔註29〕、《郭店楚墓竹簡》〔註30〕、《殷虛書契》〔註31〕、《馬王堆漢墓帛書竹簡》〔註32〕等資料用來印證今本。如《禮記·緇衣》〔註33〕引《周書·呂刑》、《周書·康誥》、《周書·君奭》、《周書·君牙》、《周書·君陳》諸篇，文字與傳本《尚書》有別，上博簡〈緇衣〉、郭店簡〈緇衣〉資料可供參考。〔註34〕另外，《上博·容成氏》與《虞夏書·堯典》內容

〔註26〕 「原文」、「注」、「疏」對照表共259頁，因篇幅關係，只附錄〈微子〉一文。（見附錄一）

〔註27〕 王引之繼承家學，在父親王念孫教導下，著有《經義述聞》、《經傳釋詞》等書。《經傳釋詞》顧名思義是一本專釋「經傳」中虛詞的書。

〔註28〕 按，《經傳釋詞》綱目與條例作對照，共86頁。本論文中引證《經傳釋詞》處，將列在附錄中參考。（見附錄二）

〔註29〕 馬承源編：《上海博物館藏戰國楚竹書》，（上海：上海古籍出版，2002年）。（以下不再注明出處。）

〔註30〕 荊門市博物館編：《郭店楚墓竹簡》，（北京：文物出版，2002年）。（以下不再注明出處。）

〔註31〕 羅振玉：《殷虛書契前編》（天津：天津古籍出版，1993年5月）。

〔註32〕 李正光編：《馬王堆漢墓帛書竹簡》（長沙：湖南美術，1988年）。

〔註33〕 〔清〕阮元刻本：《十三經注疏禮記·緇衣》（台北：藝文印書館，1955年）。

〔註34〕 按，《周書·呂刑》、《周書·康誥》、《周書·君奭》與《禮記·緇衣》、上博簡〈緇衣〉、郭店簡〈緇衣〉對照表，見於第一章第四節的今文《尚書》內容部分。

有關，故在義理上也可互相印證。〔註35〕

第三節　前人研究與本文架構

一、前人研究

（一）就思想方面

在碩博論論文中，前人有專對某一篇研究、有專對某一時代研究、有專對某家註解研究、有引經考研究、有就單一思想研究等，以下歸納說明之。

第一、專對某一篇研究：蔣秋華《宋人洪範學》〔註36〕、黃忠慎先生《尚書洪範研究》〔註37〕、金汀煥《尚書盤庚篇集釋》〔註38〕、趙麗君《尚書堯典研究》〔註39〕、吳永猛《洪範經濟思想之研究》。〔註40〕

第二、專對某一時代研究：黎建寰《尚書周書考釋》〔註41〕、陳正香《尚書商書研究》〔註42〕、廖雲仙《虞夏商書斠理》。〔註43〕

第三、專對某家註解研究：陳品卿《尚書鄭氏學》〔註44〕、游均晶《蔡沈書集傳研究》〔註45〕、吳國宏《孫星衍尚書今古文注疏研究》〔註46〕、陳韋在

〔註35〕按，見於第一章第四節的今文《尚書》德治思想部分。

〔註36〕蔣秋華：《宋人洪範學》（台北：國立臺灣大學中國文學研究所碩士論文，69學年）。

〔註37〕黃忠慎：《尚書洪範研究》（台北：國立政治大學中國文學研究所碩士論文，69學年）。

〔註38〕金汀煥：《尚書盤庚篇集釋》（台北：國立臺灣師範大學國文研究所碩士論文，77學年）。

〔註39〕趙麗君：《尚書堯典研究》（台北：國立中正大學中國文學研究所碩士論文，81學年）。

〔註40〕吳永猛：《洪範經濟思想之研究》（台北：文化大學經濟研究所博士論文，63學年）。

〔註41〕黎建寰：《尚書周書考釋》（台北：國立臺灣師範大學歷史研究所博士論文，63學年）。

〔註42〕陳正香：《尚書商書研究》（台北：文化大學中國文學研究所碩士論文，71學年）。

〔註43〕廖雲仙：《虞夏商書斠理》（台北：國立臺灣師範大學國文研究所碩士論文，69學年）。

〔註44〕陳品卿：《尚書鄭氏學》（台北：國立臺灣師範大學國文研究所博士論文，62學年）。

〔註45〕游均晶：《蔡沈書集傳研究》（台北：東吳大學中國文學系碩士論文，85學年）。

〔註46〕吳國宏：《孫星衍尚書今古文注疏研究》（台北：國立中正大學中國文學研究

《焦循尚書學研究》〔註47〕、何銘鴻《皮錫瑞尚書學研究》〔註48〕、夏鄉《皮錫瑞尚書學述》〔註49〕、林登昱《林之奇尚書全解研究》〔註50〕、林登昱《尚書在古史辨思潮中的新發展》〔註51〕、傅佩琍《王莽之尚書學與行政》〔註52〕、歐慶亨《三國尚書學考述》〔註53〕、古國順《司馬遷尚書學》〔註54〕、譚固賢《太史公尚書說》〔註55〕、傅兆寬《明梅驚、郝敬尚書古文辨之異同》〔註56〕、許華峰《閻若璩尚書古文疏證的辨偽方法》〔註57〕、張曉生《姚際恒及其尚書禮記學》〔註58〕、蔡根祥先生《後漢書尚書考辨》。〔註59〕

　　第四、引經考研究：許錟輝先生《先秦典籍引尚書考》〔註60〕、周少豪《漢書引尚書研究》〔註61〕、張靜婷《王船山尚書引義政治實踐問題之研究》。〔註62〕

所碩士論文，82學年）。
〔註47〕陳章在：《焦循尚書學研究》（台北：國立臺灣師範大學國文研究所碩士論文，92學年）。
〔註48〕何銘鴻：《皮錫瑞尚書學研究》（台北：臺北市立師範學院應用語言文學研究所碩士論文，92學年）。
〔註49〕夏鄉：《皮錫瑞尚書學述》（台北：國立臺灣師範大學國文研究所碩士論文，91學年）。
〔註50〕林登昱：《林之奇尚書全解研究》（台北：國立中正大學中國文學研究所碩士論文，82學年）。
〔註51〕林登昱：《尚書在古史辨思潮中的新發展》（台北：國立中正大學中國文學系博士論文，87學年）。
〔註52〕傅佩琍：《王莽之尚書學與行政》（台北：國立台灣大學中國文學研究所碩士論文，76學年）。
〔註53〕歐慶亨：《三國尚書學考述》（台北：國立臺灣師範大學中國文學研究所碩士論文，76學年）。
〔註54〕古國順：《司馬遷尚書學》（台北：中國文化大學中國文學研究所博士論文，73學年）。
〔註55〕譚固賢：《太史公尚書說》（台北：國立臺灣大學中國文學系研究所碩士論文，54學年）。
〔註56〕傅兆寬：《明梅驚、郝敬尚書古文辨之異同》（台北：文化大學中國文學系研究所博士論文，69學年）。
〔註57〕許華峰：《閻若璩尚書古文疏證的辨偽方法》（台北：國立中央大學中國文學研究所碩士論文，82學年）。
〔註58〕張曉生：《姚際恒及其尚書禮記學》（台北：東吳大學中國文學研究所碩士論文，78學年）。
〔註59〕蔡根祥先生：《後漢書尚書考辨》（台北：國立臺灣師範大學國文學系碩士論文，72學年）。
〔註60〕許錟輝先生：《先秦典籍引尚書考》（台北：國立臺灣師範大學國文研究所博士論文，59學年）。
〔註61〕周少豪：《漢書引尚書研究》（台北：國立政治大學中國文學系碩士論文，85

　　第五、就單一思想研究：錢昭萍《尚書「德」概念研究》〔註63〕、張女權《尚書政治思想研究》〔註64〕、李偉泰《兩漢尚書學及其對當時政治的影響》。〔註65〕

（二）就語法方面

　　何淑貞《尚書語法探究》〔註66〕一書，專對叙事句、表態句、有無句、判斷句、稱代詞、語氣詞、關係詞、限制詞研究。姜允玉《尚書通假字研究》〔註67〕一書，專對今文《尚書》二十九篇通假字研究。錢宗武《今文尚書語法研究》〔註68〕一書，探討名詞、動詞、形容詞複音化的構詞法；對數量詞、

學年）。

〔註62〕張靜婷：《王船山尚書引義政治實踐問題之研究》（台北：國立中央大學中國文學研究所碩士論文，88學年）。

〔註63〕錢昭萍：《尚書「德」概念研究》（台北：輔仁大學哲學研究所碩士論文，67學年）。

〔註64〕張女權：《尚書政治思想研究》（台北：輔仁大學中國文學研究所碩士論文，74學年）。

〔註65〕李偉泰：《兩漢尚書學及其對當時政治的影響》（台北：國立臺灣大學中國文學系研究所碩士論文，60學年）。

〔註66〕何淑貞：《尚書語法探究》（台北：國立臺灣大學中國文學研究所碩士論文，58學年）。

〔註67〕姜允玉：《尚書通假字研究》（台北：國立政治大學中國文學研究所碩士論文，81學年）。

〔註68〕錢宗武：《今文尚書語法研究》（北京：商務印書館，2004年10月）。錢宗武歸納今文《尚書》的語法特點：
　（一）語音學方法和句法學方法是複音名詞、動詞和形容詞的主要構詞方式。
　（二）自稱代詞單複數不同形，對稱代詞「爾」代替「汝」同義類化的動因複雜。
　（三）非數量詞表示數量概念。「三」為定數，「四」表虛數。
　（四）沒有結構助詞「者」和句末語氣助詞「也」。
　（五）句首句中語氣助詞和嘆詞豐富；句末疑問語氣助詞十分貧乏。
　（六）賓語前置有一些規則性的特殊句式。
　（七）被動句處于語意被動句向形式被動句的發展過渡階段。
　（八）判斷句謂語的限定性和形式的多樣性。
　（九）雙賓語句的動賓之間呈現複雜的語序排列，動詞皆具施動的遞延性和雙向性。
　（十）省略句多不常見的省略方式，省略的語法成分比較複雜。
　（十一）介詞語法功能的兼職化正向專一化轉變，所標志的語義關係顯示出明晰的層級性。
　（十二）連詞已經形成較為成熟的系統，已出現相當數量複音連詞和同義連詞。

代詞、介詞、連詞、語助詞、嘆詞的統計和分析，並得十二點語法特點。

本文補其前人，或只在今文《尚書》思想研究，或只在今文《尚書》語法分析，故定名爲「今文《尚書》語法與經文詮釋關係之探討」。

二、本文架構

歷來學者對句法結構看法，有下列三種說法：

（一）三類說

譚全基《古代漢語基礎》〔註 69〕和黃六平《漢語文言語法綱要》〔註 70〕一書，都認爲古今漢語的句法結構，基本上是相同的。古代漢語的句子就謂語性質言，是分爲判斷句（名詞謂語句）描寫句（形容詞謂語句）和敘述句（動詞謂語句）。

（二）四類說

許世瑛《中國文法講話》〔註71〕一書，分爲敘事句、表態句、有無句、判斷句。呂叔湘《中國文法要略》〔註72〕一書，與許世瑛《中國文法講話》分類相同。王力《古代漢語》一書，〔註73〕分爲判斷句、敘述句、否定句、疑問句。何淑貞《尚書語法探究》〔註74〕一書架構，乃根據許世瑛之分法，分敘事句、表態句、有無句、判斷句四章。

（三）五類說

朱德熙《語法講義》一書，〔註75〕從句子功能來看，分爲陳述句、疑問句、祈使句、稱呼句和感嘆句五類。本文語法架構則是從其王力《古代漢語》、朱德熙《語法講義》兩書，在分析句類時，分爲陳述句、祈使句、疑問句、感嘆句、判斷句五章。

本論文共分爲九章。第一章「緒論」，說明研究動機與研究目的、研究範

〔註69〕譚全基：《古代漢語基礎》（台北：華正書局，1994 年 3 月），頁 164～166。
〔註70〕黃六平：《漢語文言語法綱要》（台北：華正書局，2000 年 8 月），頁 51～52。
〔註71〕許世瑛：《中國文法講話》（台北：台灣開明書局，1990 年 8 月），頁 68～70。
〔註72〕呂叔湘：《中國文法要略》（台北：文史哲出版，1992 年 8 月），頁 28～69。
〔註73〕王力：《古代漢語》（北京：中華書局，2004 年 11 月），頁 244～284。
〔註74〕何淑貞：《尚書語法探究》（台北：國立臺灣大學中國文學研究所碩士論文，58 學年）。
〔註75〕朱德熙：《語法講義》（北京：商務印書館，2004 年 8 月），頁 23～24。

圍與研究方法、前人研究與本文架構、今文《尚書》內容與思想、歷代詮釋《尚書》之大要。

　　第二章「今文《尚書》詞類、短語、句法之探析」，對於今文《尚書》各詞類類別與語法特徵、短語的結構類型、句子成分、單句的類型、複句的類型，一一舉證說明。

　　第三章、第四章、第五章、第六章、第七章，分別對今文《尚書》陳述句、祈使句、疑問句、感嘆句、判斷句加以析論。首先，各章的第一節，從句型之義界、句式與用詞加以說明。其次，在各章第二節句型詮釋舉隅，先以語法分析例句，接著引證《孔傳》、《孔疏》、《蔡傳》、《錢、江》、《屈氏》五家之詮釋，最後以語法方式或是引證他家說法，論其五家何者詮釋較妥。最後，各章的第三節，說明各句類之用語與特點。

　　第八章「今文《尚書》語法析例」，是對六篇章內容，各句的語法分析。六篇中，《虞夏書》、《商書》、《周書》各取兩篇，《虞夏書》中分析了〈堯典〉、〈甘誓〉；《商書》中分析了〈湯誓〉、〈微子〉；《周書》中分析了〈牧誓〉、〈文侯之命〉。

　　第九章「結論」，將各章節所提出的論述，簡單扼要的提出本論文之淺見。

第四節　今文《尚書》內容與思想

　　《尚書》是我國最早的歷史文獻彙編。根據《史記·孔子世家》云：「序《書傳》，上紀唐虞之際，下至秦繆（穆），編次其事。」〔註76〕又《漢書·藝文志》云：「《書》之所起遠矣，至孔子纂焉，上斷於堯、下訖於秦。」〔註77〕故《尚書》時代上溯堯舜原始社會末期，下至春秋秦穆公封建社會初期，距今四千年至二千六百多年，記載了約一千五百年的歷史。

　　《尚書》在春秋戰國時稱《書》，到了漢代時才改稱《尚書》，又因是儒家所尊之經典，故也稱《書經》。《孔傳》解釋《尚書》為「上古之書」，《尚書》的作者是史官，記載我國古代君王言行。故《荀子·勸學篇》云：「《書》者，政事之紀也。」〔註78〕又《史記·太史公自序》云：「《書》記先王之事，故長

〔註76〕〔漢〕司馬遷：《史記·孔子世家》（台北：鼎文書局，1981年），頁1935。

〔註77〕〔漢〕班固：《漢書·藝文志》（台北：鼎文書局，1986年），頁1706。

〔註78〕〔周〕荀況：《荀子·勸學篇》（台北：學生書局，1981年，6月），頁10。

於政。」〔註79〕但《尚書》不只涉及到政治，也討論到地理、曆法、法律、教育、思想、宗教、哲學等範圍，是一部重要史料彙編。史學家司馬遷《史記》撰寫堯、舜、禹及夏、商、周時代的歷史，許多地方都是以《尚書》爲藍本。例如，今所傳今文《尚書》二十八篇《史記》全部引到。其他諸子亦引《尚書》語句，故《尚書》是我們瞭解古代社會的珍貴史料，對後世影響非常重要。

　　《尚書》是由誰編纂的呢？歷來有不同的說法，相傳古者《尚書》凡三千餘篇，但孔子周遊列國後回到魯國，晚年致力編訂《書》、《詩》、《禮》、《樂》、《易》、《春秋》六經，孔子還爲《尚書》寫了序。司馬遷和班固都肯定《尚書》是孔子編纂的。皮錫瑞《經學歷史》云：

> 古詩三千篇，書三千二百四十篇，雖卷帙繁多，而未經刪定，未必篇篇有義可爲法戒。……猶之刪詩爲三百篇，刪書爲百篇，皆經孔子手定而後列於經也。〔註80〕

屈萬里《尚書釋義》也說：

> 孔子設科授徒，有教無類，開吾國教育史上之新紀元；而其教本，則以詩書。詩在孔子以前，傳誦之者已多；書則自孔子始，乃用爲一般民眾之教本。夫以檔案爲教本，則取捨編次，自屬必有之事。然則《史記》、《漢書》等謂孔子纂書「起唐虞、迄秦穆」之說，雖未可盡信；而其中一部分曾經孔子編次，殆無可疑也。……乃初編集於孔子，其後儒家者流又有所增益者也。尚書的編集，既不出於一手，復不成於一時。〔註81〕

屈氏認爲《尚書》初編於孔子，其後儒者又有所增益。《史記・孔子世家》說：「孔子以詩書禮樂教，弟子蓋三千焉，身通六藝者七十有二人」，〔註82〕《詩經》、《尚書》等是當時通行使用的教書本，這說明《尚書》爲孔門弟子必修的學科，其重要性不待而言。以下就今文《尚書》之內容與思想說明。

一、今文《尚書》之內容

　　以下首先說明各篇篇旨，其次引〈書序〉，接著再列皮錫瑞《經學通論》

〔註79〕〔漢〕司馬遷：《史記・太史公自序》（台北：鼎文書局，1981 年），頁 3297。

〔註80〕〔清〕皮錫瑞：《經學歷史》（台北：漢京文化出版，1983 年 9 月），頁 19～20。

〔註81〕屈萬里：《尚書釋義》（台北：華岡書局，1972 年，4 月），頁 2～4。

〔註82〕〔漢〕司馬遷：《史記・孔子世家》（台北：鼎文書局，1981 年），頁 1938。

〔註83〕對各篇看法，並論述相關問題，最後分析各篇段旨，並摘錄如下。(詳細科表見附錄三)

(一) 堯　典

　　本篇記載的是堯和舜的事蹟。〈書序〉云：「昔在帝堯，聰明文思，光宅天下。將遜於位，讓於虞舜，作〈堯典〉」，皮錫瑞《經學通論》云：「〈堯典〉見爲君之義。君之義，莫大於求賢審官，其餘巡守、朝覲、封山、濬川、賞功、罰罪皆大事，非大事不書，觀此，可以知史本紀之法矣。」說明堯的功蹟，如求賢及巡守、封山、濬川、訂定賞罰。

　　〈堯典〉成於何時？至今一直沒有定論，可以確定的是後代史官追述堯、舜的事蹟，大約是在周初、秦漢之間。阮刻本《十三經注疏》採古文《尚書》，將〈堯典〉、〈舜典〉分開。伏生本的今文〈堯典〉，含孔傳本的〈舜典〉，〈舜典〉內容從「慎微五典……五十載，陟方乃死」，本文研究範圍，亦包含〈舜典〉，論述時並將〈舜典〉標出。

　　本文分爲兩大段，第一大段說明堯的功績部分，從「曰若稽古帝堯……帝曰：『欽哉！』」又可分爲三部分：堯制定曆法節令、堯徵眾見選賢任能、考察舜經考驗。在「堯能制定曆法節令」方面，乃是因爲堯本身內在有「聖德」，以及外在又有「賢輔」，由「分命羲仲」、「申命羲叔」、「分命和仲」、「申命和叔」之官，觀察「星鳥」、「星火」、「星虛」、「星昴」天象，訂出「春分」、「夏至」、「秋分」、「冬至」。在「堯徵眾見選賢任能」方面，乃是記載堯公開選拔人才的經過，堯問大臣「登庸」、「政事」、「水患」的人選。堯並沒有藏私，讓自己的兒子丹朱繼承羲氏、和氏司天順時的職位；堯也並沒有接受驩兜的意見，讓共工處理政事；堯雖然一開始對鯀處理水患，不表贊成，但是最後還是聽從四岳十二牧的意見，讓鯀治理水患。

　　第二大段說明舜的功績部分，從「慎微五典，五典克從……五十載，陟方乃死」，又可分爲四部分：舜符合堯之考察、攝政有效措施、舜徵賢任能、讚揚舜鞠躬盡瘁。在「攝政有效措施」方面，乃是記載舜攝政後「祭祀」、「巡狩」、「劃分州界」、「判定刑法」、「懲處四凶」的情形。在「舜徵賢任能」方面，乃是記載舜與大臣討論「統帥之政」、「農物之官」、「百工之官」、「山川之官」、「祭祀之官」、「典樂之官」、「納言之官」的情形。

〔註83〕〔清〕皮錫瑞：《經學通論》(台北：河洛圖書出版，1974年)，(以下各篇所引，將不說明出處。)

（二）皋陶謨

本篇記載的是皋陶與禹討論國事，皮錫瑞《經學通論》云：「〈皋陶謨〉，見爲臣之義。臣之義，莫大於盡忠納誨，上下交儆，以致雍熙。故兩篇皆冠以曰若稽古，觀此，可以知記言問對之體矣。」，皋陶提出「愼身」、「知人」、「安民」主張。

從〈皋陶謨〉的語句中，可發現與〈堯典〉的遣詞用句有相似處，如，〈堯典〉云：「敷奏以言，明試以功，車服以庸。」〈皋陶謨〉云：「敷納以言，明庶以功，車服以庸。」由此可推測，本篇與〈堯典〉成書時代相近。阮刻本《十三經注疏》採古文《尚書》，將〈皋陶謨〉、〈益稷〉分開。孔傳本的〈益稷〉，由伏生本的今文〈皋陶謨〉後半所分出，〈益稷〉內容從「帝曰：『來，禹！汝亦昌言。』……帝拜曰：『俞，往欽哉！』」。

本文分爲兩大段，第一大段說明皋陶與禹討論國事，從「曰若稽古皋陶……思曰贊贊襄哉」。又可分爲四部分：治國之道、人之九德、人倫制度、讚揚皋陶。在「治國之道」方面，提出了遵循先王的「愼身」、「知人安民」之道。在「人之九德」方面，說明了天子要讓有「寬而栗，柔而立，愿而恭，亂而敬，擾而毅，直而溫，簡而廉，剛而塞，彊而義」的人來做事。在「人倫制度」方面，說明了「五典五惇」、「五禮」、「五服五章」、「五刑五用」等倫常制度。

第二大段說明禹治水安民的功績：「來，禹！汝亦昌言。……往欽哉！」。又可分爲六部分：平治水土、君臣之道、禹讚舜之治、治水例證、廟堂盛況、君臣唱和共勉。在「君臣之道」方面，分別提出了「汝翼、汝爲、汝明、汝聽、汝弼。」國君與大臣之間互動的關係。

（三）禹　貢

本篇記載禹的貢獻。〈書序〉云：「禹別九州，隨山浚川，任土作貢。」，皮錫瑞《經學通論》云：「〈禹貢〉，見禹治水之功，並錫土姓，分別五服，觀此，可以冠地理水道之書矣。」〈禹貢〉是一篇珍貴的古代地理記載，系統地說明山川、土壤、貢賦，治水。故《史記‧五帝本紀》說：「唯禹之功爲大，披九山，通九澤，決九河，定九州，各以其職來貢，不失厥宜。」〔註84〕

本文可分爲六段：第一大段說明禹九州功績，從「禹敷土，隨山刊木……西戎即敘」。九州功績又可分爲兩部分：一是總述；二是別明九州：冀州、兗

〔註84〕〔漢〕司馬遷：《史記‧五帝本紀》（台北：鼎文書局，1981 年），頁 43。

州、青州、徐州、揚州、荊州、豫州、梁州、雍州。第二大段說明禹治山功績，從「導岍及岐，……至于敷淺原」。第三大段說明禹治水功績，從「導弱水……又東北入于河」。治水功績又可分爲：弱水、黑水、黃河、漾水、長江、沈水、淮水、渭水、洛水。第四大段說明禹統一中國的大功，從「九州攸同，……不距朕行」。第五大段說明禹五服制度，從「五百里甸服……二百里流」。五服制度又可分爲：甸服、侯服、綏服、要服、荒服。第六大段頌揚禹之功，從「東漸于海……告厥成功」。

（四）甘 誓

本篇記載夏啓興兵討伐有扈氏於甘之誓師辭。〈書序〉云：「啓與有扈戰於甘之野，作〈甘誓〉」，皮錫瑞《經學通論》云：「〈甘誓〉，見天子親征，申明約束之義，觀此，知仁義之師，亦必兼節制矣。」

全文可分兩段：誓辭緣由、誓辭內容。第一大段說明夏啓誓辭緣由，「大戰于甘，乃召六卿」開頭兩句。第二大段說明誓辭內容，從「王曰：『嗟！六事之人……予則孥戮汝』。誓辭內容又可分爲兩部分：一是討伐緣由、二是獎懲辦法。

（五）湯 誓

本篇記載商湯伐夏桀之誓師辭。〈書序〉云：「伊尹相湯伐桀，升自陑，遂與桀戰於鳴條之野，作〈湯誓〉」，皮錫瑞《經學通論》云：「〈湯誓〉，見禪讓變爲征誅，弔民伐罪之義，與〈牧誓〉合觀，可知暴非桀紂，聖不及湯武，不得以放伐藉口矣。」商湯欲討伐夏桀，希望大家同心協力。〈湯誓〉、〈費誓〉只有記誓辭、不言誓處，與〈甘誓〉、〈泰誓〉、〈牧誓〉記其誓處不同。

全文誓辭內容可分兩段：伐桀之由、賞罰辦法。第一大段說明商湯討伐夏桀緣由，從「王曰：『格爾眾庶，悉聽朕言……夏德若茲，今朕必往」。第二大段說明獎懲辦法，從「爾尚輔予一人……，罔有攸赦」。

（六）盤 庚

本篇記載盤庚遷都之事。〈書序〉云：「盤庚五遷，將治亳殷，民咨胥怨。作〈盤庚〉三篇。」，皮錫瑞《經學通論》云：「〈盤庚〉，見國遷詢萬民，命眾正法度之義，觀此，知拓拔宏之譎眾脅遷者非也。」《史記·殷本紀》云：「帝盤庚崩，弟小辛立，是爲帝小辛。帝小辛立，殷復衰。百姓思盤庚，迺作〈盤庚〉三篇」。〔註85〕〈盤庚〉乃是依據歐陽本才分三篇，〈盤庚〉皆是

〔註85〕〔漢〕司馬遷：《史記·殷本紀》（台北：鼎文書局，1981 年），頁 102。

誥辭,屬於「誥」之類,哀十一年《左傳》引此篇云:「盤庚之誥」,題篇不曰「盤庚誥」,如〈仲丁〉、〈祖乙〉、〈河甲〉等皆以王名篇。

本文可分為三大段:第一大段告誡群臣,從「盤庚遷于殷,弗可悔」。又可分為七部分:遷殷之由、告誡大臣、責備大臣、勸臣施德、斥臣惑眾、祖輩之誼、吾輩同心。第二大段告誡庶民,從「盤庚作,……永建乃家」。又可分為六部分:遷都勸告、承先舊志、拯救臣民、告誡庶民、離心失德。第三大段告誡群臣,從「盤庚既遷,……永肩一心」。又可分為三部分:重建家園、遷都原因、盤庚表明好惡。

（七）高宗肜日

本篇記載祭祀時候所發生的情形。〈書序〉云:「高宗祭成湯,有飛雉升鼎耳而雊,祖己訓諸王,作〈高宗肜日〉、〈高宗之訓〉。」皮錫瑞《經學通論》云:「〈高宗肜日〉,見遇災而懼,因事進規之義,觀此,知漢以災異求直言,得敬天之意矣」,《史記・殷本紀》云:「帝武丁崩,子帝祖庚立。祖己嘉武丁之以祥雉為德,立其廟為高宗,遂作〈高宗肜日〉及〈訓〉。」〔註86〕

屈萬里《尚書集釋》一書,〔註87〕依據甲骨文肜祭的資料,對於「肜日」定義,以及〈書序〉、《史記・殷本紀》之說明,持不同看法。第一、屈萬里認為諸儒皆認為「肜」為祭之明日又祭,非也。凡當日祭先祖者,謂之「肜日」;先一日祭者,謂之「肜夕」;後一日祭者,謂之「肜龠」。也就是說明祭祖儀式在時間上有前日、當日、次日的不同。第二、屈萬里認為〈書序〉、《史記・殷本紀》裡說明〈高宗肜日〉內容是武丁祭成湯,且都為祖己所作,惟〈書序〉認為是作於武丁之世,《史記》認為是作於祖庚之時,非也。因為甲骨文肜日之祭,凡肜日上之人名,皆為被祭之祖先。如《殷虛書契前編》卷一第十八葉「丁未卜,貞:王賓武丁肜日,亡尤?」〔註88〕且祖己之稱,必當在其孫輩以後。故本篇作成時代,似當在戰國之世。

本文可分為三大段:第一大段說明寫作由來,從「高宗肜日……,正厥事」。第二大段不畏異象,從「乃訓于王曰:惟天監下民,……其如台?」。第三大段祭不豐厚,從「嗚呼!王司敬民……典祀無豐于昵。」

〔註86〕〔漢〕司馬遷:《史記・殷本紀》(台北:鼎文書局,1981年),頁104。
〔註87〕屈萬里:《尚書集釋》(台北:聯經出版,2005年,10月),頁99～100。
〔註88〕羅振玉:《殷虛書契前編》(天津:天津古籍出版,1993年5月),頁5。

（八）西伯戡黎

本篇記載西伯勝黎後，祖伊告誡紂王的事。〈書序〉云：「殷始咎周，周人乘黎。祖伊恐，奔告於受，作〈西伯戡黎〉」，《史記·周本紀》也云：「明年，伐犬戎。明年，伐密須。明年，敗耆國。殷之祖伊聞之，懼，以告帝紂。紂曰：『不有天命乎？是何能為！』」〔註89〕就是記載周文王戰勝黎國，祖伊恐懼的事情。皮錫瑞《經學通論》云：「《西伯戡黎》，見拒諫速亡，取以垂戒之義。觀此，知天命不足恃，而人事不可不勉矣。」從此篇中可以知道，並非承天命就能保證王位會恆久，應該也要考慮到人事努力。

本文可分為兩大段：第一大段說明祖伊直諫，從「西伯既戡黎，……今王其如台！」。第二大段，勤勉政事從「王曰：「嗚呼！我生不有命在天？……不無戮于爾邦」

（九）微　子

本篇記載殷將滅亡，微子不知何去何從，乃請教父師、少師。〈書序〉云：「殷既錯天命，微子作誥父師、小師。」，皮錫瑞《經學通論》云：「〈微子〉，見殷之亡，由法度先亡，取以垂戒之義，觀此，知為國當正紀綱，不可使民玩其上矣。」

本文可分為兩大段：第一大段說明微子徵問大臣去留意見，從「父師、少師……顛隮若之何其？」。第二大段說明大臣答各謀其志，從「王子！天毒降災荒殷邦……我不顧行遯。」

（十）牧　誓

本篇記載周武王討伐商紂於牧的誓師辭。〈書序〉云：「武王戎車三百兩，虎賁三百人，與受戰於牧野，作〈牧誓〉」，皮錫瑞《經學通論》云：「〈牧誓〉，見弔民伐罪，兼明約束之義，觀此，知步伐整齊，乃古兵法，而非迂論矣。」

本文可分為三大段：第一大段說明誓師前部署，從「時甲子昧爽，……予其誓」。第二大段商紂之罪行，從「古人有言曰：……以姦宄于商邑」。第三大段作戰紀律策略，從「今予發，……其于爾躬有戮！」。

（十一）洪　範

本篇記載武王勝殷後，箕子跟武王說明治國的大法。〈書序〉云：「武王勝殷，殺受，立武庚，以箕子歸。作〈洪範〉」，皮錫瑞《經學通論》云：「〈洪

〔註89〕　〔漢〕司馬遷：《史記·周本紀》（台北：鼎文書局，1981年），頁118。

範〉，見天人不甚相遠，禍福足以儆君之義，觀此，知人君一言一動，皆關天象，而不可不慎矣。」本文可分為三大段：第一大段說明洪範九疇產生、傳受，從「惟十有三祀，……彝倫攸敘」。第二大段總說九疇綱目，從「初一日五行，……威用六極」。第三大段別明九疇內容，從「一、五行：……六日弱。」本篇內容主要說明「五行」、「五事」、「八政」、「五紀」、「皇極」、「三德」、「稽疑」、「庶徵」、「五福」的治國大法。

（十二）金　縢

本篇記載武王重病，周公祈禱願替武王死。成王後來得知金縢之書，感動親自出郊迎周公。〈書序〉云：「武王有疾，周公作〈金縢〉」〈書序〉云：「武王有疾，周公作〈金縢〉」，皮錫瑞《經學通論》云：「〈金縢〉，見人臣忠孝，足以感天，人君報功，當逾常格之義。觀此，知周公所以為聖，而成王命魯郊非僭也。」

本文可分為六段：第一大段說明周公立壇禱告，從「既克商二年，……乃告太王、王季、文王」。第二大段說明周公祈鬼神保武王，從「史乃冊祝曰：……，我乃屛璧與珪」。第三大段說明占卜吉兆武王病癒，從「乃卜三龜，……王翼日乃瘳」。第四大段說明周公轉危為安，從「武王既喪，……王亦未敢誚公」。第五大段說明成王悔悟，並出郊迎周公，從「秋，大熟，……，我國家禮亦宜之」。第六大段頌君臣冰釋前嫌，從「王出郊，……歲則大熟」。

（十三）大　誥

本篇記載武王死，成王即位，周公攝政，管叔、蔡叔、武庚叛亂，周公頒此命令。〈書序〉云：「武王崩，三監及淮夷叛，周公相成王，將黜殷，作〈大誥〉」，皮錫瑞《經學通論》云：「〈大誥〉，見開國時基業未固，防小腆靖大艱之義，觀此，知大臣當國，宜挺身犯難，而不宜退避矣。」，《史記·魯周公世家》云：「管、蔡、武庚等果率淮夷而反。周公乃奉成王命，興師東伐，作〈大誥〉」〔註90〕周公奉成王命出征。

本文可分為六段：第一大段說明國家面臨危險，從「王若曰：猷，……矧日其有能格知天命？」。第二大段說明周公占卜，從「已，予惟小子，……休，朕卜并吉」。第三大段說明勸群臣順天意東征，從「肆予告我友邦君，……弼我丕丕基」。第四大段說明周公轉危為安，從「王曰：爾惟舊人，……予曷

─────────────────

〔註90〕〔漢〕司馬遷：《史記·魯周公世家》（台北：鼎文書局，1981年），頁1518。

敢不于前寧人攸受休畢？」。第五大段說明遵卜辭行動，從「王曰：若昔，……民養其勸弗救？」。第六大段吉占合力東征，從「王曰：嗚呼！……卜陳惟若茲」。

（十四）康　誥

本篇記載武庚之亂平定後，成王封康叔的誥辭。〈書序〉云：「成王既伐管叔、蔡叔，以殷餘民封康叔，作〈康誥〉、〈酒誥〉、〈梓材〉」，皮錫瑞《經學通論》云：「〈康誥〉，見用親賢以治亂國，宜慎用刑之義。觀此，知父子兄弟，罪不相及，用法似重而實輕矣。」

本文可分為五段：第一大段周公說明慎刑的重要，從「惟三月，哉生魄……在茲東土」。第二大段周公認為尙德保民的重要，從「王曰：嗚呼！封。汝念哉！……作新民」。第三大段說明慎用刑罰的重要，從「王曰：嗚呼！封。敬明乃罰……則予一人以懌」，又可分為四小段：罰總原則、具體措施、嚴懲不孝不友、嚴懲惑眾官吏。第四大段說明引導殷民安人心，從「王曰：封！爽惟民，……矧曰其尙顯聞于天」。第五大段說明永保宗祀，從「王曰：嗚呼！封，敬哉！……乃以殷民世享」。

以下將《周書・康誥》、《禮記・緇衣》、上博〈緇衣〉、郭店〈緇衣〉對比如下：

《周書・康誥》	王曰：嗚呼！封。敬明乃罰。
《禮記・緇衣》	〈康誥〉曰：『敬明乃罰。』〈甫刑〉曰：『播刑之不迪。』」
上博〈緇衣〉	（15）也。古（故）上不可己（以）褻型（刑）而翌褰（爵）。《康耂（誥）》員（云）：「敬明乃罰。」《呂型（刑）》員（云）：「궐型（刑）之由（迪）。」
郭店〈緇衣〉	（28）足恥，而雀（爵）不足懽（勸）也。古（故）上不可以埶（褻）型（刑）而翌（輕）雀（爵）。《康耂（誥）》員（云）：「敬（29）明乃罰。」《呂型（刑）》員（云）：「翻（播）型（刑）之迪。」

（十五）酒　誥

本篇記載戒酒的事情。《孔傳》云：「康叔監殷民。殷民化紂嗜酒，故以戒〈酒誥〉」。〈書序〉記載〈酒誥〉部分，見〈康誥〉。《史記・康叔世家》云：「告以紂所以亡者以淫於酒，酒之失，婦人是用，故紂之亂自此始」，〔註91〕

〔註91〕〔漢〕司馬遷：《史記・康叔世家》（台北：鼎文書局，1981年），頁1590。

又皮錫瑞《經學通論》云:「〈酒誥〉,見禁酒以絕亂源,宜從重典之義,觀此,知作新民必先除舊習矣。」

本文可分為五段:第一大段周公說明戒酒重要性,從「王若曰:明大于妹邦。……小子惟一」。第二大段說明周公認為行孝、修德才有飲酒機會,從「妹土嗣爾股肱……永不忘在王家」。第三大段正面說明周戒酒興國,從「王曰:封!我西土棐徂邦君……越尹人祗辟」。第四大段反面說明殷商縱酒亡國,從「我聞亦惟曰:……惟民自速辜」。第五大段說明禁酒法令條例,從「王曰:封!予不惟若茲多誥。……勿辯乃司民湎于酒」,又可分為戒酒對象、辦法各異兩段,戒酒對象可分為殷商大臣、身邊大臣,辦法各異可分為一般群眾、殷商舊臣。

(十六)梓　材

本篇記載周公告誡康叔如何處理殷商的訓誡之辭。《孔傳》云:「告康叔以為政之道,亦如梓人治材」,皮錫瑞《經學通論》云:「〈梓材〉,見宥罪加惠,以保民之義。觀此,知王者治天下,一夫一婦,必無不得所矣。」〈書序〉記載〈梓材〉部分,見〈康誥〉。

本文可分為三段:第一大段說明周公治殷四項政策,從「王曰:封!……監罔攸辟」,又可分為順從常典、慰勞邦君、寬恕罪人、安撫百姓四項。第二大段說明周公制定政策理由,從「惟曰:若稽田,……惟其塗丹雘」,又可分為田土之喻、室家之喻、梓材之喻。第三大段說明施行明德,從「今王惟曰:……子子孫孫永保民。」

(十七)召　誥

本篇記載周公、召公營建洛邑後,召公的告辭。〈書序〉云:「成王在豐,欲宅洛邑,使召公先相宅,作〈召誥〉」,皮錫瑞《經學通論》云:「〈召誥〉,見宅中圖大,祈天永命之義。觀此,知王者宜監前朝而疾敬德矣。」

本文可分為八段:第一大段說明營建洛邑過程,從「惟二月既望,……位成」。第二大段說明周公頒令建洛,從「若翼日乙卯,……庶殷丕作」。第三大段說明敬德保民重要性,從「太保乃以庶邦冢君,……王其疾敬德」。第四大段說明夏商為鑒,從「相古先民有夏,……矧曰其有能稽謀自天」。第五大段說明召公引周公話,從「嗚呼!有王雖小,……不可不敬德」。第六大段

說明夏商滅國爲鑒，從「我不可不監于有夏，……嗣若功」。第七大段說明施行德政，從「王乃初服；嗚呼……欲王以小民受天永命」。第八大段說明召公永戴成王之誠意，從「拜手稽首曰：「予小臣，……能祈天永命」。

（十八）洛 誥

本篇記載成王還是希望周公治理洛邑。〈書序〉云：「召公既相宅，周公往營成周，使來告卜，作〈洛誥〉」，皮錫瑞《經學通論》云：「〈洛誥〉，見營洛復政，留公命後之義。觀此，知君臣當各盡其道，而不忘交儆矣。」

本文可分爲十段：第一大段說明周公與成王討論定都洛邑，從「周公拜手稽首曰：朕復子明辟。……拜手稽首誨言」。第二大段說明周公認爲禮儀重要，從「周公曰：王肇稱殷禮，……乃汝其悉自教工」。第三大段周公勸成王赴洛，從「孺子其朋，……汝永有辭」。第四大段說明觀察進貢禮儀，從「公曰：已！汝惟沖子，……朕不暇聽」。第五大段說明勸成王厚待同宗，從「朕教汝于棐民彝。……無遠用戾」。第六大段讚美周公德行，從「公！明保予沖子。……罔不若時」。第七大段懇請周公居洛執政，從「王曰：公！予小子其退即辟于周，……四方其世享」。第八大段說明周公受命居洛理政，從「周公拜手稽首曰：王命予來承保乃文祖受命民……，乃單文祖德」。第九大段周公感謝成王，從「伻來毖殷，……萬年其永觀朕子懷德」。第十大段成王於洛邑祭祀冊告天下，從「戊辰，王在新邑，……惟七年」。

（十九）多 士

本篇記載成王遷殷民於洛邑，周公代替成王宣布告令。〈書序〉云：「成周既成，遷殷頑民，周公以王命誥，作〈多士〉，皮錫瑞《經學通論》云：「〈多士〉，見開誠布公，以靖反側之義。觀此，知遺民不忘故君，非新主所能據奪矣。」

本文可分爲七段：第一大段說明周滅殷是順天命，從「惟三月，……惟天明畏」。第二大段說明夏商兩代興亡原因，從「我聞曰：『上帝引逸。』……罔非有辭于罰」。第三大段說明成王對殷舊臣既往不咎，從「王若曰：爾殷多士！……肆不正」。第四大段說明遷徙殷民，從「王曰：猷！告爾多士。……無我怨」。第五大段說明不用殷士，從「惟爾知惟殷先人有冊有典，……時惟天命」。第六大段說明順天命，從「王曰：多士！……多遜」。第七大段說明安居樂業，從「王曰：告爾殷多士！……爾攸居。」

（二十）無　逸

本篇記載周公告誡成王不要貪圖安逸。〈書序〉云：「周公作〈無逸〉」，皮錫瑞《經學通論》云：「〈無逸〉，見人君當知艱難，毋以太平漸耽樂逸之義。觀此，知憂盛危明，當念魏徵所云十漸，不克終矣。」

本文可分為五段：第一大段說明種田艱難，從「周公曰：嗚呼！君子所其無逸。……無聞知！」。第二大段說明歷代先王正反面歷史事實，從「周公曰：嗚呼！我聞曰：……或四、三年」，又可分正面、反面舉證。第三大段說明文王美好品德，從「周公曰：嗚呼！厥亦惟我周太王、王季，……厥享國五十年」。第四大段周公告戒不要縱情享樂，從「周公曰：嗚呼！繼自今嗣王，……否則厥口詛祝」。第五大段互相告誡，從「周公曰：嗚呼！自殷王中宗，……嗣王其監于茲！」。

（二十一）君　奭

本篇記載周公對召公的答辭。〈書序〉云：「召公為保，周公為師，相成王為左右。召公不說，周公作〈君奭〉」，皮錫瑞《經學通論》云：「〈君奭〉，見大臣當和衷共濟，閔天越民之義。觀此，知富弼以撤簾與韓琦生意見者，其量褊矣。」

本文可分為九段：第一大段說明強調事在人為，從「周公若曰：君奭！弗弔，……天不庸釋于文王受命」。第二大段徵引史實人事證賢臣之重要，從「公曰：君奭！我聞在昔，……若卜筮，罔不是孚」。第三大段誡召公殷滅之教訓，從「公曰：君奭！天壽平格，……厥亂明我新造邦」。第四大段說明賢臣輔文王，從「公曰：君奭！在昔，……有若南宮括」。第五大段說明召公同心輔成王，從「又曰：無能往來茲迪彝教，……矧曰其有能格？」。第六大段說明周公希望召公教導，從「公曰：嗚呼！君！……不以後人迷」。第七大段說明勉召公輔成王，從「公曰：前人敷乃心……惟文王德丕承，無疆之恤」。第八大段周公召公承文王事業，從「公曰：君！告汝朕允……罔不率俾」。第九大段說明憂慮天命與民心，從「公曰：君！予不惠若茲多誥……敬用治」。

以下將《周書·君奭》、《禮記·緇衣》、上博〈緇衣〉、郭店〈緇衣〉對比如下：

《周書・君奭》	公曰：君奭！在昔，上帝割申勸寧王之德，其集大命于厥躬。
《禮記・緇衣》	〈君奭〉曰：『昔在上帝，周田觀文王之德，其集大命于厥躬。』」
上博〈緇衣〉	（17）子曰：言衍（率）行之，則行不可匿。古（故）孝（君子）鼻（寡）言而行，㠯（以）垫（成）丌（其）信，則民不（18）能大丌（其）頴（美）而少（小）丌（其）亞（惡）。《大罍（雅）》員（云）：「白珪（圭）之砧尚可秫（磨），此言之砧不可爲。」《少（小）罍（雅）》員（云）：「妥也君子，垫垫（則）也大（成）。」《君奭》員（云）：□□□□□□□□□（19）集大命于氏（是）身。
郭店〈緇衣〉	（34）子曰：言從行之，則行不可匿。古（故）君子顜（顧）言而（35）行，以成其信，則民不能大其媺（美）而少（小）其亞（惡）。《大罍（雅）》云：「白珪之石，尚可（36）砮（磨）也。此言之砧（玷），不可爲。」《少（小）顕（雅）》員（云）：「妥（允）也君子，厔（展）也大成。」《君奭》員（云）：（37）「昔才（在）上帝，割（割）紳觀文王慮（德），其集大命于昏（厥）身。」

（二十二）多　方

本篇記載周公以成王之命，對諸侯國所發佈的誥令。皮錫瑞《經學通論》云：「〈多方〉，見綏靖四方，重言申明之義。觀此，知開國之初，人多覬覦，當以德服其心，不當用威服矣。」

本文可分爲八段：第一大段說明周公告誡諸侯，從「惟五月丁亥，……乃爾攸聞」。第二大段說明夏亡湯興之由，從「厥圖帝之命，……大不克開」。第三大段說明明德慎行享有天下，從「乃惟成湯，……弗克以爾多方享天之命」。第四大段說明夏桀殷紂咎由自取，從「嗚呼！王若曰：……天惟降時喪」。第五大段說明周得殷商天命使然，從「惟聖罔念作狂，……尹爾多方」。第六大段質問譴責叛亂諸侯國，從「今我曷敢多誥？……乃惟爾自速辜」。第七大段具體要求服從周國，從「王曰：嗚呼！猷，……，有服在大僚」。第八大段不服從受懲罰，從「王曰：嗚呼！……則無我怨」。

（二十三）立　政

本篇記載周公告誡成王設官之道。〈書序〉云：「周公作〈立政〉」，皮錫瑞《經學通論》云：「〈立政〉，見爲官擇人，尤當慎選左右之義。觀此，知命官當得其人，不當干預其事矣」。

本文可分爲九段：第一大段說明周公告誡成王，從「周公若曰：拜手稽首，……虎賁」。第二大段說明考察任用官員，從「周公曰：嗚呼！……茲乃三宅無義民」。第三大段說明湯替夏之鑒，從「桀德惟乃弗作往任，……用丕

式見德」。第四大段說明周替殷之鑒，從「嗚呼！其在受德暋，……奄甸萬姓」。第五大段說明官員設置，從「亦越文王、武王，……三亳、阪、尹」。第六大段說明武王承文王美德，從「文王惟克厥宅心，……以並受此丕丕基」。第七大段說明誡成王不干預訴訟案件，從「嗚呼！孺子王矣！……惟正是乂之」。第八大段說明誡成王選拔好官員，從「自古商人，……用勱相我國家」。第九大段說明誡成王做分內事，從「今文子文孫，……以列用中罰」。

（二十四）顧　命

本篇記載成王臨終時的命令，成王喪禮，康王即位的禮儀。〈書序〉云：「成王將崩，命召公、畢公率諸侯相康王，作〈顧命〉」，皮錫瑞《經學通論》云：「〈顧命〉，見王者所以正終，當命大臣立嗣子之義。觀此，知宦官妾擅廢立之禍，由未發大命矣。」

本文可分為七段：第一大段說明成王生病召眾大臣，從「惟四月，哉生魄……百尹、御事」。第二大段說明成王交代遺言，從「王曰：嗚呼！疾大漸，……，王崩」。第三大段說明祖廟器物陳設，從「太保命仲桓、南宮毛，……次輅在右塾之前」。第四大段說明祖廟設置衛士，從「二人雀弁執惠，……立于側階」。第五大段說明康王冊命典禮，從「王麻冕黼裳，……以敬忌天威？」。第六大段說明康王接受諸侯朝享，從「乃受同、瑁，王三宿，……無壞我高祖寡命。」。第七大段說明勉康王繼承文武之業，從「王若曰：「庶邦侯、甸、男、衛……王釋冕，反喪服」。

（二十五）呂　刑

本篇記載周穆王誥呂侯之辭。〈書序〉云：「呂命穆王訓夏贖刑，作〈呂刑〉」，皮錫瑞《經學通論》云：「〈呂刑〉，是哀敬折獄，輕重得中之義。觀此，知罰即贖刑，不可輕用其慈祥俳惻，漢人緩刑書，不足道矣。」

本文可分為五段：第一大段說明歷史教訓，從「惟呂命：王享國百年，……寧惟永」。又可分為蚩尤用刑罰招致滅亡、顓頊懲濫殺之人、堯用中刑享有天下、效法伯夷苟民為戒、告誡王族勤政慎刑。第二大段說明斷案方法，從「王曰：吁！來！有邦有土，……其審克之」。第三大段說明審理案件方法，從「五刑之疑有赦，……五刑之屬三千」。第四大段說明斷案輕重權變，從「上下比罪，無僭亂辭，……有并兩刑」。第五大段說明審案正確態度，從「王曰：「嗚呼！敬之哉！……監于茲祥刑」。

以下將《周書・呂刑》、《禮記・緇衣》、上博〈緇衣〉、郭店〈緇衣〉對比如下：

《周書・呂刑》	苗民弗用靈，制以刑，惟作五虐之刑曰法，殺戮無辜。爰始淫爲劓、刵、椓、黥，越茲麗刑并制，罔差有辭。
《禮記・緇衣》	〈甫刑〉曰：『苗民罪用命，制以刑，惟作五虐之刑曰法。是以民有惡德，而遂絕其世也。』
上博〈緇衣〉	（14）「虗（吾）夫（大夫）龏（恭）虘（且）會（儉），杬人不斂。」《呂型（刑）》員（云）：「眊（苗）民非甬霝（命），折（制）弖（以）型（刑），隹（惟）复（作）五虘之型（刑）曰坌。」
郭店〈緇衣〉	（26）又（有）愻（遜）心。《寺（詩）》員（云）：「虗（吾）夫夫共虘章會，杬人不斂。」《呂型（刑）》員（云）：「非甬（用）胵，折（制）以型（刑），（27）隹（惟）乍（作）五瘝（虐）之型（刑）曰法。」

（二十六）文侯之命

本篇記載周平王表彰晉文侯功績的策書。〈書序〉云：「平王錫晉文侯秬鬯、圭瓚，作〈文侯之命〉」，皮錫瑞《經學通論》云：「〈文侯之命〉，見命方伯安遠邇之義。觀此，知襄王時王靈猶赫，惜不能振作矣。」

本文可分爲三段：第一大段說明文武有大臣輔佐，從「王若曰：父義和！⋯⋯肆先祖懷在位」。第二大段表揚晉文侯功績，從「嗚呼！閔予小子嗣，⋯⋯若汝，予嘉」。第三大段賞賜勉勵晉文侯，從「王曰：父義和！⋯⋯用成爾顯德」。

（二十七）秦　誓

本篇記載秦穆公悔過之辭。〈書序〉云：「秦穆公伐鄭，晉襄公帥師敗諸崤，還歸，作〈秦誓〉」，皮錫瑞《經學通論》云：「〈秦誓〉，見穆公悔過，卒伯西戎之義。觀此，知人君不可飾非，當改變以救敗矣。」

本文可分爲三段：第一大段穆公悔過，從「公曰：嗟！我士！聽無譁！⋯⋯若弗云來」。第二大段說明反省國事必依老臣，從「惟古之謀人，⋯⋯我皇多有之！」。第三大段說明國君必須好賢容善，從「昧昧我思之：⋯⋯亦尚一人之慶」。

（二十八）費　誓

本篇記載魯公伯禽伐淮夷、徐戎，在費地所發布的誓師辭。〈書序〉云：

「魯侯伯禽宅曲阜，徐、夷並興，東郊不開。作〈費誓〉。」，皮錫瑞《經學通論》云：「〈費誓〉，見諸侯專征，嚴明紀律之義。觀此，知用兵不可擾民矣。」

本文可分爲兩段：第一大段說明出發前整治武器裝備，從「公曰：嗟！人無譁，……汝則有常刑」。第二大段說明魯公遵守紀律，從「馬牛其風，……汝則有大刑」。

二、今文《尚書》之思想

（一）德治思想

儒家重視由內而外的修身、齊家、治國、平天下理念。德者，道德也，指克服自私，推己及人，一切以個人修養爲基準，而向外擴大。

《尚書》雖然是記載君臣對話爲主軸的歷史事件，但「德」在《尚書》中出現的頻率很高。例如：《虞夏書‧堯典》：「俊德」、「否德」，《虞夏書‧舜典》：「玄德」、「惇德」，《商書‧盤庚》：「積德」、「用德」、「爽德」、「民德」，《周書‧洪範》：「攸好德」，《周書‧康誥》：「朕德」、「王德」、「敏德」，《周書‧梓材》：「明德」，《周書‧召誥》：「敬德」《周書‧洛誥》：「顯德」、「祖德」、「懷德」，《周書‧多士》：「奉德」，《周書‧無逸》：「酒德」，《周書‧君奭》：「蔑德」、「秉德」、「稱德」、「民德」，《周書‧多方》：「用德」、「凶德」，《周書‧立政》：「暴德」、「訓德」、「見德」、「逸德」、「容德」、「義德」，《周書‧呂刑》：「香德」、「天德」，《周書‧酒誥》：「元德」、「喪德」等等，一系列的德字名稱。可從《尚書》中看出上古社會對「德」觀念的重視。

當時社會認爲「誠」上可應天，下可感民，故在上位的君主只要修養德性，自然而然就能感動大臣與百姓，這也就是所謂的「德治」。故今文《尚書》首先強調的是君王之德，例如：《虞夏書‧堯典》中，開宗明義就讚帝堯，德澤被四方，說：「欽明文思安安，允恭克讓，光被四表，格於上下。……克明俊德，以親九族，九族既睦，平章百姓，百姓昭明，協和萬邦，黎民於變時雍。」〔註92〕《上博‧容成氏》云：

〔註92〕《孔疏》云：「帝堯能放效上世之功而施其教化，心意恒敬，智慧甚明，發舉則有文謀，思慮則能通敏，以此四德安天下之當安者。在於己身則有此四德，其於外接物又能信實、恭勤、善能、謙讓。恭則人不敢侮，讓則人莫與爭，由此爲下所服，名譽著聞，聖德美名充滿被溢於四方之外，又至於上天下地。

堯是以視賢：履地戴天，篤義與信，會在天地之閒，而包在四海之內，畢能其事，而立爲天子。堯爲之教曰：「自入焉，余穴窺焉。」以求賢者而讓焉。堯以天下讓於賢者，天下之賢者莫之能受也。萬邦之君皆以其邦讓於賢〔者〕……□□□賢者，而賢者莫之能受也。〔註93〕

堯之所以讓人愛戴，本身就是有「欽明文思」四種內德，所以能至人；而行於外又有「允恭克讓」之外德，所以能至天下。集合這內外之德，所以堯能治理天下，協和萬邦，聖德美名因此也就傳於天下。

另外，在《虞夏書・皋陶謨》一文，是皋陶與禹帝討論如何實施德政。皋陶認爲君王應該「愼身」而有「九德」，故在《虞夏書・皋陶謨》具體說明了內容：「皋陶曰：「都！亦行有九德；……寬而栗，柔而立，愿而恭，亂而敬，擾而毅，直而溫，簡而廉，剛而塞，強而義；彰厥有常，吉哉。日宣三德，夙夜浚明有家；日嚴祇敬六德，亮采有邦。翕受敷施，九德咸事。」〔註94〕也就是說君主具備有九德，就能任用日日行三德的卿大夫，日日敬行六德的諸侯，天下就大治。

在《虞夏書》中的「德」，主要是讚美上位者的美德和德行操守，而《商書》中的「德」是作爲施政綱領，德澤施惠及百姓。如《商書・盤庚上》云：「汝克黜乃心，施實德于民，至于婚友；丕乃敢大言，汝有積德。」

君王之德在落實之處不外乎是在治政和養民，古文《虞夏書・大禹謨》云：「帝念哉！德惟善政，政在養民。……正德、利用、厚生，惟和」，也就是說，有德之君主，能善於治理政事，而政事處理的得當，百姓就能安養。「民爲邦本，本固邦寧」，故《左傳・桓六年》云：「夫民，神之主也，是以聖王先成民而後致力於神」，〔註95〕君主要有保民的思想，對待百姓就像對待自己子女一樣，並且關懷照顧孤弱老人。

《周書》中的「德」，將德與天命結合，故在《周書・君奭》「嗚呼！君！惟乃知民德，亦罔不能厥初，惟其終」中，《蔡傳》詮釋爲：「民心又天命之

言其日月所照，霜露所墜，莫不聞其聲名，被其恩澤。」
〔註93〕馬承源編：《上海博物館藏戰國楚竹書》，（上海：上海古籍出版，2002年，12月），頁257～258。
〔註94〕《孔疏》云：「弘而能莊栗也，和柔而能立事也，愨願而能恭恪也，治理而能謹敬也，和順而能果毅也，正直而能溫和也，簡大而有廉隅也，剛斷而能實塞也，強勁而合道義也。」
〔註95〕〔清〕阮元刻本：《十三經注疏左傳・桓六年》（台北：藝文印書館，1955年），頁109。

本也。」（頁110），《周書‧多士》云：「天不畀不明厥德；凡四方小大邦喪，罔非有辭于罰。」《周書‧多士》意思是說，上天是不會把大命賜給不努力修行美德的人。又《周書‧召誥》云：「嗚呼！天亦哀於四方民，其眷命用懋，王其疾敬德。相古先民有夏，天迪從子保；面稽天若，今時既墜厥命。」夏朝、殷商喪失大命，而轉移給文武周公，周朝天命的合法性，就是靠德政為證，而德政依據，就是看有沒有替老百姓謀福利。

《周書‧召誥》云：「嗚呼！曷其奈何弗敬！天既遐終大邦殷之命」中，《蔡傳》詮釋為：「敬則誠實無妄，視聽言動，一循乎理；好惡用捨，不違乎天。與天同德，固能受天明命。」（頁9）因此天人合一強調「以德配天」、「德裕乃身，不廢在王命」、「明德慎罰、敬明乃罰」，這就是周代以後儒家德治思想的基本框架。

（二）法治思想

周公認為治理國家者應「德治」與「法治」並舉，不過「法治」只是「德治」的輔助，「德治」才是主要的。周武王滅殷商後，為治理殷商提出了「明德慎罰」的德治措施。《周書‧康誥》中明確提出了，說：「惟乃丕顯考文王，克明德慎罰，不敢侮鰥寡。」又《周書‧召誥》說：「嗚呼！若生子，罔不在厥初生；自貽哲命。今天其命哲，命吉凶，命歷年。知今我初服，宅新邑，肆惟王其疾敬德。王其德之用，祈天永命。其惟王勿以小民淫用非彝，亦敢殄戮；用乂民，若有功。」，「德治」與「法治」奠定了先秦儒家思想基礎，也為法家提供了可資借鑒的資料。

在《梓材》中，周公則施行愛民的政策，文中說：「司徒、司馬、司空、尹旅曰：予罔厲殺人。……肆往，奸宄、殺人、歷人，宥；肆亦見厥君事戕敗人，宥。王啟監，厥亂為民」。意思是對司徒、司馬、司空、大夫和眾士說，在上位者不可濫殺無罪的人，對內外作亂的罪犯要寬恕；對泄露大事的罪犯、殘害別人身體的罪犯，也要寬恕。君主建立諸侯官員，都是為了教化老百姓。

〈呂刑〉是我國現存最早的刑事訴訟法法典，記述了當時西周統治者的刑罰思想、刑事政策和訴訟制度。刑罰有三個等級，最重的是五刑，中等的是五罰，最輕的是五過。五刑是墨、劓、剕、宮、大辟，墨刑就是在臉上刺字後塗上墨，作為懲罰的標誌；劓刑就是把人的鼻子割下來；剕刑就是砍掉人的膝蓋骨；宮刑是割去人的生殖器；大辟就是殺頭。《呂刑》對執法者，要求審理案件知法守法，不貪污受賄，必須實事求是；對被處罰法者，要求依

法受刑。〈呂刑〉文中云：「典獄非訖於威，惟訖於富」中，此是描述伯夷、禹、稷治理典獄的原則，《孔疏》詮釋為：「堯時主獄之官，有威嚴，有德行，有恕心。有犯罪必罪之，是『有威』也。無罪則赦之，是『有德』也。有威有德有恕心，行之不受貨賂，是『恕心』也。不可能使民不犯，非絕於威。能使不受貨賂，惟絕於富。言以恕心行之，世治則貨賂不行，故獄官無得富者。」（頁 299）《蔡傳》也說不為威屈，不為利誘，故詮釋為：「富，賄賂也。當時典獄之官，非惟得盡法於權勢之家，亦惟得盡法於賄賂之人。」（頁 134），故此不可貪污受賄賂，跟現在民主法治思想，杜絕貪污觀念一致。

　　另外，有法條典章，最需要的是建立「官制」，〈立政〉就是周公晚年告誡成王，建立官制的篇章。王引之《經義述聞》卷三說：「立政，謂建立長官也。」〔註96〕又《史記‧魯世家》記載：「成王在豐，天下已安。周之官政未次序，於是周公作〈周官〉，官別其宜。作〈立政〉，以便百姓，百姓說（悅）。」〔註97〕周公和成王先後兩次東征後，周王朝最迫切的就是建立官制，讓政治運作上軌道。

　　〈周官〉和〈立政〉有相同、相異處。在相同處方面，〈周官〉和〈立政〉都是研究周代官制的重要文獻。在相異處方面，兩者不同處是〈周官〉是著重在建立文官制度的重要性，〈立政〉則是對於國家官吏德、才、智的要求。例如：〈立政〉文中云：「嚴惟丕式，克用三宅三俊。其在商邑，用協于厥邑；其在四方，用丕式見德」，「三宅」指的是宅事、宅牧、宅準三種不同職責的官員；「三俊」指選用三宅之俊賢，可見〈立政〉這篇是對官吏選用的考察。

（三）禮治思想

　　《說文》云：「禮，履也，所以事神致福也。」禮是古代社會的行為規範。《尚書》在孔子之前就已經成書，孔子整理《詩》、《書》、《禮》、《樂》、《易》、《春秋》六經，並作為教材。《論語‧述而》說：「子所雅言：《詩》、《書》、執禮，皆雅言也。」，〔註98〕可見孔子對《尚書》之推崇。《論語‧為政篇》也說：「道之以政，齊之以刑，民免而無恥；道之以德，齊之以禮，有恥且格。」

〔註96〕〔清〕王引之《經義述聞》卷三說：「政與正同。正，長也。立政，謂建立長官也。篇內所言皆官人之道，故以立政名篇。」

〔註97〕〔漢〕司馬遷：《史記‧魯世家》（台北：鼎文書局，1981 年），頁 1522。

〔註98〕〔清〕阮元刻本：《十三經注疏論語‧述而》（台北：藝文印書館，1955 年），頁 62。

〔註99〕治理國家不能只靠刑罰，要靠德治、禮治，民心才會歸向統治者，故唯有從內在感化，民眾才會有知恥之心。

《禮記‧曲禮上》云：「夫禮者，所以定親疏、決嫌疑、別同異、明是非也……道德仁義，非禮不成。」〔註100〕古代有守喪三年之禮，《尚書‧無逸》文中說：「其在高宗時，舊勞於外，爰暨小人。作其即位，乃或亮陰，三年不言；其惟不言，言乃雍，不敢荒寧。」古代君主去世後，即位者為表示哀思，三年不理朝政，將國家政務全部委託大臣處理。禮是儒家的核心要義之一，從禮儀、禮樂到禮義、禮政，在宗法封建秩序，成為維繫權力秩序最為重要的行為規範。

〈顧命〉內容相當於遺囑。內容是記載周成王病重，囑託大臣召公和畢公輔佐嗣主的命令、周成王死後的喪禮、周康王嗣位接受冊命儀式中的陳設和佈置的即位禮。《尚書‧顧命》說：

> 丁卯，命作冊度。越七日，癸酉，伯相命士須材。狄設黼扆、綴衣。
> 牖間南嚮，敷重篾席，黼純，華玉，仍几。西序東嚮，敷重底席，
> 綴純，文貝，仍几。東序西嚮，敷重豐席，畫純，雕玉，仍几。西
> 夾南向，敷重筍席，玄紛、純漆，仍几。越玉五重，陳寶，赤刀，
> 大訓，弘璧，琬琰在西序；大玉、夷玉、天球、河圖在東序；胤之
> 舞衣、大貝、鼖鼓在西房；兌之戈、和之弓、垂之竹、矢在東房。
> 大輅在賓階面，綴輅在阼階面，先輅在左塾之前，次輅在右塾之前。

這段話的大意是說，在成王死後舉行喪禮場，在丁卯這天，命令作冊制定喪禮，到了第七天癸酉，召公命令官員佈置各種器物，狄人陳設黼紋屏風和先王的禮服。而門窗間朝南的位置、在南牆朝東位置、在堂西邊夾室朝南的位置、於東西序坐北的位置、西牆向東的席前、東牆向西的席前、賓客們所走的臺階前、主人走的臺階前等擺設，都詳細記載擺設情況。周康王即位典禮時，各個儀節的繁文縟節，敘述詳盡，可供後世研究。

王國維〈周書‧顧命考〉說：「古禮經既佚，後世謂考周室一代之古典者，惟此篇而已。」〔註101〕故〈顧命〉史料價值極高，內容主張禮、法兼治的政

〔註99〕〔清〕阮元刻本：《十三經注疏論語‧為政》（台北：藝文印書館，1955年），頁16。

〔註100〕〔清〕阮元刻本：《十三經注疏禮記‧曲禮上》（台北：藝文印書館，1955年），頁14。

〔註101〕〔清〕王國維：《觀堂集林》卷一（河北：河北教育出版，2001年11月），

策，為今考探古代禮制中，重要的原始文獻。

　　另外，飲酒制度也是一種禮儀制度，國之興衰，「酒」佔了舉足輕重的地位。〈酒誥〉是周初專門禁酒的政令，明白指示官吏不能喝醉酒，如〈酒浩〉文中說：「降威，我民用大亂喪德，亦罔非酒惟行。越小大邦用喪，亦罔非酒惟辜。」臣民本性大亂，大小諸侯國滅亡，無不是飲酒的後果，故文中又說：「厥或誥曰：『群飲。』汝勿佚，盡執拘以歸于周，予其殺」，面對「群飲」周公是採取格殺無論的措施。〈微子〉文中也說：「我用沈酗于酒，用亂敗厥德于下」，說明了紂王也是因為沉湎在酒中，而敗壞了成湯的美德。

　　在〈酒誥〉中，周公非常強調戒酒的重要性，故除了從正面說明殷商先王戒酒興國之外，也從反面說明殷商紂王縱酒亡國的原因，因此周公頒發禁酒法令條例給周諸侯與百姓。周公對於處理戒酒的對象，自己身邊大臣、殷商舊臣、一般群眾處理辦法各異，自己身邊大臣嚴加禁止，但是殷商舊臣則是勸導，如文中又說：「惟殷之迪諸臣惟工，乃湎于酒，勿庸殺之，姑惟教之」，殷商舊臣採取的就是教導。雖然飲酒有害，但是周公也不是一成不變不喝酒，如〈酒誥〉文中說：「厥父母慶，自洗腆，致用酒」故允許在祭祀，或父母慶典時可適量飲酒。

（四）神權思想

　　上古時代的人相信超自然的力量，有個「神」、「天」來掌握一切。天時的陰晴風雨、人事的吉凶禍福、年歲的豐收與否、戰爭的勝敗關鍵，都是由有意志的人格神來掌握。因此有了巫師的產生，作為天和人的橋樑。人類的所有活動，都是掌握在不可知的「神」來支配。統治者為了讓百姓屈服，因此常以「天命」不可為違逆的指令，來約束民眾。故〈湯誓〉、〈盤庚〉、〈多方〉、〈多士〉等篇都闡揚君權神授的思想。

　　〈湯誓〉中，商湯認為夏桀廢農功，徵賦重，所以是他自己有罪。故〈湯誓〉文中記載說：「格爾眾庶，悉聽朕言。非台小子，敢行稱亂；有夏多罪，天命殛之。」，孔疏云：「我伐夏者，非我小子輒敢行此以臣伐君，舉為亂事，乃由有夏君桀多有夏罪，上天命我誅之。桀既失君道，我非復桀臣，是以順天誅之，由其多罪故也。桀之罪狀，汝盡知之。今汝桀之所有之眾，即汝輩是也。」且《泰誓》云：「獨夫受」，將桀比於一夫，桀既同於一夫，故湯可

頁 50。

稱王。所以商湯認爲夏桀自己有很多罪狀，不是他要以諸侯伐天子「稱亂」，而是上天命他誅之。

在〈多方〉一文，天命觀使用的非常多，如夏、商滅亡是天命，周朝接受政權也是天命。周公爲了要嚴厲譴責多次作亂、不服從周王朝統治的諸侯國君臣，因此以一種天授大法、天授君權的神權行政思想，來支持政權合法性。故〈多方〉文中記載說：「愼厥麗，乃勸。厥民刑，用勸。以至於帝乙，罔不明德愼罰，亦克用勸。要囚殄戮多罪，亦克用勸。開釋無辜，亦克用勸。今至於爾辟，弗克以爾多方享天之命，嗚呼！」因爲夏、商的末代君王行爲放肆，縱情享受，致使政治十分黑暗，上天不得不把大禍降臨在他們身上。又周王朝的建立也是天命，周秉承上天的意旨。又說：「今爾尙宅爾宅，畋爾田，爾曷不惠王熙天之命？爾乃迪屢不靜，爾心未愛。爾乃不大宅天命，爾乃屑播天命，爾乃自作不典，圖忱於正。」周公強烈譴責多方諸侯國不安天命，以天命不可違，周朝的統治也是承受天命而不可抗拒。

卜筮、龜兆是上古用來詢問不可知事情的方法。在〈金縢〉內容中，說明周武王生病，立壇卜筮，如文中：「既克商二年，王有疾，弗豫。二公曰：『我其爲王穆卜。』周公曰：『未可以戚我先王。』公乃自以爲功，爲三壇同墠。爲壇於南方，北面。周公立焉。植璧秉珪，乃告太王、王季、文王。……乃卜三龜，一習吉。啓籥見書，乃并是吉。」周公以自己的生命來擔保，向祖先禱告，願代武王而死，感動了祖先，不僅周公沒死，而且武王的病也好了。又〈西伯戡黎〉文中，賢臣祖尹向紂王進諫，說明龜兆都不吉祥，如文中：「天既訖我殷命；格人元龜，罔敢知吉。」意思是說，天意恐怕要滅我們殷商了，龜兆都覺察不出吉祥之兆。

另外，〈洪範〉歷代王朝奉爲統治大法。〈洪範〉的由來，根據記載：「我聞在昔，鯀陻洪水，汩陳其五行；帝乃震怒，不畀洪範九疇，彝倫攸斁。鯀則殛死，禹乃嗣興，天乃錫禹洪範九疇，彝倫攸敘。」也就是大禹治水有功，上天才賜之。《漢書・五行志》云：「劉歆以爲慮羲繼天而王，受〈河圖〉，則而畫之，八卦是也。禹治洪水，賜《雒書》，法而陳之，〈洪範〉是也」。〔註102〕

〈洪範〉內容，主要是闡述九個大範疇，文中說：「初一曰五行，次二曰敬用五事，次三曰農用八政，次四曰協用五紀，次五曰建用皇極，次六曰乂用三德，次七曰明用稽疑，次八曰念用庶徵，次九曰嚮用五福，威用六極」，

〔註102〕〔漢〕班固：《漢書・五行志》（台北：鼎文書局，1986年），頁1315。

《孔疏》詳細說明了九疇的功用：「所賜禹大法九類者，初一曰五材氣性流行，次二曰敬用在身五種之行事，次三曰厚用接物八品之政教，次四曰和用天象五物之綱紀，次五曰立治用大爲中正之道，次六曰治民用三等之德，次七曰明用小筮以考疑事，次八曰念用天時眾氣之應驗，次九曰鄉勸人用五福，威沮人用六極。此九類之事也。」九疇其中，第一就是五行，「五行」思想因此就形成中國古代天人感應的神學觀。

（五）戰術思想

《尚書》中〈甘誓〉、〈湯誓〉、〈牧誓〉、〈費誓〉和〈秦誓〉五篇是有關戰爭的誓辭。〈湯誓〉是戰前的政治動員令、〈牧誓〉記敘周武王誓師前的軍隊部署、〈費誓〉是軍事制度，戰前軍備和軍事紀律、〈秦誓〉體會到決定軍國大事必須依靠老臣。這些誓辭反映了上古的軍事思想、戰略方法、戰前謀劃、形勢分析、戰場紀律等方面。

《周書‧牧誓》文中說：「勗哉夫子！尚桓桓，如虎、如貔、如熊、如羆，於商郊；弗迓克奔，以役西土。」根據《蔡傳》詮釋：「欲將士如四獸之猛，而奮擊于商郊也。……能奔來降者，勿迎擊之，以勞役我西土之人，此勉其武勇，而戒其殺降也。」（頁70）也就是希望戰士作戰時，如「虎、貔、熊、羆」般勇猛，但是當自動投降的百姓，卻是不能將他們殺害。

總之，《尚書》裡面所含藏的意思非常精微深奧，有「明德」、「愼罰」、「敬天」、「保民」、「軍事」等思想。在〈秦誓〉云：「責人斯無難，惟受責俾如流，是惟艱哉！我心之憂，日月逾邁，若弗云來！」，在上位者可以用來安邦定國，在下位者可以作爲修身待物，故《尚書》是一部內聖外王的經世之作。

第五節 歷代詮釋《尚書》之大要

王國維認爲《尚書》難懂原因有三，訛闕、古今語不同、用成語。他在〈與友人論《詩》《書》中成語書〉一書中說：

> 《詩》、《書》爲人人誦習之書，然於六藝中最難懂。以弟之愚暗，於《書》所不能解者殆十之五；於《詩》，亦十之一二。此非獨弟所不能解也，漢、魏以來諸大師未嘗不強爲之說，然其說終不可通。以是知先儒亦不能解也。其難解之故有三：訛闕，一也。古語與今語不同，二也。古人頗用成語，其成語之意義，與其中單語之意義

又不同，三也。〔註103〕

由於《尚書》難懂，因此自古以來有很多人，以不同的方式或體式詮釋《尚書》，如：有採取章句訓詁，有以義理詮釋，有以考據探究。以下從三面說明。

一、訓詁方面

訓詁方面又分爲「章句類」、「傳注類」、「義疏類」三方面。

（一）章句類

兩漢的注書，名目繁多，有「傳」、「注」、「故」、「解故」、「說」、「記」、「章句」、「箋」、「釋」、「訓」等等。馬宗霍《中國經學史》認爲，兩漢注書「立名雖繁，而通行之體則不外乎傳、注、章句三者。」〔註104〕

什麼是「章句」？依據《後漢書‧桓譚傳》說：「章句謂離章辨句，委曲枝派也。」〔註105〕詹英《文心雕龍義證》一書解釋更清楚說：

> 「章句」的章，不像現代書裡一章節那麼長。……在古代的經書、子書中，一篇文章裡的較小的意義單位，也叫一章。漢朝人的章句之學，就研究在什麼地方分章，什麼地方斷句的。這裡所講的「章」，實際上相當於後代文章中的段。「章句」的「句」，也不是現代語法中所說的句，而是說話時一個停頓的單位。〔註106〕

也就是說，要講解古籍內容的意義，先要分章、斷句，這種方法注解古籍的方式，就是「章句」。

但就廣義來說，由於解釋文句是漢代傳注的主要任務，故「傳、注」也稱「章句」，「章句」也稱「注」。《北史‧儒林傳》曰：

> 大抵南北所爲章句，好尚互有不同。江左，《周易》則王輔嗣，《尚書》則孔安國，《左傳》則杜元凱。河洛，《左傳》則服子慎，《尚書》、《周易》則鄭康成。《詩》則並主於毛公，《禮》則同遵於鄭氏。南人約簡，得其英華；北學深蕪，窮其枝葉。考其終始，要其會歸，其立身成名，殊方同致矣。〔註107〕

〔註103〕王國維：《觀堂集林》卷一（河北：河北教育出版，2001年11月），頁42。
〔註104〕馬宗霍：《中國經學史》（台北：台灣商務印書館，2000年11月），頁56。
〔註105〕〔南宋〕范曄：《後漢書‧桓譚傳》（台北：鼎文書局，1981年），頁955。
〔註106〕詹英：《文心雕龍義證》（上海：上海古籍出版社，1996年6月），頁1247。
〔註107〕〔唐〕李延壽：《北史‧儒林傳》（台北：鼎文書局，1976年），頁2709。

《北史》把王輔嗣、孔安國、鄭康成等「傳」、「注」統稱爲「章句」。現在所使用的《十三經注疏》，就是直接將《孟子章句》稱爲「注」，如趙岐《孟子章句》稱趙岐注；京房《周易章句》又稱《京氏易傳》。

以「章句」注釋經典，那它的詮釋體式又是如何？所謂「章有章旨，句有句意」，依據劉師培在《國學發微》中說：

> 故傳二體，乃疏通經文之字句也；章句之體，乃分析經文之章句者
> 也。〔註 108〕

也就是在詞義的解釋之外，再講文句的大意，使文章的意義更爲明顯，這種解說方法就是「章句」注釋經典體式。據《漢書‧儒林傳》說：當時儒家的經師對五經的注解，「一經之說，至百餘萬言。」〔註 109〕漢儒分章析句，就是以一章一句，一個字一個字的詳細解釋。如當時的儒師秦延君，只解釋「堯典」二字，就用十餘萬言；解釋「曰若稽古」四字，就用三萬言。「章句」在體式上的特點，是以章義、句義爲主要內容，與當時漢人名物訓詁的注疏有所不同。故《四庫全書總目提要》云：「漢儒注經多明訓詁名物，惟此注箋釋文句，乃似後世之口義，與古學稍殊。然孔安國、馬融、鄭元注《論語》，今載於何晏集解者，體亦如是。」〔註 110〕說明了「章句」與「注、疏」的不同。

而「章句」之學爲什麼興盛？《新唐書‧藝文志》則云：「自六經焚於秦，而復出於漢，其師傳之道中絕，而簡編脫亂訛缺，學者莫得其本眞，於是諸儒章句之學興焉。」〔註 111〕由於六經被焚，因此漢代出現了大量以「章句」爲名的傳注性著作，如：在《尚書》方面，牟氏（長）《尚書章句》，佚，見《後漢書》。盧氏（植）《尚書章句》，佚，見《後漢書》。歐陽生《尚書章句》，《漢志》三十一卷，佚。大小夏侯氏《尚書章句》，《漢志》各二十九卷，佚。牟氏（卿）《尚書章句》，佚，見《後漢書》。桓君（榮）大小太常《尚書章句》，佚，見《後漢書》。其它，以「章句」冠名的書有《易施氏章句》、《易孟氏章句》、《易梁丘氏章句》、《春秋公羊章句》、《春秋穀梁章句》等。

而「章句」之學爲什麼會衰微呢？根據林慶彰〈兩漢章句之學重探〉一文探討，云：

〔註 108〕劉師培：《國學發微》（台北：廣文書局，1970 年 10 月），頁 21。

〔註 109〕〔漢〕班固：《漢書‧儒林傳》（台北：鼎文書局，1986 年），頁 3620。

〔註 110〕〔清〕紀鈞等：《四庫全書總目提要》（北京：中華書局，1997 年），頁 1。

〔註 111〕〔北宋〕歐陽修、宋祈：《新唐書‧藝文志》（台北：鼎文書局，1976 年），頁 1421。

> 章句之學本來即是一閉鎖系統，而非開放系統。各家有自己的章句，
> 又限制自己一派經生，不可兼習他家的章句。經生在此一閉鎖系統
> 的控制下，缺少交流溝通的機會，拘守固蔽是很必然的事。本來閉
> 鎖，是爲了鞏固本身的某種利益，章句之學……卻因閉鎖而斷送了
> 它在學術舞臺的主導地位。〔註112〕

由於家法，故步自封因此也就衰微了。而漢代以「章句」爲名稱的書籍，目
前也只剩下趙岐的《孟子章句》、王逸《楚辭章句》流傳於世。

（二）傳注類

傳注類可以分爲「傳」、「注」。「傳」除了有傳述的意思外，解釋經義的
文字，也稱「傳」，如《左傳》、《公羊傳》、《穀梁傳》。到了東漢後，「傳」才
專門指訓詁的體式。

什麼是「注」？根據《禮記·曲禮》孔《疏》云：「注者，即解書之名，但
釋義之人多稱爲『傳』。傳謂傳述爲義，或親承聖旨，或師儒相傳，故云『傳』。
今謂之『注』者，謙也，不敢傳授，直注己意而己。若然，則『傳』之與『注』
各出己情。」〔註113〕又《儀禮·士冠禮》賈公彥《疏》云：「言『注』者，注
義於經下，若水之注物。」〔註114〕古書難懂，就如水道堵塞，爲了了解通暢文
字的意思，需要灌注才能暢通。孔穎達認爲「傳」、「注」有所不同，「傳」乃是
親承師儒，有傳述的意思，「注」則是表達自己的意思。劉知幾《史通·補注》
也云：

> 昔《詩》、《書》既成，而毛、孔立傳。傳之時義，以訓詁爲主，亦
> 猶《春秋》之傳，配經而行也。降及中古，始名傳曰注。蓋傳者轉
> 也，轉授於無窮；注者流也，流通而靡絕。……。此二名，其歸一
> 揆。〔註115〕

談論經學今古文問題，一般都認爲是秦始皇焚書所造成。而李威熊先生《經

〔註112〕收錄於林慶彰：《中國經學史論文選集》（上冊），（臺北：文史哲出版社，1992
　　　　年6月），頁278。

〔註113〕〔清〕阮元刻本：《十三經注疏禮記·曲禮》（台北：藝文印書館，1955年），
　　　　頁11。

〔註114〕〔清〕阮元刻本：《十三經注疏儀禮·士冠禮》（台北：藝文印書館，1955年），
　　　　頁3。

〔註115〕〔唐〕劉知幾、浦起龍釋《史通通釋·補注》，（臺灣：里仁書局，1971年9
　　　　月），頁131。

學發展史論》一書認為，〔註116〕秦始皇焚書只是先秦典籍亡佚的原因之一，另外，項羽入咸陽、楚漢相爭的戰火，都是造成書籍大量亡佚的原因。而今文《尚書》是由伏生傳授，是用當時通行的隸書文字書寫，所以叫做今文《尚書》。魯恭王擴建宮室，在孔子故居的壁中找到一部《尚書》，是用不同於隸書的古文字寫成，因此叫做古文《尚書》。古文家賈逵曾校勘《尚書》，故《後漢書·賈逵傳》云：

> 逵數為帝言，古文《尚書》與經傳《爾雅》詁訓相應，詔令撰歐陽、
> 大小夏侯尚書古文同異，逵集為三卷，帝善之。〔註117〕

但歐陽、大小夏侯這三卷校勘《尚書》的專著，最後也無有流傳下來。

伏生名勝，濟南人，經學家，秦代博士。秦始皇焚書，伏生藏《尚書》於壁中。根據《史記·秦始皇本紀》記載：

> 非博士官所職，天下有敢藏《詩》、《書》、百家語者，悉詣守、尉雜
> 燒之。〔註118〕

秦始皇三十六年丞相李斯奏請《詩》、《書》燒毀。又《史記·儒林列傳》云：

> 伏生者，濟南人也。故為秦博士。孝文帝時，欲求能治《尚書》者，
> 天下無有，乃聞伏生能治，欲召之。是時伏生年九十餘，老，不能
> 行，於是乃詔太常使掌故晁錯往受之。秦時焚書，伏生壁藏之。其
> 後兵大起，流亡，漢定，伏生求其書，亡數十篇，獨得二十九篇，
> 即以教於齊魯之間。學者由是頗能言尚書，諸山東大師無不涉尚書
> 以教矣。〔註119〕

司馬遷認為，漢惠帝時取消禁書令，其所藏《尚書》尚存二十九篇。伏生以二十九篇《尚書》教授於齊魯之間。漢文帝欲召伏生入朝，此時伏生已九十多歲，行動不便，於是命晁錯到濟南伏生家中學習《尚書》，即是流傳的今文《尚書》。

伏生弟子歐陽生等，根據伏生對《尚書》的解釋，編成《尚書大傳》。此書已佚，清人有多種輯本。《續清經解》收清人陳壽棋《尚書大傳輯校》本。《尚書大傳》中，除二十九篇（含〈泰誓〉篇）外，伏生還提到〈九共〉、〈帝

〔註116〕李威熊先生：《經學發展史論》，（台北：文史哲出版，1988年），頁118。
〔註117〕〔南宋〕范曄：《後漢書·賈逵傳》（台北：鼎文書局，1981年），頁1239。
〔註118〕〔漢〕司馬遷：《史記·秦始皇本紀》（台北：鼎文書局，1981年），頁255。
〔註119〕〔漢〕司馬遷：《史記·儒林列傳》（台北：鼎文書局，1981年），頁3125。

告〉、〈大戰〉、〈嘉禾〉、〈揜誥〉、〈冏命〉。其中〈大戰〉錄有篇中正文,〈九
共〉、〈帝告〉、〈嘉禾〉有解說文字,而無正文。〈揜誥〉、〈冏命〉兩篇僅存篇
目,無正文亦無解說文字。

(三)義疏類

　　最早解釋佛家經典的講稿為「義疏」,故中國經典受佛學和玄學的影響,
儒生講經的稿本為「義疏」。義疏文字比傳注詳細得多,不僅解釋詞義,甚至
申述全篇大意。其中,奉詔修訂的義疏為「正義」意即正前人之疏義,正義
卻必須遵守「義不破注」的原則。優點是對舊注的保留起了很大作用;缺點
是墨守舊說,缺乏生氣。私人整理訂正的義疏仍稱為「疏」,一般的義疏可以
由說經家任意發揮,如賈公彥的《儀禮疏》。

　　孔穎達小時聰穎,根據《舊唐書‧孔穎達傳》記載:

> 八歲就學,日誦千餘言。及長,尤明《左氏傳》、《鄭氏尚書》、《王
> 氏易》、《毛詩》、《禮記》,兼善算歷,能屬文。〔註120〕

孔穎達對《易經》、《詩經》、《書經》等經書有深厚根底,故唐太宗時,為了
解決「文字多訛繆」、「章句繁雜」的問題,詔令孔穎達等奉敕撰《五經正義》。
根據《舊唐書‧儒林傳》說:

> 太宗又以經籍去聖久遠,文字多訛謬,詔前中書侍郎顏師古考定《五
> 經》,頒于天下,命學者習焉。又以儒學多門,章句繁雜,詔國子祭
> 酒孔穎達與諸儒撰定《五經》義疏,凡一百七十卷,名曰《五經正
> 義》,令天下傳習。〔註121〕

孔穎達以孔傳《古文尚書》為底本,把《孔傳》作為「注」,博採魏晉南北朝以
來的《尚書》說作為「疏」。孔穎達《尚書正義》序說:「奉命考定是非,謹罄
庸愚,竭所聞見,覽古人之傳記,質近代之異同,削其煩而增其簡,此亦非敢
臆說,必據舊聞。」〔註122〕《正義》削其煩而增其簡,經學從此大統一,不再
有紛歧的見解。當時,馬融、鄭玄、王肅等人注本尚在,於是注本漸漸消逝。
高宗永徽四年,頒行天下,《正義》為考試必用本,因此一直傳到今天。

　　從《五經正義》中,可發現孔穎達在文字訓詁方面的特色。例如,在聲
訓方面,「義存於聲」、「借聲為義」實為清代「因聲求義」的先導。

〔註120〕〔後晉〕劉昫:《舊唐書‧孔穎達傳》(台北:鼎文書局,1976年),頁2601。
〔註121〕〔後晉〕劉昫:《舊唐書‧儒林傳》(台北:鼎文書局,1976年),頁4941。
〔註122〕〔清〕阮元刻本:《十三經注疏尚書‧序》(台北:藝文印書館,1955年),頁1。

二、義理方面

　　《五經正義》、《五經大全》是中國經學史上，兩次最重要對經學文本的統一。但兩次編纂的目的不同，唐太宗時由孔穎達主持編纂的《五經正義》，目的是爲了解決「文字多訛繆」、「章句繁雜」爲科舉考試提供一個統一文本的問題。而明成祖時由胡廣主持編纂的《五經大全》，目的是爲了用程朱理學綱紀人心，維護封建專制統治。明成祖在《性理大全・御製序》中說：

> 六經者，聖人爲治之跡也。六經之道明，則天地聖人之心可見，
> 而至治之功可成。六經之道不明，則人之心術不正，而邪說暴行
> 侵尋盡害，欲求善治，烏可得乎？……由是窮禮以明道，立誠以
> 達本，修之於身，行之於家，用之於國，而達之於天下。〔註123〕

明成祖認爲藉由誠意、正心，進而修身、齊家、治國、平天下，才是六經之道。故《五經大全》中收錄的《書經大傳》十卷，則是以蔡沈《書經集傳》爲主，不作繁瑣考據，以闡明二帝三王等用心爲重點。

　　蔡沈字仲默，號九峰，建陽人，學者稱西山先生，元定之子也。慶元己未，朱子囑蔡沈作《書經集傳》，至嘉定而書成，是宋代《尚書》注釋的代表作。蔡沈沉潛數十年，然後成《書經集傳》六卷，《洪範皇極》內篇五卷。他考《尚書》序文之誤，訂諸家之說，發明二帝三王聖賢用心之要，對於〈洪範〉、〈泰誓〉各篇，往往有獨到的見解。他在自序中說：

> 二典三謨，先生蓋嘗是正，改本已附文集中，其間亦有經承先生口
> 授指畫，而未及盡改者，今悉更定見本篇。〔註124〕

《書經集傳》廢除漢唐以來煩瑣考據方法，改變《孔傳》的解釋，力求簡明易讀。《四庫全書總目提要》評論此書說：

> 其疏通證明，較爲簡易，且淵源有自，大體終醇。元與古注疏並立
> 學官，而人置注疏肆此書。明與夏撰解並立學官，而人亦置撰書肆
> 此書，固有由矣。〔註125〕

元仁宗延祐年間定科舉法，遂取《書經集傳》爲定本，元、明、清三代作爲科舉考試的標準本，迄六百餘年不變。

〔註123〕〔明〕胡廣奉敕：《性理大全》收入於《景印文淵閣四庫全書》（台北：台灣
　　　　商務印書館，1983年），頁1。
〔註124〕〔宋〕蔡沈：《書經集傳》（台北：世界書局，1969年8月），頁1。
〔註125〕〔清〕紀鈞：《四庫全書總目提要》（北京：中華書局，1997年），頁228。

三、考據方面

宋吳棫撰《書稗傳》十三卷，今不傳。吳棫懷疑孔傳古文《尚書》是偽作，朱熹贊成吳棫的說法，在《朱子全書》中進一步展開論述。元代一些學者承繼了吳棫、朱熹的觀點，如趙孟頫《尚書今古文集注》，開始將今文和古文加以區分；吳澄撰《書纂言》，只注今文篇目，將古文擱置起來，表示不相信。明代中葉，梅鷟撰有《尚書譜》、《尚書集瑩》、《尚書考正》、《尚書辨證》、《尚書考異》等。可是傳世的只有《尚書考異》六卷收入《四庫全書》。梅鷟撰《尚書考異》找出了相當的證據，力排偽孔。梅鷟分析《孔傳》和「晚書」的內容，從漢人記載的關於古文《尚書》源流、「晚書」的篇數、文體和來源等，指出它是偽作。《尚書考異》成了疑古文的集大成，這一書也使他成了清代考據家的開山祖師。

清代閻若璩撰《尚書古文疏證》八卷，在梅鷟論證的基礎上，潛心研究二十多年，列出《孔傳古文尚書》作偽的一百二十八條證據，條分縷析，辨證詳備，立論確切。此書乃以舉證東晉梅賾所上古文《尚書》之偽為宗旨。因自唐陸德明據梅本作《釋文》，孔穎達又據以作《正義》，因用來作為取士的標準本，所以至終唐之世都無有人有異說。直到宋代，吳棫始有異議，朱子也稍稍懷疑，而元代的吳澄繼承朱子的說法，認為梅本的偽託，然而並未能條分縷析，將缺失指摘出來，直到閻若璩撰《尚書古文疏證》一書問世，古文《尚書》終於確認為偽作。

惠棟撰《古文尚書考》為兩卷，上卷是總論性質，下卷將二十五篇偽古文所有剿竊模仿的文句，一一註明來源。

段玉裁字若膺，號懋堂，撰《古文尚書撰異》三十二卷，著重解決《尚書》的文字、句讀等問題。此書以篇為卷，即將今文二十九篇中的〈盤庚〉，分為三篇，再加書序一篇，計為三十二篇。段玉裁《古文尚書撰異序》云：

> 蓋尚書有七難：秦之火一也；漢博士之抑古文二也；馬、鄭不注古
> 文逸篇三也；魏晉之有偽古文四也；唐正義不用馬鄭用偽孔五也；
> 天寶之改字六也；宋開寶之改釋文七也。〔註126〕

段玉裁認為七劫之中，以偽古文之影響為最鉅，歷代學者，均奉偽本以為典正，於史於文，其失彌遠。

〔註126〕〔清〕段玉裁：《古文尚書撰異序》收入於《續修四庫全書‧經部》書類（上
　　　　海：上海古籍出版，1995 年），頁 1～2。

　　孫星衍撰《尚書今古文注疏》三十卷，這部書可以說是清代《尚書》研究的集大成者。孫星衍《尚書今古文注疏》其序文云：

> 書有孔氏穎達正義，復又作疏者，以孔氏用梅賾書，採梅鷟、閻若璩之議，以梅氏書爲非眞古文，則書疏之不能已於復作也。兼疏今古文者，放詩疏之例；毛鄭異義，各如其說以疏之。史遷所說則孔安國故，書大傳則夏侯、歐陽說，馬鄭注則本衛宏、賈逵、孔壁古文說，皆有師法，不可遺也。〔註127〕

孫氏認爲孔穎達正義用梅賾書，是有所師法，故兼疏今古文實不可缺。孫氏在凡例中說：

> 在網羅放失、舊聞：故錄漢魏佚說爲多。尚書古注散佚，今刺取書傳，升爲注者，五家三科之說。一、司馬氏遷，從孔安國問故，是古文說。二、書大傳伏生所傳、歐陽、大夏侯勝、小夏侯建，是今文說。三、馬氏融、鄭氏康成，雖有異同，多本衛氏宏、賈氏達，是孔壁古文說。〔註128〕

孫氏除了收集《孔傳》和宋儒的《尚書》之說外，幾乎搜羅了歷代有關《尚書》的所有書面材料，刪繁就簡，存是去非。

　　另外，近代《尚書》學方面，于省吾撰《雙劍誃尚書新證》〔註129〕運用古文字和古器物考訂《尚書》的文字和史實。孫詒讓《尚書駢枝》〔註130〕從鐘鼎彝器及甲骨文字大量出土文字考證《尚書》。曾運乾撰《尚書正讀》〔註131〕折衷舊注，解說精要。周秉鈞撰《尚書易解》〔註132〕綜合各種訓詁方法，提出了許多新見解。

〔註127〕〔清〕孫星衍：《尚書今古文注疏》（台北：廣文書局，1975年1月），頁1。
〔註128〕同上註。
〔註129〕于省吾：《雙劍誃尚書新證》（上海：上海書店，1999年4月）。
〔註130〕〔清〕孫詒讓：《尚書駢枝》收入於《續修四庫全書・經部》書類（上海：上海古籍出版，1995年）。
〔註131〕曾運乾：《尚書正讀》（台北：洪氏出版，1975年3月）。
〔註132〕周秉鈞：《尚書易解》（長沙：岳麓書社，1984年6月）。

第二章 今文《尚書》詞類、短語、句法之探析

第一節 今文《尚書》詞類類別與語法特徵

　　詞類是語法學的基礎，要說明語法規則，就先劃分出詞類類別。學者多將詞類的區分爲「實詞」與「虛詞」兩大類。如：許世瑛《中國文法講話》〔註1〕、呂叔湘《中國文法要略》〔註2〕、朱德熙《語法講義》〔註3〕等。所謂「實詞」乃指在句子中，具有實體意義的語詞，通常包括名詞、動詞、形容詞、副詞、代詞等，而「虛詞」則指不具實體意思的語詞，通常包括助詞、介詞、連詞等。

　　許世瑛《中國文法講話》一書認爲，〔註4〕本身能表示一種概念的，是實詞。凡本身不能表示一種概念，但爲語言結構的工具的，是虛詞。實詞的分類，當以概念的種類爲根據；虛詞的分類，當以在句中的職務爲根據。朱德熙《語法講義》一書，〔註5〕從功能上看，實詞能夠充當主語、賓語或謂語，虛詞不能充任這些成分。從意義上看，實詞表示事物、動作、行爲、變化、性質、狀態、處所、時間等等，虛詞有的只起語法作用，本身沒有什麼具體的意義。

　　歷來對劃分詞類的命名不同，如：馬建忠《馬氏文通》一書，〔註6〕是中國最早的語法書（1898），分爲九類：名字、代字、動字、靜字、狀字、介字、

〔註1〕 許世瑛：《中國文法講話》（台北：台灣開明書店，1990年8月）。
〔註2〕 呂叔湘：《中國文法要略》（台北：文史哲出版，1992年9月）。
〔註3〕 朱德熙：《語法講義》（北京：商務印書館，2004年8月）。
〔註4〕 同註1，頁29～32。
〔註5〕 同註3，頁39～40。
〔註6〕 〔清〕馬建忠：《馬氏文通》（台北：世界書局，1989年11月）。

連字、助字、嘆字。黎錦熙《新著國語文法》一書，〔註7〕是第一部有系統研究現代漢語語法書（1924），分爲 5 個大類 9 個基本類：實體詞（名詞、代名詞），述說詞（動詞），區別詞（形容詞、副詞），關係詞（介詞、連詞），情態詞（助詞、嘆詞）。呂叔湘《現代漢語八百詞》一書，是第一部現代漢語語法辭典，〔註8〕分爲十三類：名詞、量詞、指代詞、動詞、形容詞、數詞、方位詞、副詞、介詞、連詞、助詞、嘆詞、象聲詞。許世瑛《中國文法講話》一書，〔註9〕分爲七類，將從前叫介詞、連詞們合起來稱爲「關係詞」；將從前叫感嘆詞、助詞的合稱爲「語氣詞」；將從前叫代名詞的稱爲「指稱詞」；將從前叫副詞的稱爲「限制詞」。

馬建忠《馬氏文通》、呂叔湘《現代漢語八百詞》，與許世瑛《中國文法講話》三書在詞類命名與歸類上有所不同，以下茲將名稱做個對比。如下：

馬建忠《馬氏文通》	名字	代字	動字	靜字			狀字	介字	連字	助字	嘆字	
呂叔湘《現代漢語八百詞》	名詞	量詞	指代詞	動詞	形容詞	數詞	方位詞	副詞	介詞	連詞	助詞	嘆詞	象聲詞
許世瑛《中國文法講話》	名詞	指稱詞		動詞	形容詞	指稱詞	限制詞		關係詞			語氣詞	

朱德熙《語法講義》一書又提及，〔註10〕實詞可包括體詞和謂詞兩大類。體詞的主要語法功能是作主語、賓語，一般不作謂語；謂詞的主要功能是作謂語，同時也能作主語和賓語。詞類表如下：

實　詞										虛　詞						
體　詞								謂　詞								
1 名詞	2 處所詞	3 方位詞	4 時間詞	5 區別詞	6 數詞	7 量詞	8 代詞	9 代詞	10 動詞 形容詞	11 副詞	12 介詞	13 連詞	14 助詞	15 語氣詞	16 擬聲詞	17 感嘆詞

〔註7〕　黎錦熙：《新著國語文法》（台北：里仁書局，1982 年 10 月）。
〔註8〕　呂叔湘：《現代漢語八百詞》（北京：商務印書館，1999 年，1 月）。
〔註9〕　同註1，頁 32～33。
〔註10〕　同註3，頁 39～40。

本章之詞類、短語、句法之理論與分類，綜合許世瑛《中國文法講話》〔註11〕、呂叔湘《中國文法要略》〔註12〕、朱德熙《語法講義》〔註13〕、楊伯峻、何樂士《古漢語語法及其發展》〔註14〕、張玉金《西周漢語語法研究》〔註15〕等書，將今文《尚書》中的語法，從最基本的詞、短語，到句子成分、單句、複句，一一說明舉證，以利後章之分析探討。

一、名詞的類別與語法特徵

（一）名詞的類別

許世瑛《中國文法講話》一書，〔註16〕凡實物的名稱，或哲學、科學所創的名稱，都是名詞。譬如：父、母、兄、弟、姊、妹、草、木、鳥、獸、蟲、魚、天、地、日、月、星、金、木、水、火、土等。呂叔湘《中國文法要略》一書，〔註17〕將名詞分為六類：「人物」、「物件」、「物質」、「無形」、「方所」、「時間」。如：孔子、父、子、官、兵、友、敵等是「人物」名詞；貓、犬、桃、李、耳、目、書、畫、山、川等是「物件」名詞；水、火、米、布、鐵、空氣等是「物質」名詞；念頭、苦頭、戰爭、睡眠、經濟、道德、法律等是「無形」名詞；方所限制詞以及表示方所的名詞（室內、書中、國外、地下）是「方所詞」；時間限制詞以及表示時間的名詞（今天、明年）以及日期（正月、十五）等是「時間」名詞。楊伯峻、何樂士《古漢語語法及其發展》一書，〔註18〕分為「普通名詞」、「抽象名詞」、「專有名詞」、「時地名詞」四大類，認為名詞是表示人和一切事物（包括時間、處所）名稱的詞都是名詞。

綜合以上各家，將名詞分為「稱人名詞」、「指物名詞」、「處所名詞」、「方位名詞」、「時間名詞」五類說明。

1. 稱人名詞

「稱人名詞」又可分「普通稱人名詞」及「專有稱人名詞」兩類。

〔註11〕　同註1。
〔註12〕　同註2。
〔註13〕　同註3。
〔註14〕　楊伯峻、何樂士：《古漢語語法及其發展》（北京：語文出版，2003年1月）。
〔註15〕　張玉金：《西周漢語語法研究》（北京：商務印書館，2004年8月）。
〔註16〕　同註1，頁30。
〔註17〕　同註2，頁16。
〔註18〕　同註14。

（1）普通稱人名詞

「普通稱人名詞」有「士」、「民」、「工」、「太史」等字。在今文《尚書》中，「士」常與「庶」、「眾」、「多」連用，如「庶士、御事」（《周書・大誥》）、「厥誥毖庶邦庶士」（《周書・酒誥》）、「庶士、有正，越庶伯君子」（《周書・酒誥》）等等。

「多士」即「眾士」，有眾臣之義，《周書・多士》云：「成周既成，遷殷頑民，周以王命告，作多士。」在今文《尚書》「多士」有 12 見，另「眾士」也有 6 見。「多士」如「惟夏之恭多士」（《周書・多方》）、「告爾多士。」（《周書・多士》）、「嗚呼！多士！」（《周書・多方》）、「惟爾多士，罔堪顧之。」（《周書・多方》）等。另外，今文《尚書》中還有「其惟吉士，用勸相我國家。」（《周書・立政》）等等。

與「士」相對者為「民」，如「卿士」與「庶民」相對應，「庶民」於今文《尚書》有 14 見。然另有「下民」一詞頗具特殊性，如「惟天監下民，典厥義。」（《商書・高宗肜日》）、「惟天陰騭下民」（《周書・洪範》）、「弗敬上天，降災下民」（《周書・文侯之命》）、「上天孚佑下民」（《商書・湯誥》）、「弗敬上天，降災下民」（《周書・泰誓》），凡提到「下民」皆與「天」或「上天」作為呼應，「下民」不僅相對於天，也相對於「帝」、「上帝」、「皇帝」，如「皇帝清問下民，鰥寡有辭于苗」（《周書・呂刑》）、「惟皇上帝，降衷于下民。」（《商書・湯誥》），可見，「帝」與「天」具有同等地位，或可說「帝」為「天」的人間發言者。

關於其他社會各階人物的普通名詞有「大夫」、「工」、「農」等，如「邦人大恐，王與大夫盡弁」（《周書・金縢》）、「是以為大夫卿士」（《周書・牧誓》）、「百僚師師，百工惟時。」（《虞夏書・皋陶謨》）、「百工播民」（《周書・康誥》）、「監我士、師、工，誕保文武受民」（《周書・洛誥》）、「允釐百工，庶績咸熙。」（《虞夏書・堯典》），「工」、「百工」等都是普通名詞。但在今文《尚書》中的「共工方鳩僝功。」（《虞夏書・堯典》）、「流共工于幽洲」（《虞夏書・舜典》）所指之「共工」，則為「專有人稱名詞」。

今文《尚書》既是「政事之紀」，官職、位階之名自然頗多，如「太史」、「太保」、「太宗」、「司徒」、「司馬」等，這些詞語貫用於中國各朝代中，可知其通用性極高。今文《尚書》不見《三禮》、《左傳》的「大史」，而有「太史」一詞，但在《儀禮》、《周禮》、《左傳》中卻無「太史」一詞，此現象頗

為特殊。今文《尚書》有「大都、小伯、藝人、表臣、百司、太史、尹伯、庶常吉士，」（《周書‧立政》）「太史，司寇蘇公！」（《周書‧立政》）「太史秉書，由賓階隮，御王冊命。」（《周書‧顧命》）等，「惟太保先周公相宅」（《周書‧召誥》）、「我有師師，司徒、司馬」（《周書‧梓材》）等等。

（2）專有稱人名詞

在今文《尚書》中出現專指某人的名詞有「堯」、「舜」、「禹」、「文王」、「武王」等，如「曰若稽古帝堯，曰放勳。」（《虞夏書‧堯典》）、「有鰥在下，曰虞舜。」（《虞夏書‧堯典》）、「曰若稽古帝舜」（《虞夏書‧舜典》）、「鯀則殛死，禹乃嗣興」（《周書‧洪範》）、「禹敷土，隨山刊木，奠高山大川。」（《夏書‧禹貢》）、「植璧秉珪，乃告太王、王季、文王。」（《周書‧金縢》）、「惟文王之敬忌，乃裕民。」（《周書‧康誥》）、「武王惟茲四人，尚迪有祿。」（《周書‧君奭》）等等。

2. 指物名詞

指物名詞所指對象為「事物」又可分為「有形的事物」和「無形的事物」。

（1）有形的事物

在今文《尚書》中，「有形的事物」動物有「牛」、「羊」、「馬」、「鳥」等字。如「牛一、羊一、豕一。」（《周書‧召誥》）、「文王騂牛一，武王騂牛一。」（《周書‧洛誥》）、「今惟淫舍牿牛馬」（《周書‧費誓》）、「彭蠡既豬，陽鳥攸居」〔註19〕（《虞夏書‧禹貢》）、「我則鳴鳥不聞，矧曰其有能格？」（《周書‧君奭》）。

「有形的事物」自然界有「山」、「川」、「河」、「木」等字。如「若遊大川，予往暨汝奭其濟。」（《周書‧君奭》）、「禋于六宗，望于山川，遍于群神。」（《虞夏書‧舜典》）、「禹敷土，隨山刊木，奠高山大川。」（《虞夏書‧禹貢》）、「盤庚作，惟涉河以民遷」（《商書‧盤庚中》）、「黑水、西河惟雍州」（《虞夏書‧禹貢》）。

（2）無形的事物

「無形的事物」有「禮」、「德」、「命」、「罪」等字。「命」除了以單詞出現，如「矧予制乃短長之命？」（《商書‧盤庚上》）、「天既遐終大邦殷之命」

〔註19〕按，「鳥」字曾運乾認為「鳥當讀為島，《說文》所謂：『海中往往有山，可依止，曰島』是也。」但屈萬里《尚書集釋》則是引證《詩經‧邶風‧匏有苦葉》中，認為「陽鳥，鴻雁之屬」，彭蠡是鴻雁居處。從屈萬里之詮釋。

（《周書・召誥》）等，也有「我命」、「上帝命」、「公命」、「大命」、「天命」、「王命」等詞。其中「天命」出現次數最多，共 18 見，如「有夏多罪，天命殛之。」（《商書・湯誓》）、「先王有服，恪謹天命」（《商書・盤庚上》）、「爾亦不知天命不易。」（《周書・大誥》）、「我不敢知曰，有殷受天命」（《周書・召誥》）、「不知天命不易」（《周書・君奭》）等。其次，出現頻率次多的是「大命」，共 7 見，如「無戲怠，懋建大命。」（《商書・盤庚下》）、「天曷不降威？大命不摯。」（《商書・西伯戡黎》）、「肆予曷敢不越卬敉寧王大命？」（《周書・大誥》）、「天乃大命文王」（《周書・康誥》）、「其集大命于厥躬」（《周書・君奭》）、「乘茲大命。」（《周書・君奭》）、「用克達殷集大命」（《周書・顧命》）。

3. 處所名詞

處所名詞分「普通處所名詞」、「專有處所名詞」兩種。

（1）普通處所名詞

普通處所名詞有「宮」、「室」、「宅」等字。如「民不靜，亦惟在王宮、邦君室。」（《周書・大誥》）、「惟宮室、臺榭、陂池、侈服」（《周書・泰誓》）、「惟大艱人，誕鄰胥伐于厥室」（《周書・大誥》）、「延入翼室，恤宅宗」（《周書・顧命》）、「太保朝至于洛，卜宅」（《周書・召誥》）、「孺子來相宅」（《周書・洛誥》）。

另外，「宅」除了當名詞，也有當動詞，如：「汝丕遠惟商耇成人，宅心知訓。」（《周書・康誥》）、「宅乃事，宅乃牧，宅乃準，茲惟後矣。」（《周書・立政》）、「知今我初服，宅新邑，肆惟王其疾敬德。」（《周書・召誥》）等。

（2）專有處所名詞

專有處所名詞有「殷」、「洛」、「冀州」、「兗州」、「青州」、「徐州」、「揚州」、「荊州」、「豫州」、「梁州」、「雍州」等字。「盤庚遷于殷，民不適有居。」（《商書・盤庚上》）、「周公初基作新大邑于東國洛」（《周書・康誥》）、「太保朝至于洛，卜宅」（《周書・康誥》）、「冀州：既載壺口，治梁及岐」（《虞夏書・禹貢》）、「濟、河惟兗州」（《虞夏書・禹貢》）、「海、岱惟青州」（《虞夏書・禹貢》）、「海、岱及惟徐州」（《虞夏書・禹貢》）、「淮、海惟揚州」（《虞夏書・禹貢》）、「荊及衡陽惟荊州」（《虞夏書・禹貢》）、「荊、河惟豫州」（《虞夏書・禹貢》）、「華陽、黑水惟梁州」（《虞夏書・禹貢》）、「黑水、西河惟雍州」（《虞夏書・禹貢》）等。

4. 方位名詞

方位名詞可以分為「單音節」、「多音節」兩種。

（1）單音節

單音節有「東」、「西」、「南」、「北」、「上」、「中」、「下」、「內」、「外」等字。如「周公居東二年，則罪人斯得。」（《周書‧金縢》）、「兌之戈、和之弓、垂之竹矢，在東房。」（《周書‧顧命》）、「一人冕執銳，立于東垂；」（《周書‧顧命》）、「畢公率東方諸侯，入應門右。」（《周書‧顧命》）、「太保率西方諸侯，入應門左」（《周書‧顧命》）、「至于西岳，如初。」（《虞夏書‧舜典》）等。

（2）多音節

多音節有「左右」、「上下」、「中上」、「下中」、「西南」、「東北」等字。如「曰王左右常伯、常任、準人、綴衣、虎賁。」（《周書‧立政》）、「虎賁、綴衣、趣馬、小尹、左右攜僕」（《周書‧立政》）、「光于上下，勤施于四方」（《周書‧洛誥》）、「達于上下，敬哉有土！」（《虞夏書‧皋陶謨》）、「厥田惟上下，厥賦中上。」（《虞夏書‧禹貢》）、「厥田惟下中，厥賦上下。」（《虞夏書‧禹貢》）等。

5. 時間名詞

時間名詞有「年」、「月」、「日」等字。前面有簡單數字，如「既克商二年，王有疾，弗豫。」（《周書‧金縢》）、「周公居東二年，則罪人斯得。」（《周書‧金縢》）、「惟三月，哉生魄」（《周書‧康誥》）。時間名詞前有複合數詞，「公其以予萬億年。」（《周書‧洛誥》）、「在十有二月，惟周公誕保文武受命」（《周書‧洛誥》）。另外，時間名詞前也有加上概數如「服念五六日」（《周書‧康誥》）。

（二）名詞的語法特徵

楊伯峻、何樂士《古漢語語法及其發展》一書〔註 20〕、張金玉《西周漢語語法研究》一書，〔註21〕提出名詞的語法特徵主要有兩點：

第一、在組合能力上的特徵：名詞能受數詞或數量詞修飾，而不能受否定副詞修飾。例如：「立時人作卜筮，三人占，則從二人之言。」（《周書‧洪範》）中，「人」受數詞「三」、「二」修飾；「猷，告爾四國多方。」（《周書‧召誥》）中，「國」受數詞「四」修飾。

第二、在句法功能上的特徵：名詞可以充當主語、賓語，還可以作定語、

〔註20〕同註 14，頁 87。
〔註21〕同註 15，頁 33～34。

狀語、補語等。例如：「周公初于新邑洛。」（《周書·多士》）中，「周公」充當主語；「大戰于甘，乃召六卿。」（《虞夏書·甘誓》）中，「六卿」作賓語。

名詞的句法功能，又可分為兩點：第一、名詞在小句裡充當句子成分。第二、名詞作小句的直接構件。第一、名詞在小句裡充當句子成分，名詞可以當作小句的主語、賓語，包括介詞的賓語。除此之外，名詞還有以下一些句法功能：

1. 作定語，表示領有、材料或屬性等。例如：「周公初基作新大邑于東國洛」（《周書·康誥》）中，「東」是方位名詞作定語。

2. 作狀語，表示方式、處所、方位等。例如：「東序西嚮，敷重豐席、畫純，雕玉仍几。」（《周書·顧命》）、「西序東嚮，敷重底席、綴純，文貝仍几」（《周書·顧命》）、「南巡守，至于南岳」（《虞夏書·舜典》）、「東漸于海，西被于流沙；朔、南暨聲教」（《虞夏書·禹貢》），中「南」、「東」、「西」、「朔」方位名詞放句首作狀語。

3. 作謂語，表示分類、特性等。例如：「孺子王矣。」（《周書·立政》），中「王」作謂語；「孟侯，朕其弟，小子封。」（《周書·康誥》），中「侯」、「封」作謂語。

4. 作兼語，表示人物。例如：「其惟王勿以小民淫用非彝」（《周書·召誥》），中「小民」作兼語，既是動詞「以」的賓語，也是「淫用非彝」的主語；「立時人作卜筮」中，「時人」作兼語，既是動詞「立」的賓語，也是「作卜筮」的主語。

第二、名詞作小句的直接構件。在西周漢語中，有些名詞帶上某種特定的語氣，就可以構成一個名詞性非主謂句。例如：「君！肆其監于茲。」（《周書·君奭》）

二、動詞的類別與語法特徵

（一）動詞的類別

許世瑛《中國文法講話》一書，〔註22〕凡指稱行為或事件的詞，都是動詞。呂叔湘《中國文法要略》一書，〔註23〕將動詞分為「活動」、「心理活動」、

〔註22〕同註1，頁30。
〔註23〕同註2，頁16。

「不很活動的活動」、「簡直算不上活動」四大類。例如：來、去、飛、跳、說、笑、吃、喝等是「活動」動詞；想、憶、愛、恨、怨、悔、感激、害怕等是「心理活動」動詞；生、死、睡、等候、盼望、忍耐、遺失等是「不很活動的活動」動詞；為、是、有、無、似、類、值（值一千）加（二加二）等是「簡直算不上活動」動詞。

動詞在句式之中具有核心的地位，動詞代表某事物抽象或具象的行為，呈現於外的行為有「行為動詞」、「存現動詞」等類，而非外在行為則如「心理動詞」、「像似動詞」等類。綜合以上各家，將動詞分為「行為動詞」、「存現動詞」、「心理動詞」、「能願動詞」、「像似動詞」五類說明。

1. 行為動詞

「行為動詞」可分為「行為他動詞」、「行為自動詞」兩種。

（1）行為他動詞

今文《尚書》所見是「行為他動詞」如「保」、「配」、「付」、「伐」等，今試以「配」為例，如「其作大邑，其自時配皇天」（《周書・召誥》）、「殷王亦罔敢失帝，罔不配天」（《周書・多士》）、「故殷禮陟配天」（《周書・君奭》）、「惟克天德，自作元命，配享在下。」（《周書・呂刑》）等，「配」帶有賓語如「皇天」、「天」等。

（2）行為自動詞

而「行為自動詞」有「還」、「敬」、「祀」等，如「罔非天胤，典祀無豐于昵。」（《商書・高宗肜日》）、「八政：一曰食，二曰貨，三曰祀」（《周書・洪範》）、「毖祀于上下」（《周書・召誥》）、「祀于新邑，咸秩無文」（《周書・洛誥》）。

2. 存現動詞

現存動詞有「在」、「有」、「無」等詞，表示存在不存在，出現或不出現。「在」以今語可解釋為「存在」、「不存在」之義，今文《尚書》有例句如「汝有戕則在乃心」（《商書・盤庚中》）、「怨不在大，亦不在小」（《周書・康誥》）、「若生子，罔不在厥初生」（《周書・召誥》），從今文《尚書》的例句可見，「在」經常與靜態事物有關聯。

另外，「有」句如「亦行有九德」（《虞夏書・皋陶謨》）、「遲任有言曰」（《商書・盤庚上》）、「無有遠邇」（《商書・盤庚上》）、「非汝有咎，比于罰」（《商書・盤庚中》）、「乃有不吉不迪」（《商書・盤庚中》），這些「有」是動

詞。而上古文獻中「有」字句，也經常放在形容詞或動詞之前，是無義的語助詞，如「桃之夭夭，有蕡其實。」（《詩經‧桃夭》），這時候「有」就當成無義的語助詞，今文《尚書》中也有例子，如「曷不暨朕幼孫有比！」（《商書‧盤庚中》）。

3. 心理動詞

心理動詞是一種心理的活動，不表示具體動作，如「喜」、「怒」、「哀」、「樂」、「怨」、「憎」等，今文《尚書》所見「心理動詞」有「愛」、「哀」、「惡」等字，今試以「愛」為例，如「故天降喪于殷，罔愛于殷」（《周書‧酒誥》）、「我民迪小子惟土物愛，厥心臧，聰聽祖考之彝訓。」（《周書‧酒誥》）、「爾乃迪屢不靜，爾心未愛」（《周書‧多方》）。

又「哀」的心理動詞，如「允蠢鰥寡，哀哉！」（《周書‧大誥》）、「兄亦不念鞠子哀，大不友于弟。」（《周書‧康誥》）、「夫知保抱攜持厥婦子，以哀籲天；」（《周書‧召誥》）、「天亦哀于四方民，其眷命用懋，王其疾敬德。」（《周書‧召誥》）、「皇帝哀矜庶戮之不辜，報虐以威」（《周書‧呂刑》）、「哀敬折獄，明啟刑書胥占，咸庶中正。」（《周書‧呂刑》）。

4. 能願動詞

能願動詞常用「可」、「能」、「敢」、「肯」等字，它表示一件事物的可行度，張玉金認為在殷商時代，能願動詞很少，只有一個「克」，但到了西周，這種動詞就變多了，〔註24〕在今文《尚書》中，可以見到「可」、「能」、「敢」等語，如「邇可遠、在茲」（《虞夏書‧皋陶謨》）、「朕言惠，可底行。」（《虞夏書‧皋陶謨》）、「不可嚮邇，其猶可撲滅。」（《商書‧盤庚上》）、「罰及爾身，弗可悔」（《商書‧盤庚上》）、「不可不成乃寧考圖功」（《周書‧大誥》）、「能哲而惠，何憂乎驩兜」（《虞夏書‧皋陶謨》）、「不能胥匡以生」（《商書‧盤庚上》）、「乃罪多參在上，乃能責命于天！」（《商書‧西伯戡黎》）、「能念予一人」（《周書‧金縢》）、「能祈天永命」（《周書‧召誥》）、「夏氏有罪，予畏上帝，不敢不正。」（《商書‧湯誓》）、「無或敢伏小人之攸箴！」（《商書‧盤庚上》）、「予敢動用非罰？」（《商書‧盤庚上》）等等。

5. 像似動詞

另外，還有像似動詞，如「如有一介臣」（《周書‧秦誓》）、「尚桓桓，如

〔註24〕同註15，頁41。

虎、如貔、如熊、如羆」（《周書·牧誓》）、「五月，南巡守，至于南岳，如岱禮。」（《虞夏書·舜典》）等等表示其相似性質。

（二）動詞的語法特徵

楊伯峻、何樂士《古漢語語法及其發展》一書〔註25〕、張金玉《西周漢語語法研究》一書，〔註26〕提出動詞的語法特徵主要有兩點：

第一、在組合能力上的特徵：能受副詞修飾，但一般不受程度副詞的修飾；大部分動詞能帶賓語。例如，「予亦不敢動用非德。」（《商書·盤庚上》）中，動詞「動」受表敬副詞「敢」修飾；「外薄四海，咸建五長。」（《虞夏書·益稷》）中，動詞「建」受範圍副詞「咸」修飾。

第二、在句法功能上的特徵：能受充當謂語或謂語中心。動詞最基本的句法功能是可以充當謂語或謂語中心。例如：「父往哉！」（《周書·文侯之命》）中，動詞「往」作謂語；「公命，我勿敢言。」（《周書·金縢》）中，動詞「命」作謂語。

動詞的句法功能，可分為四小點：主語、賓語、定語、狀語說明。

1. 作主語。動詞作主語時，它後面的謂語一般沒有鮮明的動作性，往往是描寫性或判斷性。例如：「用命，賞于祖；弗用命，戮于社。予則孥戮汝。」（《虞夏書·甘誓》）中，動詞「用」作主語。

2. 作賓語。動詞作賓語時，它前面的謂語動詞一般是賓動詞，即可帶謂詞性的賓語。動詞帶上賓語構成的動詞性短語，也可以作賓語。例如：「奔告于王」（《商書·西伯戡黎》）中，動詞性短語「告于王」作賓語；「惟天陰騭下民」（《周書·洪範》）中，動詞性短語「陰騭下民」作賓語。

3. 作定語。動詞作定語，這是動詞的句法功能之一。例如：「寅賓出日，平秩東作」（《虞夏書·堯典》）中，動詞「出」作定語；「繼自今嗣王」（《周書·無逸》）中，動詞「嗣」作定語。

4. 作狀語。一般的動詞作狀語的例子很少見，比較常見的是能願動詞作狀語。例如：「分命羲仲，宅嵎夷，曰暘穀。」（《虞夏書·堯典》）中，動詞「分」作狀語；「分命和仲，宅西，曰昧穀。」（《虞夏書·堯典》）中，動詞「分」作狀語。

〔註25〕同註14，頁87。
〔註26〕同註15，頁40～45。

三、形容詞的類別與語法特徵

（一）形容詞的類別

許世瑛《中國文法講話》一書，〔註 27〕凡表示實物的德性的詞，都是形容詞。譬如：紅、黃、藍、白、黑、大、小、長、短、高、矮、胖、瘦、富、貴。呂叔湘《中國文法要略》，〔註 28〕紅、白、大、小、富、貴、忙、閒、謹慎、悠悠、寥寥等都是形容詞。

形容詞是表示性質狀態的詞，是語詞中重要的材料，但數量沒有名詞、動詞多，以下分爲「性質形容詞」、「狀態形容詞」兩種類別說明。

1. 性質形容詞

性質形容詞如「白」、「明」、「薄」等字，它是用來表示事物形狀、性質的。在今文《尚書》中，「白」後面加上名詞與「旄」、「壤」、「墳」連用，如「王左杖黃鉞，右秉白旄以麾」（《周書・牧誓》）、「厥土惟白壤，厥賦惟上上錯」（《虞夏書・禹貢》）、「厥土白墳；海濱廣斥」（《虞夏書・禹貢》）。又如「敬哉！茲予其明農哉」（《周書・洛誥》）、「無虐煢獨；而畏高明」（《周書・洪範》）、「矧惟若疇：圻父薄違，農父若保，宏父定辟，矧汝剛制于酒」（《周書・酒誥》）。

2. 狀態形容詞

狀態形容詞常用「安安」、「哀哀」、「藹藹」等語，它表示描摹事物的某種狀態。狀態形容詞是可以重疊，有「AA」式，或「AABB」式重疊，如「今汝聒聒，起信險膚」（《商書・盤庚上》）、「欽、明、文、思、安安，允恭克讓」（《虞夏書・堯典》）等等。

（二）形容詞的語法特徵

楊伯峻、何樂士《古漢語語法及其發展》一書〔註 29〕、張金玉《西周漢語語法研究》一書，〔註 30〕提出形容詞的語法特徵主要有兩點：

第一、在組合能力上的特徵：能受程度副詞修飾，但不能帶賓語，能夠重疊。西周漢語中有兩個重要的程度副詞「孔」和「大」（太），凡是能受這

〔註 27〕同註 1，頁 30。
〔註 28〕同註 2，頁 16。
〔註 29〕同註 14，頁 183。
〔註 30〕同註 15，頁 51～56。

種程度副詞修飾的，就可以考慮是形容詞。例如：「敬大恤，無胥絕遠。」（《商書·盤庚中》）中，形容詞「恤」能受程度副詞「大」修飾；「惟大艱人，誕鄰胥伐于厥室」（《周書·大誥》）中，形容詞「艱」能受程度副詞「大」修飾。

　　第二、在句法功能上的特徵：能夠作定語，也能作謂語或謂語中心。例如：「予若籲懷茲新邑。」（《商書·盤庚中》）中，形容詞「新」作定語；「用敬保元子釗」（《周書·顧命》）中，形容詞「元」作定語。

　　形容詞的句法功能，主要是加在名詞前作定語。此外，形容詞還可作謂語、賓語、狀語、補語、主語。

1. 作謂語。例如：「我有大事，休」（《周書·大誥》）中，形容詞「休」作謂語；「有厥罪小，乃不可不殺。」（《周書·康誥》）中，形容詞「小」作謂語。

2. 作賓語。例如：「亦無在多」（《周書·費誓》）中，形容詞「多」作賓語；「天壽平格，保乂有殷」（《周書·君奭》）中，形容詞短語「平格」作賓語。

3. 作狀語。例如：「丕乃敢大言」（《商書·盤庚上》）中，形容詞「大」作狀語。

四、副詞的類別與語法特徵

（一）副詞的類別

　　許世瑛《中國文法講話》一書，[註31] 凡是只能表示程度、範圍、時間、可能性、否定作用等，不能單獨指稱實物、實情、或實事的詞，都是限制詞（或稱副詞）。

　　呂叔湘《中國文法要略》一書，[註32] 將「副詞」稱為「限制詞」，共分為「方所限制」、「時間限制」、「動態動相限制」、「程度限制」、「判斷限制」、「否定限制」、「一般限制」。這裡、那裡、到處等是「方所限制」；今、昔、先、後、久、暫、一會兒等是「時間限制」；來、去、上、下、起、住、已、方、將、著、了等是「動態動相限制」；頗、甚、略、僅、極、太等是「程度限制」；能、得、會、可、必、足等是「判斷限制」；不、勿、未、莫、休、別等是「否定限制」；也、亦、又、正、竟、且、即、就、還等是「一般限制」。

〔註31〕同註 1，頁 30。
〔註32〕同註 2，頁 17。

　　綜合以上各家，將副詞分爲「程度副詞」、「範圍副詞」、「時間副詞」、「肯定副詞」、「否定副詞」、「情態副詞」、「謙敬副詞」、「語氣副詞」、「關聯副詞」九類說明。

1. 程度副詞

　　在今文《尚書》中，所見的程度副詞有「大」、「孔」、「肆」、「小」、「少」、「丕」、「甚」、「頗」、「盡」、「篤」等字，它是用來表示程度。如「茲予大享于先王，爾祖其從與享之」（《商書・盤庚上》）、「殷降大虐，先王不懷」（《商書・盤庚中》）、「汝則有大疑，謀及乃心」（《周書・洪範》）、「肆予大化誘我友邦君」（《周書・大誥》）、「弗弔天降割于我家，不少延」（《周書・大誥》）、「乃汝盡遜」（《周書・康誥》）、「篤敘乃正父，罔不若；予不敢廢乃命」（《周書・洛誥》）。

　　另外，在今文《尚書》中，「小」常常與「大」連用，如「越惟有胥伯小大多正，爾罔不克臬」（《周書・多方》）、「越小大謀猷，罔不率從」（《周書・文侯之命》）、「柔遠能邇，安勸小大庶邦」（《周書・顧命》）等等，指的是大大小小政令、謀略、諸國。

2. 範圍副詞

　　範圍副詞常用「備」、「旁」、「共」、「嗇」等字，它是用來表示範圍的。如「五者來備，各以其敘」（《周書・洪範》）、「一極備凶，一極無凶」（《周書・洪範》）、「旁作穆穆，迓衡不迷文武勤教」（《周書・洛誥》）、「古我先王，亦惟圖任舊人共政。」（《商書・盤庚上》）、「古我先後，既勞乃祖乃父，汝共作我畜民」（《商書・盤庚上》）、「龜筮共違于人」（《周書・洪範》）、「爾不克敬，爾不嗇不有爾土，予」（《周書・多士》）、「不嗇不敢含怒」（《周書・無逸》）等等。

3. 時間副詞

　　時間副詞常用「已」、「既」、「終」、「肇」、「基」等字，它是用來表示範圍的。如「已曰時我，我亦不敢寧于上帝命」（《周書・君奭》）、「予旦已受人之徽言咸告」（《周書・立政》）、「既克商二年，王有疾，弗豫」（《周書・金縢》）、「天子！天既訖我殷命」（《商書・西伯戡黎》）、「天既遐終大邦殷之命」（《周書・召誥》）、「予小子新命于三王，惟永終是圖」（《周書・金縢》）、「王肇稱殷禮，祀于新邑，咸秩無文」（《周書・洛誥》）、「大相東土，其基作民明辟」（《周書・洛誥》）等等。

4. 肯定副詞

肯定副詞常用「必」、「允」、「愼」、「聿」、「信」、「成」等字，它是用來表示肯定範圍的。如「夏德若茲，今朕必往」(《商書・湯誓》)、「朕之愆，允若時」(《周書・無逸》)、「惟天不畀允罔固亂」(《周書・多士》)、「濬哲文明，溫恭允塞」(《虞夏書・舜典》)、「愼厥身修，思永」(《虞夏書・皋陶謨》)、「愼厥麗，乃勸」(《周書・多方》) 等等。

5. 否定副詞

否定副詞常用「不」、「弗」、「毋」等字，它是用來表示否定範圍的。如「夏王率遏眾力，率割夏邑，有眾率怠弗協。」(《商書・湯誓》)、「若乘舟，汝弗濟，臭厥載」(《商書・盤庚中》)、「既底法，厥子乃弗肯堂」(《周書・大誥》)、「迪高後丕乃崇降弗祥」(《商書・盤庚中》)、「夏氏有罪，予畏上帝，不敢不正」(《商書・湯誓》)、「予不敢不極卒寧王圖事」(《周書・大誥》) 等等。

6. 情態副詞

情態副詞常用「極」、「純」、「相」、「交」，它是表示情態方式的，如「予不敢不極卒寧王圖事」(《周書・大誥》)、「天罰不極庶民，罔有令政在于天下。」(《周書・呂刑》)、「天惟純佑命則」(《周書・君奭》)、「亦惟純佑秉德」(《周書・君奭》)、「純其藝黍稷」(《周書・酒誥》) 等等。

7. 謙敬副詞

謙敬副詞常用「敢」、「謹」、「謀」等字，它表示謙虛、恭敬。在今文《尚書》中，「敢」字前面常常加上否定副詞「不」、「勿」、「罔」等字，如「作福作災，予亦不敢動用非德」(《商書・盤庚上》)、「格人元龜，罔敢知吉」(《商書・西伯戡黎》)、「噫！公命，我勿敢言。」(《周書・金縢》)、「茲不忘大功，予不敢閉于天降威用」(《周書・大誥》)。另外，「謹」只有 1 見，如「先王有服，恪謹天命。」(《商書・盤庚上》)

8. 語氣副詞

語氣副詞常用「爽」、「豈」、「姑」、「庶幾」、「殆」、「寧」、「居然」、「洪惟」等字。如「故有爽德」(《商書・盤庚中》)、「凡民惟曰不享，惟事其爽侮」(《周書・洛誥》)、「爽惟天其罰殛我，我其不怨」(《周書・康誥》)、「予迓續乃命于天；予豈汝威？」(《商書・盤庚中》)。

另外，在今文《尚書》中「惟」字前面常常加上「迪」、「率」、「爽」、「誕」，

形成「迪惟」、「率惟」、「爽惟」、「誕惟」等詞，如「迪惟前人光，施于我沖子。」（《周書·君奭》）、「古之人迪惟有夏，乃有室大競」（《周書·立政》）、「率惟茲有陳，保乂有殷」（《周書·君奭》）、「亦越武王，率惟敉功，不敢替厥義德；率惟謀從容德，以並受此丕丕基。」（《周書·立政》）、「爽惟民，迪吉康。」（《周書·康誥》）、「誕惟厥縱淫泆于非彝，用燕、喪威儀，民罔不盡傷心」（《周書·酒誥》）、「弗惟德馨香、祀登聞于天，誕惟民怨。」（《周書·酒誥》），「迪惟」2見、「率惟」3見、「爽惟」1見、「誕惟」2見。

9. 關聯副詞

關聯副詞常用「乃」、「既」、「丕」、「或」、「又」、「有」、「斯」等字。在今文《尚書》中「乃」字，後面所加的字，呈現並列，如「古我先後，既勞乃祖乃父，汝共作我畜民」（《商書·盤庚中》）、「無起穢以自臭，恐人倚乃身、迂乃心」（《商書·盤庚中》）、「齊乃位，度乃口」（《商書·盤庚上》）、「用康乃心，顧乃德，寧」（《周書·康誥》），即「祖」與「父」、「位」與「口」、「身」與「心」並列。

（二）副詞的語法特徵

楊伯峻、何樂士《古漢語語法及其發展》一書〔註33〕、張金玉《西周漢語語法研究》一書，〔註34〕提出副詞的語法特徵主要有兩點：

第一、在組合能力上的特徵：主要是能修飾謂詞。所謂「謂詞」是指動詞和形容詞。例如：「若涉大水」（《商書·微子》）中，副詞「若」修飾動詞。

另外，副詞有時出現在名詞或名詞性短語之前，這是有條件的。條件有二：一、當名詞語作主語時，部分副詞可以出現在它的前面；二、當名詞語作謂語時，副詞也可以出現在它的前面。例如：「洪惟我幼沖人，嗣無疆大歷服。」（《周書·大誥》）中，副詞「洪惟」出現在名詞主語前面。

第二、在造句功能上的特徵：在句中大都位於謂語前作狀語，有時位於謂語後作補語，一般不作主語、賓語、定語或中心語。例如：作狀語。例如：「若生子」（《周書·召誥》）中，關係副詞「若」作狀語；「小民方興。」（《商書·微子》）中，範圍副詞「方」作狀語。

〔註33〕同註14，頁226。
〔註34〕同註15，頁41～44。

　　副詞跟形容詞有兩方面的區別，朱德熙《語法講義》一書，〔註35〕提出兩點：第一，形容詞是實詞，副詞是虛詞。形容詞是自由的，可以單獨成句；副詞是粘著的，不能單獨成句。第二，形容詞除了作狀語外，還能作定語、謂語、補語，副詞只能作狀語，不能作定語、謂語和補語。

五、代詞的類別與語法特徵

（一）代詞的類別

　　許世瑛《中國文法講話》一書，〔註36〕凡是指稱或代稱一個人或一件事、物的詞，都是指稱詞。呂叔湘《中國文法要略》一書，〔註37〕將指稱詞（稱代詞）分爲「三身指稱」、「確定指稱」、「無定指稱」、「數量指稱」、「單位指稱」五類。我、爾、其、之、他等是「三身指稱」；彼、此、這、那等是「確定指稱」；誰、何、什麼等（通常表疑問，有時不表疑問）；或、莫等是「無定指稱」；一、二、千、百、數（以上數詞）；多、些、每、各等是「數量指稱」；斤、挑、塊、枝、個、隻、件等是「單位指稱」。綜合以上各家，將代詞分爲「人稱代詞」、「指示代詞」、「疑問代詞」三大類。

1. 人稱代詞

　　「人稱代詞」又可以分爲「第一人稱代詞」、「第二人稱代詞」、「第三人稱代詞」、「其他人稱代詞」。

（1）第一人稱代詞

　　第一人稱代詞常用「吾」、「我」、「朕」、「予」等字。「吾」在今文《尚書》中只出現 1 次，如「我其發出狂？吾家耄遜于荒」（《商書‧微子》）。「我」、「朕」、「予」在今文《尚書》中出現的次數就很多。如「我祖底遂陳于上」（《商書‧微子》）、「我其爲王穆卜」（《周書‧金縢》）、「我其發出狂？」（《商書‧微子》）

　　「朕言惠，可底行」（《虞夏書‧皋陶謨》）、「格爾眾庶，悉聽朕言」（《商書‧湯誓》）、「予未有知，思曰贊贊襄哉。」（《虞夏書‧皋陶謨》）、「予則孥戮汝，罔有攸赦。」（《商書‧湯誓》）、「予丕克羞爾，用懷爾然。」（《商書‧盤庚中》）、「予亦念天即于殷大戾，肆不正。」（《周書‧多士》）。

〔註35〕同註 3，頁 192。
〔註36〕同註 1，頁 31。
〔註37〕同註 2，頁 17。

（2）第二人稱代詞

第二人稱代詞常用「汝」、「爾」等字，可當作主語、賓語。如「汝受命篤弼」（《周書・洛誥》）、「汝曷弗念我古后之聞？」（《商書・盤庚中》）、「承汝俾汝，惟喜康共」（《商書・盤庚中》）、「小人怨汝詈汝」（《周書・無逸》）、「爾無不信，朕不食言。」、「爾曷不忱裕之于爾多方？」（《周書・多方》）、「爾尚明時朕言」（《周書・顧命》）、「告爾多士。」（《周書・多士》）、「告爾殷多士！」（《周書・多士》）等。「爾」在上古常用為複數，解釋為「你們」。

（3）第三人稱代詞

第三人稱代詞常用「厥」、「其」、「彼」等字。「厥」相當於「其」，主要用作定語，翻譯為他的、他們的、它的，如「茲猶不常寧，不常厥邑，于今五邦。」（《商書・盤庚上》）、「王播告之，修不匿厥指，王用丕欽」（《商書・盤庚上》）、「無有遠邇，用罪伐厥死，用德彰厥善」（《商書・盤庚上》）、「惟大艱人，誕鄰胥伐于厥室」。「其」有時候作主語，有時候定語，如「其有眾咸造，勿褻在王庭」（《商書・盤庚中》）、「撫于五辰，庶績其凝」（《虞夏書・皋陶謨》）、「予旦以多子越御事，篤前人成烈，答其師」（《周書・洛誥》）、「殷小腆，誕敢紀其敘」（《周書・大誥》）。

（4）其他人稱代詞

其他人稱代詞常用「自」、「人」、「身」等字。如「嚴恭寅畏，天命自度」（《周書・無逸》）、「越予沖人，不卬自恤」（《周書・大誥》）、「非先王不相我後人，惟王淫戲用自絕」（《商書・西伯戡黎》）、「人無有比德，惟皇作極」（《周書・洪範》）、「人自獻于先王，我不顧行遯」（《商書・微子》）、「責人斯無難」（《周書・秦誓》）。

2. 指示代詞

（1）近指代詞

近指代詞常用「茲」、「斯」、「此」等字。「茲」可作主語、定語、賓語。如「茲亦惟天若元德，永不忘在王家。」（《周書・酒誥》）、「乃寡兄勖，肆汝小子封，在茲東土」（《周書・康誥》）、「寧王惟卜用，克綏受茲命」（《周書・大誥》）、「邇可遠、在茲」（《虞夏書・皋陶謨》）、「我王來，既爰宅于茲」（《商書・盤庚上》）。

「此」可作主語、定語。「此厥不聽，人乃訓之」（《周書・無逸》）、「此厥不聽，人乃訓之」（《周書・無逸》）、「率惟謀從容德，以並受此丕丕基」（《周

書·立政》)。「斯」在今文《尚書》中沒有作主語，一般是作定語如「責人斯無難」(《周書·秦誓》)、「姑惟教之有斯明享」(《周書·酒誥》)、「時人斯其惟皇之極」(《周書·洪範》)。

（2）遠指代詞

「彼」、「匪」都只出現一次，如「彼裕我民，無遠用戾」(《周書·洛誥》)、「惟時苗民，匪察于獄之麗」(《周書·呂刑》)。

（3）無定代詞

無定代詞有「莫」、「或」等字。在今文《尚書》中沒有一個「莫」字，但是古文《尚書》中卻是出現了 4 次。另外，「或」當無定代詞，「或十年，或七、八年，或五、六年，或四、三年。」(《周書·無逸》)。「或」字後面連接數目，並連續使用四次，在今文《尚書》中可算是特例。

3. 疑問代詞

王力《古代漢語》一書認為，〔註 38〕疑問代詞包括「誰、孰、何、安、惡、焉、胡、奚、曷」等。張玉金《西周漢語語法研究》一書認為，〔註 39〕西周漢語中的疑問代詞，根據所詢問的對象不同，可以分為「問人物」、「問事物」、「問處所」。

（1）問人物

問人物常用疑問代詞有「誰」、「孰」。「誰」字在甲骨文、金文和《易經·卦爻辭》中未見，而在今文《尚書》中只有出現一次，如「誰敢不讓，敢不敬應？」(《虞夏書·益稷》)，但在《詩經》則是出現多次。另外，「孰」字在甲骨文、金文、《易經·卦爻辭》、《尚書》、《詩經》均未見。

「疇」可作疑問代詞、名詞。《爾雅·釋詁》云：「疇、孰，誰也。」，〔註 40〕「疇」作疑問代詞，十三經中極少使用，如《詩經》、《論語》、《周禮》、《儀禮》、《公羊》、《穀梁》等，都沒出現。在今文《尚書》中「疇」作疑問代詞，只有出現 5 次，如「疇咨若時登庸？……疇咨若予采？」(《虞夏書·堯典》)〔註 41〕、「有能奮庸，熙帝之載，使宅百揆，亮采惠疇？」(《虞

〔註38〕王力：《古代漢語》，(北京：中華書局，2004 年 11 月)，頁 274～282。
〔註39〕同註 15，頁 112。
〔註40〕〔清〕阮元刻本：《十三經注疏爾雅·釋詁》(台北：藝文印書館，1955 年)，頁 20。
〔註41〕〔漢〕司馬遷：《史記·五帝本紀》：「誰可順此事？……誰可者？」(台北：鼎文書局，1981 年)，頁 20。

夏書・舜典》)、「疇若予工？」(《虞夏書・舜典》)、「疇若予上下草木鳥獸？」(《虞夏書・舜典》)。另外，「疇」也可作名詞，有「種類、類別」、「田地」的意思。如「天乃錫禹洪範九疇，彝倫攸敘」(《周書・洪範》)、「矧惟若疇：圻父薄違，農父若保，宏父定辟，矧汝剛制于酒」(《周書・酒誥》)，有「種類、類別」的意思。而「可以糞田疇，可以美土強」(《禮記・月令》)〔註42〕、「取我衣冠而褚之，取我田疇而伍之」(《左傳・襄公》)〔註43〕、「易其田疇，薄其稅斂，民可使富也。」(《孟子・盡心上》)，〔註44〕是將「疇」解釋為「田地」的意思。

（2）問事物

問事物常用疑問代詞有「何」。「何」字在甲骨文、金文中均未見，而在《尚書》、《詩經》、《易經・卦爻辭》文獻中，已廣泛被使用。如在今文《尚書》中，「非爾惟作天牧？今爾何監，非時伯夷播刑之迪？其今爾何懲？」(《周書・呂刑》)、「在今爾安百姓，何擇非人？何敬非刑？何度非及？」(《周書・呂刑》)、「今往何監，非德？」(《周書・呂刑》)、「都，帝！予何言？予思日孜孜。」(《虞夏書・益稷》)、「乃既先惡于民，乃奉其恫，汝悔身何及！」(《商書・盤庚上》) 等，「何」可解釋為「什麼」、「怎麼」。

（3）問處所

問處所常用疑問代詞有「焉」、「爰」、「安」、「惡」，可翻譯為「哪裡」、「何處」。在今文《尚書》中，「焉」、「安」、「惡」、「爰」當疑問代詞，均未被使用。

（二）代詞的語法特徵

代詞歸為實詞裡的一類，就語法功能代詞有體詞性、謂詞性之分。朱德熙《語法講義》一書認為，〔註45〕有的代詞是體詞性的，有的是謂詞性的。以下筆者將「人稱代詞」、「指示代詞」與「體詞性代詞」、「謂詞性代詞」對照如下：

〔註42〕〔清〕阮元刻本：《十三經注疏禮記・月令》(台北：藝文印書館，1955年)，頁319。

〔註43〕〔清〕阮元刻本：《十三經注疏左傳・襄公》(台北：藝文印書館，1955年)，頁684。

〔註44〕〔清〕阮元刻本：《十三經注疏孟子・盡心上》(台北：藝文印書館，1955年)，頁238

〔註45〕同註3，頁80。

人稱代詞	第一人稱代詞：予、我、朕、卬、吾	體詞性代詞
	第二人稱代詞：汝、爾、乃、而、若、戎	
	第三人稱代詞：之、厥、其、彼	
指示代詞	近指代詞：茲、時、是、斯、此、之	
	遠指代詞：厥、其、伊、匪、彼	
	旁指代詞：它（他）	
	無定代詞：莫、或	
謂詞性代詞：若、爾、然		謂詞性代詞

　　人稱代詞的語法特徵，朱德熙《語法講義》一書認為，〔註46〕人稱代詞是體詞性的代詞，語法功能和名詞相似，例如能作主語、賓語、定語，不能做謂語、狀語，不受副詞修飾等等。例如：「嗟！六事之人，予誓告汝。」（《虞夏書·甘誓》）中，「汝」作動詞的賓語。人稱代詞和名詞的區別是名詞前邊可以有修飾語，人稱代詞前邊一般不能有修飾語。

　　疑問代詞的語法特徵，楊伯峻、何樂士《古漢語語法及其發展》一書認為，〔註47〕代人的疑問詞一般用「誰」、「孰」、「疇」，「誰」可以作主語、賓語、定語，「孰」大多作主語，作賓語、定語很少。代事物的疑問詞常用「何」、「曷」、「胡」、「以」等。「焉」、「爰」、「安」、「惡」一般代地方，也有少數代其他。

六、助詞的類別與語法特徵

（一）助詞的類別

　　許世瑛《中國文法講話》一書，〔註48〕凡是用來表示一種語氣—驚訝、讚賞、慨歎、希冀、疑問、肯定等的詞，都是語氣詞。呂叔湘《中國文法要略》一書，〔註49〕將語氣詞分為「語中」、「語尾」、「獨立」語氣詞三類。如：豈、寧、難道、其、尚等是「語中語氣詞」；乎、哉、也、耳、了、呢、嗎等是「語尾語氣詞」；噫、嗚呼、哎喲等是「獨立語氣詞」。

　　以下將語氣詞分為「句首語氣詞」、「句中語氣詞」、「句尾語氣詞」三類說明。

〔註46〕同註3，頁81。
〔註47〕同註14，頁172～173。
〔註48〕同註1，頁31。
〔註49〕同註2，頁18。

1. 句首語氣詞

句首語氣詞有「夫」、「蓋」、「惟」等字，今文《尚書》沒有「蓋」字，所見「夫」字只出現一次，如「夫知保抱攜持厥婦子」（《周書·召誥》）。「惟」字出現很多，如「惟朕小子其新逆，我國家禮亦宜之。」、「惟時厥庶民于汝極，錫汝保極。」（《周書·洪範》）「惟天監下民，典厥義。」（《商書·高宗肜日》）。

2. 句中語氣詞

句中語氣詞有「者」、「也」、「乎」、「焉」等字。但今文《尚書》句中語氣詞非常不發達，沒有「者」、「也」、「焉」字，句中語氣詞「乎」也才出現 1 次，如「能哲而惠，何憂乎驩兜？何遷乎有苗？何畏乎巧言令色孔壬？」（《虞夏書·皋陶謨》）

3. 句尾語氣詞

今文《尚書》句尾語氣詞出現頻率仍然不高，沒有「也」、「耳」、「耶」字。「矣」只出現在（《周書·立政》），共 4 見，如「拜手稽首，告嗣天子王矣。」、「拜手稽首，後矣。」、「嗚呼！孺子王矣！」、「今文子文孫，孺子王矣。」而「焉」共 3 見，如「為壇于南方，北面周公立焉」（《周書·金縢》）、「其心休休焉，其如有容。」（《周書·秦誓》）、「今日之事，不愆于六步、七步，乃止齊焉。」（《周書·牧誓》）。「乎」只有 1 見，「吁！囂訟，可乎？」（《虞夏書·堯典》）

（二）助詞的語法特徵

楊伯峻、何樂士《古漢語語法及其發展》一書認為，[註50] 助詞的獨立性最差，意義最不實在，常用於句首，詞的首尾或短語之中。助詞在句子範圍內的功能有四：第一、標誌某種語氣；第二、協調音調；三、變換詞序；四、標誌時態或被動。

七、介詞的類別與語法特徵

（一）介詞的類別

許世瑛《中國文法講話》[註51] 和呂叔湘《中國文法要略》[註52] 兩書，

〔註50〕同註 14。
〔註51〕同註 1，頁 31。
〔註52〕同註 2，頁 18。

都將介詞和連詞合稱為「關係詞」。凡在句中的作用，只是用以介系或聯系「詞」和「詞」或「句」和「句」的就稱為「關係詞」。例如：的、和、跟、把、給、替、之、與、於、以、為、而、則、因、故、雖、縱等。

朱德熙《語法講義》一書認為，〔註53〕從語義上看，介詞的作用在於引出與動作相關的對象（施事、受事、與事、工具）以及處所、時間等。

綜合以上各家，將介詞分為「引進時間的介詞」、「引進處所方位的介詞」、「引進範圍的介詞」、「引進對象的介詞」、「引進伴隨的介詞」、「引進工具的介詞」六類說明。

1. 引進時間的介詞

「引進時間的介詞」又可分為：表示在何時的介詞、表示從何時的介詞、比到何時的介詞三類。

（1）表示在何時的介詞

「表示在何時的介詞」常用「在」、「于」等字，今試以「在」為例，如「我聞在昔，鯀堙洪水」（《周書‧洪範》）、「在今予小子旦，非克有正」（《周書‧君奭》）、「我聞在昔，成湯既受命」（《周書‧君奭》）、「君奭！在昔，上帝割申勸寧王之德，其集大命于厥躬」（《周書‧君奭》）、「在今爾安百姓，何擇非人」（《周書‧呂刑》）、「我聞惟曰，在昔殷先哲王」（《周書‧酒誥》）。從以上得知，「在」字和「今」或「昔」連用較多，其他連接朝代名較少。

（2）表示從何時的介詞

「表示從何時的介詞」常用「自」、「振」等字，今試以「自」為例，如「自今至于後日，各恭爾事，齊乃位，度乃口。罰及爾身，弗可悔」（《商書‧盤庚上》）、「自古王若茲，監罔攸辟」（《周書‧梓材》）、「自成湯至于帝乙，罔不明德恤祀」（《周書‧多士》）、「繼自今嗣王，則其無淫于觀、于逸、于遊、于田」（《周書‧無逸》）、「自殷王中宗，及高宗，及祖甲，及我周文王」（《周書‧無逸》）、「繼自今，我其立政、立事」（《周書‧立政》）、「自古商人，亦越我周文王，立政，立事」（《周書‧立政》）、「自成湯咸至于帝乙」（《周書‧酒誥》）、「繼自今，文子文孫，其勿誤于庶獄、庶慎，惟正是乂之」（《周書‧立政》）。從以上得知，「自」連用「今」或「古」較多，其他連接帝王名較少。

〔註53〕同註3，頁174。

（3）比到何時的介詞

「比到何時的介詞」今試以「至」為例，如「自今至于後日，各恭爾事，齊乃位，度乃口。罰及爾身，弗可悔」（《商書‧盤庚上》）、「殷遂喪，越至于今」（《商書‧微子》）、「要囚，服念五六日，至于旬時，丕蔽要囚」（《周書‧康誥》）、「欲至于萬年惟王，子子孫孫永保民」（《周書‧梓材》）、「自成湯至于帝乙，罔不明德恤祀」（《周書‧多士》）、「自朝至于日中昃，不遑暇食，用咸和萬民」（《周書‧無逸》）、「我式克至于今日休」（《周書‧君奭》）、「王來自奄，至于宗周」（《周書‧多方》）、「故我至于今，克受殷之命」（《周書‧酒誥》）。

2. 引進處所方位的介詞

「引進處所方位的介詞」又可分為：表示在何處的介詞、表示從何處的介詞。

（1）表示在何處的介詞

表示在何處的介詞常用「爰」、「在」等字，今試以「在」為例，如「其有眾咸造，勿褻在王庭」（《商書‧盤庚中》）、「今其有今罔後，汝何生在上」（《商書‧盤庚中》）、「戊辰，王在新邑，烝，祭歲」（《周書‧洛誥》）、「夏迪簡在王庭，有服在百僚」（《周書‧多士》）、「嗚呼！我生不有命在天？」（《商書‧西伯戡黎》）、「我後嗣子孫，大弗克恭上下，遏佚前人光在家」（《周書‧君奭》）。

（2）表示從何處的介詞

表示從何處的介詞常用「由」、「自」、「于」等字，今試以「由」為例，如「太史，司寇蘇公！式敬爾由獄，以長我王國」（《周書‧立政》）、「王麻冕黼裳，由賓階隮」（《周書‧立政》）。

3. 引進範圍的介詞

「引進範圍的介詞」常用「于」、「越」等字，今試以「于」為例，如「達于上下，敬哉有土！」（《虞夏書‧皋陶謨》）、「有大艱于西土，西土人亦不靜，越茲蠢。」（《周書‧大誥》）、「繼自今嗣王，則其無淫于觀、于逸、于遊、于田」（《周書‧無逸》）。

4. 引進對象的介詞

「引進對象的介詞」常用「于」、「以」、「自」、「越」、「惟時」、「至于」「在」

等字。今試以「于」為例,「茲予大享于先王」(《商書‧盤庚上》)、「作丕刑于朕孫」(《商書‧盤庚中》)、「王訪于箕子」(《周書‧洪範》)、「自我五禮有庸哉」(《虞夏書‧皋陶謨》)、「自我民聰明」(《虞夏書‧皋陶謨》)、「自我民明威」(《虞夏書‧皋陶謨》)、「自成湯至于帝乙」(《周書‧多士》)、「自殷王中宗,及高宗,及祖甲,及我周文王」(《周書‧無逸》)。

5. 引進伴隨的介詞

「引進伴隨的介詞」常用「與」、「及」、「暨」等字,如「汝萬民乃不生生,暨予一人猷同心」(《商書‧盤庚》)、「予往暨汝奭其濟」(《周書‧君奭》)、「後暨武王,誕將天威」(《周書‧君奭》)等。

介詞「及」與副詞「胥」共同組成「胥及」詞組,可翻譯為「共同」,《尚書》、《詩經》都只有各出現一次,如,「胥及逸勤」(《商書‧盤庚》)、「其何能淑?載胥及溺」(《詩經‧大雅》)。

6. 引進工具的介詞

「引進工具的介詞」常用「以」、「用」、「于」等字,表示引進動作行為實施時的工具、憑藉,可翻譯為「根據」、「用」。如,「苗民弗用靈,制以刑」(《周書‧呂刑》)、「以秬鬯二卣」(《周書‧洛誥》)、「其在四方,用丕式見德。」(《周書‧立政》)、「乃非德用乂」(《周書‧康誥》)、「用乂民,若有功」(《周書‧召誥》)。

(二)介詞的語法特徵

楊伯峻、何樂士《古漢語語法及其發展》一書,〔註 54〕提出介詞的語法特徵主要有三點:

第一、介詞都有賓語,賓語由名詞或形容詞、動詞、主謂結構充當,「介賓」通常是不可分的短語。例如:「士制百姓于刑之中」(《周書‧呂刑》);「率乂于民棐彝。」(《周書‧呂刑》)。

第二、介詞一般不用作謂語的中心,不出現在謂詞的位置上,這是介詞與動詞的區別。

第三、介賓短語位於謂語的前後,可以作狀語、補語、定語。

1. 作狀語。例如:「厥民刑,用勸。」(《周書‧多方》)中,「用＋賓語」構成介賓短語當狀語;「以觀文王之耿光」(《周書‧立政》)中,「以＋

〔註 54〕同註 14,頁 87。

賓語」構成介賓短語當狀語。

2. 作補語。例如：「制以刑」（《周書・呂刑》）中，「以＋賓語」構成介賓短語當補語；「天惟式教我用休」（《周書・多方》）中，「用＋賓語」構成介賓短語當補語。

八、連詞的類別與語法特徵

連詞是在詞、詞組、分句、句、句群之間連接作用，表示他們之間各種的關係詞。

綜合各家，將連詞分為「並列關係連詞」、「順承關係連詞」、「因果關係連詞」、「條件關係連詞、「讓步關係連詞」五類說明。

（一）連詞的類別

1. 並列關係連詞

並列連詞是用來連接對等的兩項或多項用詞，而所連接的兩項或多項語詞，可以互換位置，不會影響原來意思。並列關係連詞常用「與」、「及」、「而」、「暨」、「矧」等字。在今文《尚書》中，「與」當並列連詞 3 見，只出現在《周書・金縢》；「及」當並列連詞 2 見，也只出現在《周書・金縢》；「而」當並列連詞 1 見，只出現在（《周書・洪範》）；「暨」當並列連詞 4 見，分別出現在不同篇章中。如，「我其以璧與珪，歸俟爾命」（《周書・金縢》）、「爾不許我，我乃屏璧與珪。」（《周書・金縢》）、「乃問諸史與百執事。」（《周書・金縢》）、「管叔及其群弟乃流言于國」（《周書・金縢》）、「二公及王乃問諸史與百執事。」（《周書・金縢》）、「而康而色」（《周書・洪範》）。

又連詞中的並列連詞「暨」字，所連接的一般是名詞性詞語。如「以厥庶民暨厥臣達大」（《周書・梓材》）、「太保暨芮伯，咸進，相揖」（《周書・顧命》）、「契暨皋陶」（《虞夏書・舜典》）、「垂拜稽首，讓于殳斨暨伯與。」（《虞夏書・舜典》）。從上面可得知，「暨」字前後都是加上人名或官名，其句式是「NP＋暨＋NP」。

連詞中的並列連詞「矧」字，連接名詞性詞語，表人或事物的並連關係。如「侯、甸、男、衛；矧太史友、內史友，越獻臣百宗工。」（《周書・酒誥》）

2. 順承關係連詞

順承連詞所連接的兩個事項有先後次序的關係，前後位置不可掉換。順

承連詞常用「斯」、「則」、「即」、「而」等字。在今文《尚書》中沒有「斯」字當順承連詞，「即」、「而」當順承連詞也不多，如「文王卑服，即康功田功。」（《周書・無逸》）、「寧王遺我大寶龜，紹天明；即命曰」（《周書・大誥》）、「寬而栗，柔而立，願而恭，亂而敬，擾而毅，直而溫，簡而廉，剛而塞，強而義；」（《虞夏書・皋陶謨》）。「則」在今文《尚書》中出現頻率較高，如「日月之行，則有多有夏；月之從星，則以風雨。」（《周書・洪範》）、「立時人作卜筮，三人占，則從二人之言。」（《周書・洪範》）、「王朝步自周，則至于豐。」（《周書・召誥》）等等。

3. 因果關係連詞

因果關係連詞是用在因果關係的複句中，表原因的連詞有「因」、「用」、「以」、「為」、「惟」等字。表結果的連詞有「故」、「是以」、「是用」、「以故」、「是故」、「以是」、「故此」等。在今文《尚書》中，表原因的連詞「因」只有 1 見，如「乃大降罰，崇亂有夏，因甲于內亂。」（《周書・多方》）。而「用」出現次數頗多，如「我時其惟殷先哲王德，用康乂民作求」（《周書・康誥》）、「用降我凶，德嘉績于朕邦。」（《商書・盤庚下》）、「無有遠邇，用罪伐厥死，用德彰厥善。」（《商書・盤庚上》）。

在今文《尚書》中，表結果的連詞「是以」出現過 1 次，如「乃惟四方之多罪逋逃，是崇是長，是信是使，是以為大夫卿士」（《周書・牧誓》），其他「是用」、「以故」、「是故」、「以是」、「故此」等詞，並沒有出現。而表結果連詞的「故」出現 6 次，如「故殷禮陟配天，多歷年所。」（《周書・君奭》）、「故乃明于刑之中，率乂于民棐彝。」（《周書・呂刑》）、「故我至于今，克受殷之命。」（《周書・酒誥》）、「故天降喪于殷，罔愛于殷」（《周書・酒誥》）等。

4. 讓步關係連詞

讓步關係連詞是用在讓步關係的複句中，兩句相連接，前後表示相反的意思。表讓步關係連詞有「雖」、「縱」、「就」、「每」等字。今文《尚書》「雖」6 見，如「雖爾身在外，乃心罔不在王室。」（《周書・顧命》）、「雖則云然，尚猷詢茲黃髮，則罔所愆。」（《周書・秦誓》）、「雖畏勿畏，雖休勿休」（《周書・呂刑》）、「于其無好德，汝雖錫之福，其作汝用咎。」（《周書・洪範》）。但在今文《尚書》中，沒有「縱」、「就」、「每」當讓步關係連詞，而古文《尚書》中，卻是出現「縱」、「每」，如「欲敗度，縱敗禮，以速戾于厥躬。」（《商書・太甲》）、「每歲孟春，遒人以木鐸徇于路。」（《虞夏書・胤征》）。

5. 條件關係連詞

條件關係連詞是用在條件關係的複句中。一般的條件複句是在前面的分句提出假設的條件，後面的分句則是提出在這種條件下可能的後果。表條件關係連詞常用「若」、「苟」、「設」、「即」、「使」、「令」、「誠」、「果」、「倘」等字。〔註55〕今文《尚書》「若」出現多次，如「若顛木之有由蘖，天其永我命于茲新邑」（《商書・盤庚上》）、「若網在綱，有條而不紊；若農服田力穡，乃亦有秋。」（《商書・盤庚上》）、「若乘舟，汝弗濟，臭厥載。」（《商書・盤庚中》）、「夏德若茲，今朕必往。」（《商書・湯誓》）、「若有疾，惟民其畢棄咎。若保赤子，惟民其康乂。」（《周書・康誥》）、「若稽田，既勤敷菑，惟其陳修，爲厥疆畎。若作室家，既勤垣墉，惟其塗塈茨。若作梓材，既勤樸斲，惟其塗丹雘」（《周書・梓材》）等等。「今我即命于元龜，爾之許我，我其以璧與珪，歸俟爾命，爾不許我，我乃屏璧與珪。」（《周書・金縢》）、「作其即位，乃或亮陰，三年不言」（《周書・無逸》）、「即我御事，罔或耆壽俊在厥服，予則罔克。」（《周書・文侯之命》）。「設」出現 1 次，如「狄設黼扆、綴衣。」（《周書・顧命》）。「令」、「苟」、「誠」、「果」、「倘」今文《尚書》並沒有出現。

（二）連詞的語法特徵

楊伯峻、何樂士《古漢語語法及其發展》一書，〔註56〕提出連詞的語法特徵主要有二點：第一、連詞不獨立作句中的分句，也沒有修飾作用。第二、連詞可以連接詞、詞組、分句、句、句群。

1. 連接「詞」。例如：「太保暨芮伯」（《周書・顧命》）「于稷、契暨皋陶」（《虞夏書・舜典》），以「暨」字連接「詞」。

2. 連接「詞組」（也就是「短語」）。例如：「狄設黼扆、綴衣。」（《周書・顧命》）

3. 連接「分句」。例如：「告爾有方多士，暨殷多士。」（《周書・多方》）以「暨」字連接「分句」。「越在外服，侯、甸、男、衛、邦伯；越在內服，百僚、庶尹、惟亞、惟服、宗工，越百姓里居，罔敢湎于酒；不惟不敢，亦不暇。惟助成王德顯，越尹人祗辟。」（《周書・酒誥》）中，以「越」字連接「分句」。

〔註55〕左松超：《文言語法綱要》（台北：五南書局，2003 年 8 月）。
〔註56〕同註14，頁 453～454。

第二節　今文《尚書》短語的結構類型

「詞」可以分為單詞和複詞。由一個語素構成的詞叫「單詞」（單純詞）；由兩個或兩個以語素所構成的詞叫「複詞」（合成詞）。依據左松超《文言語法綱要》一書分類，〔註57〕茲將今文《尚書》構詞法舉證如下：

構　詞　法　分　類			例　　證
詞	單詞 （單純詞）	單音節	人（《商書·微子》）
		雙音節　雙　聲：	威侮（《虞夏書·甘誓》）
		疊　韻：	滄浪（《虞夏書·禹貢》）
		非雙聲非疊韻：	搏拊（《虞夏書·皋陶謨》）
	複詞 （合成詞）	派生詞　前　綴：	有夏（《商書·湯誓》）
		後　綴：	休休焉（《周書·秦誓》）
		複合詞　聯合式：	誥告（《周書·多方》）
		組合式：	赤刀（《周書·顧命》）
		結合式：	傷心（《周書·酒誥》）
		重疊式：	畏畏（《商書·微子》）

詞和詞組合起來，構成「短語」（也稱詞組）。詞與詞間的組合不限於兩個詞，有時是三個或多個詞以上，詞和詞可以按照不同的順序組合成不同的短語。短語也可以做主語、謂語、賓語、定語、狀語。從形式上說，短語不一定短，有時比簡單的句子的字數還多。

詞與詞間的配合關係，許世瑛《中國文法講話》〔註58〕、呂叔湘《中國文法要略》〔註59〕兩書提出有三種關係：聯合關係（「詞聯」）組合關係（「詞組」）結合關係（「詞結」）。兩個或兩個以同詞類的詞，連繫起來，且之間是並立的，平行的，毫無主從關係可言，並且也不似一個句子的形式，這樣我們就叫他做「聯合關係」，簡稱「詞聯」。另外，兩個詞有一個是主體，其他一個是附加的，它們的地位並不相等，有主從的分別。這樣我們就叫它「組合關係」，也叫「附加關係」或「主從關係」，簡稱為「詞組」。〔註60〕

〔註57〕同註55，頁15～21。

〔註58〕同註1，頁33～41。

〔註59〕同註2，頁18～22。

〔註60〕呂叔湘《中國文法要略》一書並未將「詞組」與「複詞」（合成詞）區別。李威熊先生《國文文法大綱》一書（未出版），提出三點區分方法：

第一、從語音上辨別，「複詞」兩單詞間語音沒有停頓，如蜜蜂、花朵。「詞

筆者將台灣與大陸詞與詞間的關係，對照如下：

台　　灣	大　　陸
許世瑛《中國文法講話》 呂叔湘《中國文法要略》	朱德熙《語法講義》
聯合關係（「詞聯」）	並列短語
組合關係（「詞組」）	偏正短語 動賓短語 動補短語 主謂短語 介賓短語

　　詞組中的主體詞，我們稱它為「端詞」；附加上去的，稱它為「加詞」。端詞永遠是名詞，或帶名詞性的；加詞則可以是形容詞，也可以是動詞，甚而至於也是名詞。一個聯合關係構成的兩個詞，假如密切到不能分開的地步，就成了「聯合式合義複詞」，譬如：「國家」，不能稱為聯合關係或詞聯了。因為聯合式合義複詞，產生了一個新的單一的意義。

　　呂叔湘《中國文法要略》將組合關係可以分為兩類：第一、端語是名詞，加語或為形容詞，或為動詞，或仍為名詞。第二、組合關係的端語是動詞，加語是形容詞。而大陸用語是將「定語＋中心詞」之「定詞（中心詞）」是名詞，「定語」或為形容詞，或為動詞，或仍為名詞。「狀語＋中心詞」之「狀詞（中心詞）」是動詞（或形容詞），「狀語」可為形容詞，或為動詞，或仍為名詞。

呂叔湘《中國文法要略》		朱德熙《語法講義》	共同語法特色
詞　聯		並列短語	形容詞＋形容詞 動詞＋動詞 名詞＋名詞
詞　組	加詞＋端詞	定語＋中心詞（定詞）	形容詞＋名詞 動詞＋名詞 名詞＋名詞
		狀語＋中心詞（狀詞）	形容詞＋動詞

組」單詞與單詞間可以做短暫停頓，如月落、看花。
第二、從語義上辨別，「複詞」具有單一整體性質，如白菜。「詞組」往往是幾個單詞的意義相加，如白布。
第三、從語法的結構上辨別，「複詞」內部語素之間的結構非常緊密，如馬路、比賽。「詞組」內部詞與詞之間的結構較為鬆散，如「賽球」可擴展「賽足球」；「吃飯」可擴展「吃午飯」。

　　詞和詞組合成短語，筆者綜合以上各家，將短語分爲「並列短語」、「偏正短語」、「動賓短語」、「主謂短語」、「介賓短語」、「連動短語」六類說明。

一、並列短語

　　由兩個或兩個以上的名詞、動詞或形容詞並列組成的短語，詞與詞之間是平等的聯合關係，沒有輕重主次之分，這種短語稱爲並列短語。有時候也可以用關係詞來聯繫「與」和「及」。例如：

（1）乃告太王、王季、文王。（《周書·金縢》）

（2）益拜稽首，讓于朱、虎、熊、羆。（《虞夏書·舜典》）

（3）庸、蜀、羌、髳、微、盧、彭、濮人。（《周書·牧誓》）

（4）我乃屏璧與珪。（《周書·金縢》）

（5）王與大夫盡弁。（《周書·金縢》）

（6）諸史與百執事。（《周書·金縢》）

（7）時日曷喪？予及汝皆亡！。（《商書·湯誓》）

（8）自殷王中宗，及高宗，及祖甲，及我周文王。（《周書·無逸》）

（9）荊及衡陽惟荊州。（《虞夏書·禹貢》）

（10）導岍及岐，至于荊山。（《虞夏書·禹貢》）

例（1）專有名詞「太王」、「王季」、「文王」構成並列；例（2）專有名詞「朱」、「虎」、「熊」、「羆」構成並列；例（3）專有名詞「庸」、「蜀」、「羌」、「髳」、「微」、「盧」、「彭」、「濮」構成並列。例（4）～（6）用關係詞「與」構成並列，（7）～（10）用關係詞「及」構成並列。例（4）

　　「璧」、「珪」構成並列；例（5）「王」、「大夫」構成並列；例（6）「諸史」、「百執事」構成並列；例（7）「予」、「汝」構成並列；例（8）「中宗」、「高宗」、「祖甲」、「我周文王」構成並列；例（9）「荊」、「衡陽」構成並列；例（10）「岍」、「岐」構成並列。

二、偏正短語

　　前面的詞來修飾後面的詞，後面的詞的意義是主體，這種短語稱爲偏正短語。偏正短語是由名詞、動詞或形容詞與在它們前頭起修飾作用的詞組成的。名詞、動詞、形容詞是中心語，定語、狀語與中心語的關係，是偏和正的關係。（名詞代詞前的修飾語叫定語，動詞、形容詞前的修飾語叫狀語）偏

正結構主要爲「定語＋中心詞」、「狀語＋中心詞」。例如：

（1）周公初基作新大邑于東國洛。（《周書‧康誥》）

（2）雖則云然，尙猷詢茲黃髮，則罔所愆。（《周書‧秦誓》）

（3）陳寶、赤刀，大訓、弘璧，琬、琰，在西序。（《周書‧顧命》）

（4）八音克諧，無相奪倫：神人以和。（《虞夏書‧舜典》）

（5）自成湯至于帝乙，罔不明德恤祀。（《周書‧多士》）

（6）亦惟天丕建，保乂有殷。（《周書‧多士》）

（7）誕淫厥泆，罔顧于天顯民祗。（《周書‧多士》）

（8）予亦拙謀，作乃逸。（《商書‧盤庚上》）

（9）秋，大熟，未獲，天大雷電以風，禾盡偃，大木斯拔。（《周書‧金縢》）

（10）凡大木所偃，盡起而築之，歲則大熟。（《周書‧金縢》）

例（1）～（4）中心語爲名詞偏正短語，在功能上屬於名詞短語；例（5）～（7）中心語爲動詞偏正短語，在功能上屬於動詞短語；例（8）～（10）中心語爲形容詞詞偏正短語，在功能上屬於形容詞短語。例（1）「東國」的定語是「東」，中心語是「國」；例（2）「黃髮」的定語是「黃」，中心語是「髮」；例（3）「赤刀」的定語是「赤」，中心語是「刀」；例（4）「八音」的定語是「八」，中心語是「音」；例（5）「恤祀」的狀語是「恤」，中心語是「祀」；例（6）「丕建」的狀語是「丕」，中心語是「建」；例（7）「誕淫」的狀語是「誕」，中心語是「淫」；

例（8）「拙謀」的狀語是「拙」，中心語是「謀」；（9）～（10）「大熟」的狀語是「大」，中心語是「熟」。

三、動賓短語

前面的詞表示動作，後面的詞是動作支配的對象（動詞支配的對象即賓語），這種短語稱爲動賓短語。有的動詞單獨使用就可以表達一個明確的意思（不及物動詞）；有的動詞還要在後邊帶上一個受動詞支配的詞，組成一個短語，才能表達一個明確的意思（及物動詞）。例如：

（1）分命羲仲，宅嵎夷，曰暘穀。（《虞夏書‧堯典》）

（2）無虐煢獨；而畏高明。（《周書‧洪範》）

（3）輯五瑞，既月乃日，覲四岳群牧，班瑞于群後。（《虞夏書‧舜典》）

（4）汝作士，五刑有服，五服三就。（《虞夏書‧舜典》）

（5）知今我初服，宅新邑，肆惟王其疾敬德。（《周書‧召誥》）

（6）帝曰：「吁！咈哉！方命圮族。」（《虞夏書‧堯典》）【方：放棄】

（7）以至于帝乙，罔不明德慎罰，亦克用勸。（《周書‧多方》）

（8）格汝舜！詢事考言，乃言底可績（《虞夏書‧舜典》）

（9）洪水滔天，浩浩懷山襄陵。（《虞夏書‧益稷》）

（10）夔曰：「于！予擊石拊石，百獸率舞，庶尹允諧。」（《虞夏書‧益稷》）

例（1）「命」是動詞，「羲仲」作賓語；例（2）「畏」是動詞，「高明」作賓語；例（3）「輯」是動詞，「五瑞」作賓語；例（4）「作」是動詞，「士」作賓語；例（5）「宅」是動詞，「新邑」作賓語；例（6）「方命」、「圮族」兩個動賓短語構成並列；例（7）「明德」、「慎罰」兩個動賓短語構成並列；例（8）「詢事」、「考言」兩個動賓短語構成並列；例（9）「懷山」、「襄陵」兩個動賓短語構成並列；例（10）「擊石」、「拊石」兩個動賓短語構成並列。

四、主謂短語

主語是陳述的對象（往往是名詞、代詞），謂語是陳述的內容（往往是動詞、形容詞）兩個詞之間是陳述和被陳述的關係，這種短語叫主謂短語。例如：

（1）非先王不相我後人。（《商書‧西伯戡黎》）

（2）爾尚敬逆天命，以奉我一人。（《周書‧呂刑》）

（3）眇眇予末小子，其能而亂四方，以敬忌天威？（《周書‧顧命》）

（4）厥民夷；鳥獸毛毨。（《虞夏書‧堯典》）

（5）疇咨若予采？（《虞夏書‧堯典》）

（6）巽朕位？（《虞夏書‧堯典》）

例（1）「我後人」是動詞「相」的賓語，賓語由主謂短語組成，「我」是主語，「後人」作謂語，；例（2）「天命」是動詞「逆」的賓語，賓語由主謂短語組成，「天」是主語，「命」作謂語；例（3）「天威」是動詞「忌」的賓語，賓語由主謂短語組成，「天」是主語，「威」作謂語；例（4）「毛毨」中「毨」指更生，是動詞，陳述「毛」特色，所以「毛毨」是主謂短語，「毛」是主語，「毨」作謂語；例（5）「予采」是動詞「若」的賓語，賓語由主謂短語組成，「予」是主語，「采」作謂語；例（6）「朕位」是動詞「巽」的賓語，賓語由

主謂短語組成，「朕」是主語，「位」作謂語。

五、介賓短語

介詞與其後面的名詞、代詞或者名詞性短語組合成介賓短語。起修飾或補充說明動詞的作用，表示時間、處所、方法、對象等。例如：

（1）自朝至于日中昃，不遑暇食，用咸和萬民。（《周書‧無逸》）

（2）越翼日乙丑，王崩。（《周書‧顧命》）

（3）從爾遷。（《周書‧多士》）

（4）其在商邑，用協于厥邑。（《周書‧立政》）

（5）天罰不極庶民，罔有令政在于天下。（《周書‧呂刑》）

（6）王朝步自周，則至于豐。（《周書‧召誥》）

（7）往敷求于殷先哲王，用保乂民。（《周書‧康誥》）

（8）汝肇刑文武，用會紹乃辟，追孝于前文人。（《周書‧文侯之命》）

（9）乃訓于王。（《商書‧高宗肜日》）

（10）自殷王中宗，及高宗，及祖甲，及我周文王，茲四人迪哲。（《周書‧無逸》）

例（1）～（3）介詞「自」、「越」、「從」介引動作行為發生的時間；例（4）～（6）介詞「在」、「于」、「自」介引動作行為發生的處所、範圍；例（7）～（8）介詞「用」介引動作行為的方式方法；例（9）～（10）介詞「于」、「自」介引動作行為的對象。

六、連動短語

後一個動作對前面一個動作解釋、說明、補充，或是後一個動作是前一個動作的結果，總之前後有相連結果。例如：

（1）即命‖曰：「有大艱于西土，西土人亦不靜，越茲蠢。」（《周書‧大誥》）

（2）予惟往‖求朕攸濟。（《周書‧大誥》）

（3）今王嗣‖受厥命，我亦惟茲二國命，嗣若功。（《周書‧召誥》）

（4）無作怨，勿用非謀非彝‖蔽時忱，丕則敏德。（《周書‧康誥》）

（5）父師、少師，我其發‖出狂？（《商書‧微子》）

（6）天既孚命‖正厥德。（《商書‧高宗肜日》）

（7）嗚呼！王司∥敬民；罔非天胤，典祀無豐于昵。（《商書・高宗肜日》）

（8）予乘四載，隨山∥刊木。（《虞夏書・益稷》）

（9）非先王不相我後人，惟王淫戲∥用自絕。（《商書・西伯戡黎》）

（10）盡執拘∥以歸于周，予其殺。（《周書・酒誥》）

例（1）動詞「命」、「曰」構成連動短語；例（2）動詞「往」、動賓詞組「求朕攸濟」構成連動短語；例（3）動詞「嗣」、動賓詞組「受厥命」構成連動短語；例（4）動賓詞組「勿用非謀非彝」、「蔽時忱」構成連動短語；例（5）動詞「發」、動賓詞組「出狂」構成連動短語；例（6）動賓詞組「孚命」、「正厥德」構成連動短語；例（7）動詞「司」、動賓詞組「敬民」構成連動短語；例（8）動賓詞組「隨山」、「刊木」構成連動短語；例（9）動賓詞組「淫戲」、「自絕」中間以連詞「用」構成連動短語；例（10）「盡執拘」、「歸于周」中間以連詞「以」構成連動短語。

第三節　今文《尚書》的句子成分

詞或短語間有一定的關係，古漢語的結構根據不同的語法關係有不同組合。張世祿《古代漢語教程》將語法結構成分，分為主語、謂語、賓語、定語、狀語、補語、中心語。〔註61〕

一、主語和謂語

謂語和主語相對。楊伯峻、何樂士《古漢語語法及其發展》一書認為，〔註62〕主語和謂語是句子的兩大主要成分。謂語的中心語叫謂詞。謂詞後有時帶賓語，有時加補語；謂詞前有時附狀語。另外還有定語和它修飾的中心語，還有兼語式中的兼語。

呂叔湘《中國文法要略》一書認為，〔註63〕主語和謂語的關係是「結合關係」。結合關係是一個句子必得有個「什麼人」，或「什麼東西」，然後還得說明這個人或這個東西「怎麼樣」，這兩部分缺一個就不成句。表示「什麼人」

〔註61〕張世祿：《古代漢語教程》（上海：復旦大學出版，2005 年 1 月），頁 225～231。

〔註62〕同註 14，頁 72。

〔註63〕同註 2，頁 22～23。

或「什麼東西」的部分稱為「主語」，表示「怎麼樣」的部分稱為「謂語」。凡是主語和謂語的結合，不論獨立與否，可以總稱為「詞結」。

許世瑛《中國文法講話》一書，〔註64〕詞結就是句子，詞結是用來跟詞聯、詞組相對待的名詞。詞結的形式有下列兩種：一、句子形式的詞結：就是有主語、謂語兩部分，或有主語（起詞）動詞、賓語（止詞）三部分。二、謂語形式的詞結：凡是缺少主語的句子形式，我們都稱為謂語形式的詞結。

敘事簡句的基本句型：「起詞＋述詞＋止詞」，是構成一句敘事句的骨幹。敘事簡句一定有個中心動詞做述詞，同時又有起詞跟止詞。〔註65〕表態簡句的基本句型：「起詞＋表詞」。只是一個形容詞或一個動詞（已變為形容詞的詞性了），我們可以稱它為「表詞」─詞聯、詞組以及複詞做表態句的謂語時，也可以稱為「表詞」。〔註66〕

以下將各家句子形式詞語歸如下：

許世瑛《中國文法講話》	起詞＋述詞＋止詞
朱德熙《語法講義》	主語＋動詞＋賓語
楊伯峻、何樂士《古漢語語法及其發展》	主語＋謂語

楊伯峻、何樂士《古漢語語法及其發展》一書認為，〔註67〕「主語」是謂語陳述、描繪或評論的對象。主語在正常情況下，都位於謂語之前，但在謂語前面的成分不一定都是主語，因為不一定都是謂語陳述、描繪或評論的對象。「謂語」是對主語的陳述、描繪或評論。從大範圍說，在一個主謂結構裡，除了主語就是謂語。一般來說，有主語一定有謂語，但有謂語不一定有主語。有的是無主句，有的則省略了主語，古漢語裡省略主語的情況是很多的。

〔註64〕 同註1，頁42～44。謂語形式的詞結有可分為四小類：1、動詞＋賓語（止詞）：如「騎馬」、「寫字」、「燒菜」、「煮飯」、「下圍棋」、「打籃球」等都是缺少主語（起詞），只有動詞跟賓語（止詞）的謂語形式的詞結。2、副詞（限制詞）＋動詞＋賓語（止詞）：如「很愛他」、「細心地服事她」、「甚惡之」、「不從命」等，都是缺少主語（起詞），只有動詞跟賓語（止詞）的謂語形式的詞結。3、副詞＋形容詞：如「太鮮豔」、「很漂亮」、「甚美」、「甚醜」等，也都是缺少主語，只有謂語的詞結。4、副詞＋動詞：如「飛奔」、「快跑」、「急駛」等，也都是缺少主語的謂語形式的詞結。

〔註65〕 同註1，頁72。

〔註66〕 同註1，頁138。

〔註67〕 同註14，頁47。

　　朱德熙《語法講義》一書認為，〔註68〕主語和謂語的關係，可以從結構、語意和表達三個不同的方面來觀察。第一、從結構上看，在正常情況下，主語一定在謂語之前，兩者之間的聯繫，跟其他各種句法結構比較起來，要算是最鬆的。

　　第二、從語義上看，主語和謂語的關係是很複雜的。以動詞組成的謂語來說，主語所指的事物跟動詞所表示的動作之間的關係是各種各樣的，有的主語指的事物是動作的發出者，即所謂施事；有的是受動作影響的事物，即所謂受事；有的是施事、受事以外的另一方，可以稱為「與事」；有的是動作憑借的工具；有的主語表示動作發生的時間或處所。

　　第三、從表達上說，說話的人有選擇主語的自由。同樣的意思，可以選擇施事作主語，也可以選擇受事或與事作主語。

（一）主　語

　　主語是謂語敘述和說明的對象，一般位於謂語之前，說明謂語是「什麼人」或「什麼事物」。除副詞以外的實詞，如：代詞、名詞、動詞、形容詞、數量詞，都能充當主語。例如：

　　（1）予乃胤保，大相東土，其基作民明辟。（《周書·洛誥》）
　　（2）朕教汝于棐民彝。（《周書·洛誥》）
　　（3）我王來，既爰宅于茲。（《商書·盤庚上》）
　　（4）汝無侮老成人，無弱孤有幼。（《商書·盤庚上》）
　　（5）爾殷多士！今惟我周王，丕靈承帝事。（《周書·多士》）
　　（6）周公初于新邑洛，用告商王士。（《周書·多士》）
　　（7）人無于水監，當于民監。（《周書·酒誥》）
　　（8）五刑不簡，正于五罰；（《周書·呂刑》）

例（1）～（3）是第一人稱代詞「予」、「朕」、「我」作主語；例（4）～（5）是第二人稱代詞「汝」、「爾」作主語；例（6）是專有名詞「周公」作主語；例（7）是普通名詞「人」作主語；例（8）是數詞「五」作主語。

（二）謂　語

　　謂語是對主語的敘述和說明，一般位於主語之後，說明主語「是什麼」或「怎麼樣」。代詞、名詞、動詞、形容詞、數詞和副詞，都能充當謂語。謂

語包括修飾語和被修飾語。動詞（或形容詞）謂語的修飾語有狀語或補語；名詞短語作謂語，修飾語有定語。例如：

　　（1）帝曰：「俞，往哉；汝諧。」（《虞夏書·舜典》）

　　（2）帝曰：「俞咨！垂，汝共工。」（《虞夏書·舜典》）

　　（3）對曰：「信。噫！公命，我勿敢言。」（《周書·金縢》）

　　（4）祖伊恐，奔告于王。（《商書·西伯戡黎》）

　　（5）帝曰：「咨！汝二十有二人，欽哉！惟時亮天功。」（《虞夏書·舜典》）

　　（6）帝欽罰之，乃伻我有夏，式商受命，奄甸萬姓。（《周書·立政》）

　　（7）爾無共怒，協比讒言予一人。（《商書·盤庚下》）

　　（8）汝肇刑文武，用會紹乃辟，追孝于前文人。（《周書·文侯之命》）

　　（9）武王惟茲四人，尚迪有祿。（《周書·君奭》）

　　（10）爾尚弼予一人，永清四海。時哉！弗可失。（《周書·泰誓》）

例（1）是第二人稱代詞「汝」作主語，動詞「諧」作謂語；例（2）是第二人稱代詞「汝」作主語，專有名詞「共工」作謂語；例（3）是普通稱人名詞「公」作主語，動詞「命」作謂語；例（4）是專有名詞「祖伊」作主語，形容詞「恐」作謂語；例（5）是第二人稱代詞「汝」作主語，數詞「二十有二人」作謂語；例（6）是名詞「帝」作主語，「欽」是程度副詞，「欽罰之」作謂語；例（7）是第一人稱代詞「我」作主語，否定副詞是「無」，「無共怒」作謂語；例（8）是第二人稱代詞「汝」作主語，情態副詞是「肇」，「汝肇刑文武」作謂語；（9）專有專有名詞「武王」作主語，範圍副詞是「惟」，「惟茲四人」作謂語；（10）是第二人稱代詞「爾」作作主語，命令副詞是「尚」，〔註69〕「尚弼予一人」作謂語。

二、述語和賓語

　　主語是對謂語說的，賓語是對動詞（述語）說的。朱德熙《語法講義》一書，〔註70〕主語一定在謂語前頭，賓語一定在動詞後頭。主語和謂語之間的關係鬆弛，中間可以有停頓；動詞和賓語意義上和結構上的聯繫都很緊密，當中沒有停頓。朱德熙又提及主賓語和施受關係，主語不一定是施事，賓語

〔註69〕《詞詮》：命令副詞，可譯為「希望、要」。
〔註70〕同註3，頁110～111。

也不一定是受事，不能把主語和賓語的區分理解爲施事和受事的對立。

（一）述　語

述語所指的就是動詞（以下以「動詞」說明），動詞是由動詞或動詞性短語充當的支配的成分。動詞是針對賓語而言，沒有賓語就沒有動詞。

（1）汝作司徒，敬敷五教，在寬。（《虞夏書‧舜典》）

（2）禹，汝平水土；惟時懋哉！（《虞夏書‧舜典》）

（3）小人怨汝詈汝。（《周書‧無逸》）

（4）故天棄我；不有康食，不虞天性，不迪率典。（《商書‧西伯戡黎》）

（5）高宗肜日，越有雊雉。（《商書‧高宗肜日》）

（6）王出在應門之內。（《周書‧顧命》）

（7）惟作五虐之刑曰法，殺戮無辜。（《周書‧呂刑》）

（8）柔遠能邇，安勸小大庶邦。（《周書‧顧命》）

（9）天明畏，自我民明威。（《虞夏書‧皋陶謨》）

（10）七、稽疑：擇建立卜筮人，乃命卜筮。（《周書‧洪範》）

例（1）是「作」作動詞，名詞「司徒」作賓語；例（2）是「平」作動詞，普通名詞「水土」作賓語；例（3）是「怨」、「詈」作動詞，第二人稱代詞「汝」作賓語；例（4）是「棄」作動詞，第一人稱代詞「我」作賓語；例（5）是「肜」作動詞，時間名詞「日」作賓語；例（6）是「出」作動詞，介詞引領出的短語「在應門之內」作賓語；例（7）是及物動詞「殺」、「戮」作動詞，「無辜」作共同賓語；例（8）是「安」、「勸」作動詞，「小大庶邦」作共同賓語；例（9）是不及物動詞「明」、「畏」作動詞，「自我民明威」作賓語；例（10）是及物動詞「擇」、「建」、「立」並列作動詞，「卜筮人」作共同賓語。

（二）賓　語

賓語是動詞的支配對象，一般位於動詞之後，表示動作、行爲涉及的人或事物，回答「誰」或「什麼」一類問題。除副詞以外的一切實詞，都能充當賓語，意思是說，名詞、代詞、動詞、形容詞和數詞，都可充當賓語。例如：

（1）今爾無指告予，顛隮若之何其？（《商書‧微子》）

（2）汝曷弗告朕，而胥動以浮言，恐沈于眾？（《商書‧盤庚上》）

（3）故天棄我；不有康食，不虞天性，不迪率典。（《商書‧西伯戡黎》）

（4）聽朕告汝，乃以殷民世享。（《周書‧康誥》）

（5）尙永力畋爾田；天惟畀矜爾。（《周書‧多方》）

（6）亦惟助王宅天命，作新民。（《周書‧康誥》）

（7）多士！昔朕來自奄，予大降爾四國民命。（《周書‧多士》）

（8）厥民析；鳥獸孳尾。（《虞夏書‧堯典》）

（9）我受命無疆惟休，亦大惟艱。（《周書‧君奭》）

（10）越小大德，小子惟一。（《周書‧酒誥》）

例（1）～（3）是第一人稱代詞「予」、「朕」、「我」作賓語；例（4）～（5）是第二人稱代詞「汝」、「爾」作賓語；例（6）是普通名詞「民」作賓語；例（7）是處所名詞「奄」作賓語；例（8）是動詞「析」作賓語；例（9）是形容詞「艱」作賓語；例（10）是數詞「一」作賓語。

三、定語和狀語

朱德熙《語法講義》一書，〔註71〕將定語和狀語的區分，認爲體詞性中心語前邊的修飾語是定語，謂詞性中心語前邊的修飾語是狀語。楊伯峻、何樂士《古漢語語法及其發展》一書，〔註72〕定語和中心語構成名詞短語。名詞短語常用作句中的主語或賓語，也可作名詞謂語。

（一）定　語

定語是名詞前面的連帶成分，用來修飾、名詞表示人或事物性質、狀態、數量、所屬等。定語一般位於中心語的前面，是主語中心、賓語中心前的修飾語。除副詞以外的一切實詞，如：代詞、名詞、動詞、形容詞和數量詞，都充當定語。

例如：

（1）帝曰：「疇若予工？」（《虞夏書‧舜典》）

（2）明聽朕言，無荒失朕命。（《商書‧盤庚中》）

（3）我祖底遂陳于上。（《商書‧微子》）

（4）汝惟小子，未其有若汝封之心。（《周書‧康誥》）

（5）殷之即喪，指乃功；不無戮于爾邦。（《商書‧西伯戡黎》）

〔註71〕同註3，頁140。

〔註72〕同註14，頁49。

（6）爾殷多士！今惟我周王，丕靈承帝事。（《周書・多士》）

（7）予一人惟聽用德，肆予敢求爾于天邑商。（《周書・多士》）

（8）闢四門，明四目，達四聰。（《虞夏書・舜典》）

（9）庶邦君，越庶士、御事。（《周書・大誥》）

（10）四方之民，罔不祗畏。（《周書・金縢》）

例（1）～（3）是第一人稱代詞「予」、「朕」、「我」作定語；例（4）～（5）是第二人稱代詞「汝」、「爾」作定語；例（6）是專有名詞「殷」作定語；例（7）是普通名詞「天」作定語；例（8）是動詞「闢」、「明」、「達」作定語；例（9）是形容詞「庶」作定語；例（10）是數詞「四」作定語。

（二）狀　語

狀語是動語或形容詞前面的連帶成分，用來修飾、限制動詞或形容詞，表示動作的狀態、方式、時間、處所或程度等。狀語一般位於中心語之前，有時位於句首，是動詞性中心語、形容詞性中心語、副詞性中心語，以及處在謂語位置上的名詞性中心語的修飾語，成爲全句修飾語。

楊伯峻、何樂士《古漢語語法及其發展》一書，〔註73〕狀語是位於謂詞前或主謂結構前起修飾作用的成分。位於謂詞前的狀語是謂語的組成部分，主要對謂詞起修飾作用；位於主謂結構前的狀語是全句的組成部分，一般是對全句起修飾作用。

除普通名詞、專有名詞以外的一切實詞都能充當狀語。例如：

（1）惟三月，哉生魄，周公初基作新大邑于東國洛。（《周書・康誥》）

（2）惟五月丁亥，王來自奄，至于宗周。（《周書・多方》）

（3）惟四月，哉生魄，王不懌。（《周書・顧命》）

（4）南巡守，至于南岳，如岱禮。（《虞夏書・舜典》）

（5）亦惟天丕建，保乂有殷。（《周書・多士》）

（6）王肇稱殷禮，祀于新邑，咸秩無文。（《周書・洛誥》）

（7）周公咸勤，乃洪大誥治。（《周書・康誥》）

（8）敬迓天威，嗣守文武大訓，無敢昏逾。（《周書・顧命》）

（9）公其以予萬億年。（《周書・洛誥》）

（10）時日曷喪？予及汝皆亡！（《商書・湯誓》）

〔註73〕同註14，頁57。

例（1）～（3）是時間名詞「三月」、「五月丁亥」、「四月」作狀語；例（4）是方位名詞「南」作狀語；例（5）是程度副詞「丕」作狀語；例（6）是時間副詞「肇」作狀語；例（7）是範圍副詞「咸」作狀語；例（8）是表敬副詞「敬」作狀語；例（9）是介賓短語「以予萬億年」作狀語；例（10）疑問代詞「曷」作狀語。

四、補語和中心語

朱德熙《語法講義》一書，[註74] 將補語和賓語的比較：補語和賓語的位置都在動詞之後。賓語可以是體詞成分，也可以是謂詞性成分；補語只能是謂詞性成分，不能是體詞性成分。從意念上說，賓語的作用在於提出與動作相關的事物（受事、與事、工具等等），補語的作用在於說明動作的結果或狀態。

（一）補　語

補語是動詞或形容詞後面的連帶成分，一般用來補充說明動作、行為的情況、結果、程度、趨向、時間、處所、數量、性狀等。補語一般位於中心語之後，是對於動詞性中心語和形容詞性中心語的補充說明，一切實詞都能充當補語。例如：

（1）王受命惟中身，厥享國五十年。（《周書・無逸》）

（2）暨稷播奏庶艱食。（《虞夏書・益稷》）

（3）予則孥戮汝，罔有攸赦。」（《商書・湯誓》）

（4）我乃卜澗水東、瀍水西。（《周書・洛誥》）

（5）今其有今罔後，汝何生在上？（《商書・盤庚中》）

（6）旁作穆穆，迓衡不迷文武勤教。（《周書・洛誥》）

（7）汝作司徒，敬敷五教，在寬。（《虞夏書・舜典》）

（8）二公曰：「我其為王穆卜。」（《周書・金縢》）

（9）王執書以泣。（《周書・金縢》）

（10）文王騂牛一，武王騂牛一。（《周書・洛誥》）

例（1）是時間名詞「五十年」作補語；例（2）是普通名詞「食」作補語；例（3）是第二人稱代詞「汝」作補語；例（4）是方位詞「東」、「西」作補語；例（5）是方向名詞「上」作補語；例（6）是形容詞「穆穆」作補語；

例（7）是形容詞「寬」作補語；例（8）是動詞「卜」作補語；例（9）是詞「泣」作補語；例（10）是數詞「一」作補語。

（二）中心語

中心語是定語、狀語、補語的修飾和補充說明的對象，中心語又是賓語的支配者，一般位於定語和狀語之後、補語和賓語之前，一切實詞都能充當中心語。名詞、動詞、形容詞、數量詞、代詞和副詞充當定語、狀語和補語的中心語。例如：

（1）嗚呼！孺子王矣！（《周書・立政》）

（2）二人雀弁執惠，立于畢門之內。（《周書・顧命》）

（3）小臣屏侯甸，矧咸奔走。（《周書・君奭》）

（4）湯湯洪水方割，蕩蕩懷山襄陵。（《虞夏書・堯典》）

（5）歲則大熟。（《周書・金縢》）

（6）分命羲仲，宅嵎夷，曰暘穀。（《虞夏書・堯典》）

（7）我乃卜澗水東、瀍水西，惟洛食。（《周書・洛誥》）

（8）無偏無黨，王道蕩蕩；無黨無偏，王道平平；（《周書・洪範》）

（9）史乃冊祝。（《周書・金縢》）

（10）乃卜三龜，一習吉。（《周書・金縢》）

例（1）「孺子」作定語，它的中心語是「王」；例（2）「二」作定語，它的中心語是「人」；例（3）「小」作定語，它的中心語是「臣」；例（4）疊音詞「湯湯」、「蕩蕩」作定語，它們的中心語分別是「洪水」、「懷山」；例（5）「大」作狀語，它的中心語是「熟」；例（6）「分」作狀語，它的中心語是「命」；例（7）「東」、「西」作補語，它們的中心語是「澗水」、「瀍水」；例（8）疊音詞「蕩蕩」、「平平」作賓語，它們的中心語「道」；例（9）「祝」作補語，它的中心語「冊」；例（10）「三龜」作補語，它的中心語「卜」。

綜上所述，除了副詞不能充當主語、賓語和定語以外，其他各類實詞都可以充當任何結構成份。

第四節　今文《尚書》單句的類型

呂叔湘《中國文法要略》，〔註75〕句子可以分別「簡句」和「繁句」，只

〔註75〕同註2，頁89。

包含一個詞結的是簡句，含有兩個或更多的詞結的是繁句。許世瑛《中國文法講話》，﹝註76﹞句子的種類簡句、繁句、複句。凡是句子的主語（起詞也包括在內）跟謂語，（包括止詞在內），如果是由單詞、複詞、詞聯、詞組構成的，都是「簡句」。凡是句中的文法成分—起詞、止詞或主語、謂語，只要其中有一個是由詞結或組合式詞結構成的，都是「繁句」。

一、動詞謂語句

（一）謂語由單動詞充當

基本結構形式爲：主語 ∥ 動詞

（1）王 ∥ 崩。（《周書・顧命》）

（2）公 ∥ 歸，乃納冊于金縢之匱中。（《周書・金縢》）

（3）予 ∥ 違，汝弼。（《虞夏書・益稷》）

（4）汝 ∥ 往，敬哉！（《周書・洛誥》）

（5）汝 ∥ 翼。……汝 ∥ 爲。（《虞夏書・益稷》）

（二）謂語由單賓語的動賓短語充當

基本結構形式爲：主語 ∥ 動詞＋賓語

（1）伯禹 ∥ 作司空。（《虞夏書・舜典》）

（2）汝 ∥ 作司徒。（《虞夏書・舜典》）

（3）禹 ∥ 敷土。（《虞夏書・禹貢》）

（4）伯夷 ∥ 降典。（《周書・呂刑》）

（5）天 ∥ 降威。（《周書・大誥》）

（三）謂語由動賓短語充當，賓語為聯合短語

基本結構形式爲：主語 ∥ 動詞＋賓語（由聯合短語充當。）

（1）予 ∥ 欲聞六律、五聲、八音。（《虞夏書・益稷》）

（2）（主語省略） ∥ 竊馬牛，誘臣妾。（《周書・費誓》）

﹝註76﹞ 同註1，頁67～70。「簡句」又分爲：1、敘事句：又稱「敘述句」。敘事句是敘說一種事情的句子。2、表態句：又稱「描寫句」。表態句是記述事物的性質或狀態的句子。3、判斷句：是解釋事物的涵義，或判斷事物的同異的句子。4、有無句：是表明事物的有無的一種句子。倘若我們只把簡句分爲三類，那麼，有無句可以併入敘事句中。它和敘事句一樣，都有一個中心動詞來做述詞，只不過有無句裡的述詞，限用「有」或「無」。

（3）臣‖作朕股肱耳目。（《虞夏書‧益稷》）

（4）王‖拜手稽首。（《周書‧洛誥》）

（5）小人‖怨汝詈汝。（《周書‧無逸》）

（四）謂語由動賓短語充當，賓語為偏正短語

基本結構形式為：主語‖動詞＋賓語（由偏正短語充當。）

（1）我‖有大事。（《周書‧大誥》）

（2）二公‖命邦人。（《周書‧金縢》）

（3）（主語省略）‖用降我凶。（《商書‧盤庚下》）

（4）（主語省略）‖亂越我家。（《商書‧盤庚下》）

（5）（主語省略）‖悉聽朕言。（《商書‧湯誓》）

（五）謂語由動賓短語充當，賓語為主謂短語

基本結構形式為：主語‖動詞＋賓語（由主謂短語充當。）

（1）予‖誓告汝群言之首。（《周書‧秦誓》）

（2）肆予‖曷敢不越卬敉寧王大命？（《周書‧大誥》）

（3）予‖曷敢不終朕畝？（《周書‧大誥》）

（4）我‖道惟寧王德延。（《周書‧君奭》）

（5）上帝‖割申勸寧王之德。（《周書‧君奭》）

二、形容詞謂語句

（一）謂語由單詞形容詞充當

基本結構形式為：主語‖形容詞

（1）父‖頑，母‖嚚，象‖傲。（《虞夏書‧堯典》）

（二）謂語由形容詞短語充當

基本結構形式為：主語‖形容詞＋（連詞）＋形容詞

（2）邦人‖大恐。（《周書‧金縢》）

（三）謂語由形容詞為中心語的偏正短語充當

基本結構形式為：主語‖形容詞＋補語

（3）‖各長于厥居。

例（1）謂語由形容詞短單詞「頑」、「嚚」、「傲」充當；例（2）謂語由形容

詞短語「大恐」充當；例（3）謂語由形容詞偏正短語充當。

三、名詞謂語句

（一）謂語由單名詞充當

基本結構形式爲：主語∥名詞

（1）小子∥封。（《周書・康誥》）

（2）孺子∥王矣。（《周書・立政》）

（3）君∥奭！（《周書・康誥》）

（4）牛∥一。（《周書・召誥》）

（5）五∥玉。（《虞夏書・舜典》）

（二）謂語由名詞性短語充當

（1）馬∥四匹。（《周書・文侯之命》）

（2）越我∥一二邦。（《周書・康誥》）

（3）王∥麻冕黼裳。（《周書・顧命》）

（4）我∥二人共貞。（《周書・洛誥》）

（5）四人∥綦弁。（《周書・顧命》）

（三）謂語對主語判斷或說明

基本結構形式爲：主語∥惟＋名詞

（1）予∥惟小子。（《周書・大誥》）

（2）小子∥惟一。（《周書・酒誥》）

四、主謂謂語句

主謂謂語是由主謂短語充當謂語的句子。一般把主謂句的主語叫做大主語，充當謂語的主謂短語的主語稱爲小主語，謂語稱爲小謂語。

基本結構形式爲：主語∥謂語（小主語＋小謂語）

（1）爾∥惟自鞠自苦。（《商書・盤庚中》）

（2）人∥自獻于先王。（《商書・微子》）

（3）肆汝∥小子封。（《周書・康誥》）

（4）在今予∥小子旦。（《周書・君奭》）

五、被動句

(1) 舜生三十徵庸。(《虞夏書‧舜典》)

(2) 烝民乃粒，萬邦作乂。(《虞夏書‧益稷》)

(3) 庶績咸熙。(《虞夏書‧堯典》)

(4) 九河既道。(《虞夏書‧禹貢》)

(5) 大陸既作。(《虞夏書‧禹貢》)

例(1)「舜」是受事主語，說明舜被征；例(2)「烝民」是受事主語，說明百姓被安定；例(3)「庶績」是受事主語，說明功績被稱揚；例(4)「九河」是受事主語，說明九河被治；例(5)「大陸」是受事主語，說明大陸被治。

六、兼語句

(一)一般式兼語句

基本結構形式為：主語＋動詞1＋兼語＋動詞2＋賓語

(1) 我生不有命在天？(《商書‧西伯戡黎》)

(2) 其作汝用咎。(《周書‧洪範》)

(3) 王命作冊逸祝冊。(《周書‧洛誥》)【作冊：官名；逸：人名】

(4) 伯相命士須材。(《周書‧顧命》)【伯相：指召公、畢公】

(5) 王勿以小民淫用非彝。(《周書‧召誥》)

例(1)「命」是兼語，既是「有」的賓語，也是「在天」的主語；例(2)「汝」是兼語，既是「作」的賓語，也是「用咎」的主語；例(3)「作冊逸」是兼語，既是「命」的賓語，也是「祝冊」的主語；例(4)「士」是兼語，既是「命」的賓語，也是「須材」的主語；例(5)「小民」是兼語，既是「以」的賓語，也是「淫用非彝」的主語。

(二)省略主語式兼語

基本結構形式為：動詞＋兼語＋謂語

(1) 開厥顧天(《周書‧多方》)【厥：指多方。】

(2) 作汝民極。(《周書‧君奭》)

(3) 詔王子出迪(《商書‧微子》)

(4) 命作冊度。(《周書‧顧命》)

（5）立時人作卜筮。（《周書・洪範》）

例（1）「厥」是兼語，既是「開」的賓語，也是「顧天」的主語；例（2）「汝」是兼語，既是「作」的賓語，也是「民極」的主語；例（3）「王子」是兼語，既是「詔」的賓語，也是「出迪」的主語；例（4）命作冊度「作冊」是兼語，既是「命」的賓語，也是「度」的主語；例（5）「時人」是兼語，既是「立」的賓語，也是「作卜筮」的主語。

七、並列句

（一）兩個動詞並列，共同帶一個賓語

基本結構形式為：動詞1＋動詞2＋賓語

（1）殺戮無辜。（《周書・呂刑》）

（2）張皇六師。（《周書・顧命》）

（二）兩個動賓短語並列

基本結構形式為：動詞1＋賓語1＋動詞2＋賓語2

（3）明德慎罰。（《周書・多方》）

（4）秉德明恤。（《周書・君奭》）

（三）兩個賓語出現在兩個動詞後

基本結構形式為：動詞1＋動詞2＋賓語1＋賓語2

（5）黜陟幽明。（《虞夏書・舜典》）

例（1）～（2）是「殺、戮」、「張、皇」兩個並列動詞；例（3）～（4）是「明德、慎罰」、「秉德、明恤」兩個動賓短語並列；例（5）是兩個動詞「黜、陟」加兩個賓語「幽、明」。

八、雙賓句

朱德熙《語法講義》一書，［註77］雙賓語指一個動詞後邊接連出現兩個賓語。這兩個賓語可以都是真賓語，也可以是一個真賓語，一個準賓語。準賓語包括動量賓語、時量賓語和數量賓語三類。雙賓語裡，離動詞近的那個賓語叫「近賓語」，離動詞遠的那一個叫「遠賓語」。在表示給予意義的雙賓

〔註77〕同註3，頁116～118。

語結構裡，近賓語指接受者，遠賓語指所給的事物。接受者多半是人，因此近賓語往往是指人的名詞或代詞。

　　許世瑛《中國文法講話》一書，〔註78〕文法學家有所謂「雙賓語」的名稱，他們稱「直接賓語」的，就是本書所稱的「止詞」；他們稱「間接賓語」的，就是本書所稱的「受詞」。一句敘事句，如果有止詞，又有受詞的時候，可以有三種表現方式，也就是三種不同的句型：第一、受詞用關係詞來連繫。第二、止詞用關係詞來連繫。第三、止詞和受詞都不用關係詞連繫。

　　第一、間接式：受詞用關係詞連繫。聯繫受詞的關係詞，關係詞白話用「給」，文言用「于」。這種句型，我們稱它爲「間接式」。句型爲：「起詞＋述詞＋止詞＋于＋受詞。」文言省去關係詞「于」，那就變成了一種變式的直接式了，這直接式的變式的句型是：「起詞＋述詞＋止詞＋受詞」。

　　第二、直接式：受詞不用關係詞連繫。可分爲：1. 受詞和止詞都不用關係詞連繫，受詞的位置在止詞前，句形是：「起詞＋述詞＋受詞＋止詞」。2. 用關係詞「以」把起詞、止詞分開。句型是：「起詞＋以＋止詞＋述詞＋受詞」。

　　以下將許世瑛《中國文法講話》與朱德熙《語法講義》對於「雙賓語」分類，加以對比。如下表格所示：

許世瑛《中國文法講話》			朱德熙《語法講義》
間接式	受詞 用關係詞來連繫	起詞＋述詞＋止詞 ＋于＋受詞	主語‖動詞＋賓語直 ＋于＋賓語間
	止詞 用關係詞來連繫	起詞＋述詞＋受詞 ＋于＋止詞	主語‖動詞＋賓語間 ＋于＋賓語直
直接式	止詞和受詞 都不用關係詞連繫	起詞＋述詞＋止詞 ＋受詞	主語‖動詞＋賓語間 ＋賓語直
		起詞＋以＋止詞＋ 述詞＋受詞	主語‖以＋賓語間＋ 動詞＋賓語直

（一）謂語由雙賓短語充當

　　基本結構形式爲：主語‖動詞＋賓語間＋賓語直

　　（1）天閟毖我成功所。(《周書・大誥》)【毖：告也。】

　　（2）今予告汝不易。(《商書・盤庚中》)

（3）予大降爾四國民命。（《周書・多士》）

（4）天乃錫禹洪範九疇。（《周書・洪範》）

（5）我惟祗告爾命。（《周書・多方》）

例（1）間接賓語「我」；例（2）間接賓語「汝」；例（3）間接賓語「爾四國」；
例（4）間接賓語「禹」；例（5）間接賓語「爾」。

（二）謂語由雙賓短語充當，「賓語間」在前，「賓語直」在後，兩賓語中加「于」字。

基本結構形式為：主語 ‖ 動詞＋賓語間＋于＋賓語直

（1）予告汝于難。（《商書・盤庚上》）

（2）朕教汝于棐民彝。（《商書・洛誥》）

（3）歷告爾百姓于朕志。（《商書・盤庚下》）

（4）今我既羞告爾于朕志。（《商書・盤庚下》）

（5）肆予敢求爾于天邑商。（《周書・多士》）

例（1）間接賓語「汝」；例（2）間接賓語「汝」；例（3）間接賓語「爾百姓」；
例（4）間接賓語「爾」；例（5）間接賓語「爾」。

（三）謂語由雙賓短語充當，「賓語直」在前，「賓語間」在後，兩賓語中加「于」字。

基本結構形式為：主語 ‖ 動詞＋賓語直＋于＋賓語間

（1）矧今天降戾于周邦？（《周書・大誥》）

（2）弗弔天降割于我家。（《周書・大誥》）

（3）（汝）施實德于民（《商書・盤庚上》）

（4）遺大投艱于朕身。（《周書・大誥》）

（5）天降喪于殷。（《周書・君奭》）

例（1）間接賓語「周邦」；例（2）間接賓語「我家」；例（3）間接賓語「民」；
例（4）間接賓語「朕身」；例（5）間接賓語「殷」。

第五節　今文《尚書》複句的類型

許世瑛《中國文法講話》一書，凡是含有兩個或兩個以上的詞結，它們
之間，不是誰做誰的文法成分，而是以聯合、加合、平行、補充、對待、轉
折、交替、排除、比較、時間、因果、目的、假設、條件、推論、擒縱、襯

托、逼近等關係結合的，我們叫它「複句」。〔註79〕

　　複句和單句有什麼區別？單句就只有一套主謂賓，不能分成兩個或兩個以上的分句；複句就有幾套主謂賓，由兩個或兩個以上的單句構成。複句的各分句的意思上有一定的聯繫。這就是它們的最大的區別。

　　根據分句之間不同的邏輯事理關係，可以把複句分為並列、承接、遞進、選擇、轉折、因果、假設、條件等類型。

一、並列複句

　　由兩個或兩個以上的分句並列組合而成的，敍述相關的幾件事情或說明相關的幾種情況，分句之間沒有主次之分。

（1）寬而栗，柔而立，願而恭，亂而敬，擾而毅，直而溫，簡而廉，剛而塞，強而義。（《虞夏書・皋陶謨》）

（2）肆予告我友邦君，越尹氏、庶士、御事。（《周書・大誥》）

（3）矧太史友、內史友，越獻臣百宗工；矧惟爾事，服休、服采。（《周書・酒誥》）

（4）非天庸釋有夏，非天庸釋有殷。（《周書・多方》）

（5）乃非民攸訓，非天攸若，時人丕則有愆。（《周書・無逸》）

（6）惟聖罔念作狂，惟狂克念作聖。（《周書・多方》）

（7）惟天降命肇我民，惟元祀。（《周書・酒誥》）

（8）惟帝不畀，惟我下民秉為，惟天明畏。（《周書・多士》）

（9）人有小罪非眚，乃惟終，自作不典。（《周書・康誥》）

（10）非予自荒茲德，惟汝含德，不惕予一人。（《商書・盤庚上》）

例（1）是連詞「而」起等立關係的並列複句；例（2）是連詞「越」起等立關係的並列複句；例（3）是連詞「矧」起等立關係的並列複句；例（4）～（5）是「非……非」對等關係的並列複句；例（6）～（7）是「惟……惟」對等關係的並列複句；例（8）是「惟……惟……惟」對等關係的並列複句；例（9）～（10）是「非……惟」對立關係的並列複句。

〔註79〕同註1，頁191。

二、承接複句

幾個分句表示連續發生的事情或動作，彼此順序不能變動，就叫做承接複句。

（1）汝弗能使有好于而家，時人斯其辜。（《周書・康誥》）

（2）肆類于上帝，禋于六宗，望于山川，遍于群神。（《虞夏書・舜典》）

（3）桀德惟乃弗作往任，是惟暴德，罔後。（《周書・立政》）

（4）天乃大命文王，殪戎殷，誕受厥命。（《周書・康誥》）

（5）惟時庶威奪貨，斷制五刑，以亂無辜。（《周書・呂刑》）

（6）敬哉！茲予其明農哉！（《周書・洛誥》）

（7）先知稼穡之艱難，乃逸；則知小人之依。（《周書・無逸》）

（8）其在高宗，時舊勞于外，爰暨小人。（《周書・無逸》）

（9）爰始淫爲劓、刵、椓、黥，越茲麗刑並制，罔差有辭。（《周書・呂刑》）

（10）勿用非謀非彝蔽時忱，丕則敏德。（《周書・康誥》）

例（1）連詞「時」，可譯爲「於是」；例（2）連詞「肆」，可譯爲「於是」；例（3）連詞「是」，可譯爲「於是」；例（4）連詞「誕」，可譯爲「於是」；例（5）連詞「以」，可譯爲「於是」；例（6）連詞「茲」，可譯爲「於是」；例（7）連詞「則」，可譯爲「就」、「才」；例（8）連詞「爰」，可譯爲「因此」；例（9）複音連詞「越茲」，可譯爲「於是」；例（10）複音連詞「丕則」，可譯爲「於是」。

三、遞進複句

由兩個有遞進關係的分句組成，後一個分句表示的意思比前一個分句進了一層。常用的關聯詞語：「矧」、「亦」、「而」、「不啻……亦」、「不惟……亦」。

（1）我則鳴鳥不聞，矧曰其有能格？（《周書・君奭》）

（2）在今後嗣王，誕罔顯于天，矧曰其有聽念于先王勤家？（《周書・多士》）

（3）其稽我古人之德，矧曰其有能稽謀自天。（《周書・召誥》）

（4）予罔厲殺人；亦厥君先敬勞，肆徂厥敬勞。（《周書・梓材》）

（5）先王既勤用明德，懷爲夾，庶邦享作，兄弟方來；亦既用明德，後式典集，庶邦丕享。（《周書・梓材》）

（6）無虐嬛獨；而畏高明。（《周書・洪範》）

（7）爾不啻不有爾土，予亦致天之罰于爾躬。（《周書・多士》）

（8）不惟不敢，亦不暇。（《周書・酒誥》）

（9）若考作室，既底法，厥子乃弗肯堂，矧肯構？（《周書・大誥》）

（10）厥父菑，厥子乃弗肯播，矧肯穫？（《周書・大誥》）

例（1）～（3）連詞「矧」，可譯為「況」、「何況」；例（4）～（5）連詞「亦」，可譯為「何況」；例（6）連詞「而」，可譯為「而且」；例（7）～（8）連詞「不啻……亦」、「不惟……亦」，可譯為「不但（不光、不只、不僅）A，而且（並且、還、又）B」；例（9）～（10）連詞「乃……矧」，可譯為「尚且A，何況B」。

四、轉折複句

　　許世瑛《中國文法講話》一書，[註80]轉折關係構成的複句是指上下兩句所敘述的兩事不諧和或兩小句的句意相背戾。甲事在我們心中引起一種預期的結果，可是乙事卻軼出了預期的結果，因此由甲事到乙事，便成了不一貫，中間經過了轉折了。轉折關係係構成的複句，文言裡或有不用關係詞表示的，但是通常一定用關係詞連繫的。

　　由兩個有轉折關係的分句組成，後一個分句的意思不是順著前一個分句的意思說下去，而是來一個轉折，轉到相反的意思上去。常用的關聯詞語：「雖」、「惟」、「乃」、「雖則」。例：

（1）雖爾身在外，乃心罔不在王室。（《周書・顧命》）

（2）嗚呼！有王雖小，元子哉。（《周書・召誥》）

（3）予惟聞汝眾言；夏氏有罪，予畏上帝，不敢不正。（《商書・湯誓》）

（4）今予惟不爾殺，予惟時命有申。（《周書・多士》）

（5）厥父母勤勞稼穡，厥子乃不知稼穡之艱難，乃逸乃諺既誕。（《周書・無逸》）

（6）乃不用我教辭，惟我一人弗恤，弗蠲乃事，時同于殺。（《周書・酒誥》）

（7）乃大淫昏，不克終日勸于帝之迪。（《周書・多方》）

（8）爾乃不大宅天命，爾乃屑播天命。（《周書・多方》）

（9）爾曷不惠王熙天之命？爾乃迪屢不靜，爾心未愛。（《周書・多方》）

（10）雖則云然，尙猷詢茲黃髮，則罔所愆。（《周書・秦誓》）

例（1）～（2）連詞「雖」，可譯爲「雖然」；例（3）～（4）連詞「惟」，可譯爲「雖然」；例（5）～（6）連詞「乃」，可譯爲「雖然」；例（7）～（9）連詞「乃」，可譯爲「卻」；例（10）連詞「雖則……尙」，可譯爲「雖然……可是」。

五、因果複句

由兩個有因果關係的分句組成，分句之間是原因和結果的關係。許世瑛《中國文法講話》一書，[註81] 因果關係構成的複句，上一小句是原因小句，後一小句是後果小句。並且表示這個關係，以用關係詞連繫爲原則。所用的關係詞：在原因小句頭上，文言用「以」「爲」等。文言還可以用「故」、「是故」、「以故」、「是以」、「以此」、「以是」、「由是」等詞彙，放在後果小句頭上。例如：

（1）庶群自酒，腥聞在上；故天降喪于殷，罔愛于殷：惟逸。（《周書・酒誥》）

（2）八音克諧，無相奪倫：神人以和。」（《虞夏書・舜典》）

（3）我有大事，休，朕卜並吉。肆予告我友邦君。（《周書・大誥》）

（4）惟不役志于享。（《周書・洛誥》）

（5）不克敬于和，則無我怨。（《周書・多方》）

（6）別求聞由古先哲王，用康保民，弘于天若。（《周書・康誥》）

（7）率惟謀從容德，以並受此丕丕基。（《周書・立政》）

（8）盤庚作，惟涉河以民遷，乃話民之弗率，誕告用亶。（《商書・盤庚中》）

（9）至于帝乙，罔不明德恤祀；亦惟天丕建，保乂有殷（《周書・多士》）

（10）惟天不畀純，乃惟以爾多方之義民，不克永于多享。（《周書・多方》）

例（1）連詞「故」，可譯爲「所以」；例（2）連詞「以」，可譯爲「所以」；

〔註81〕同註1，頁 238～243。

例（3）連詞「肆」，可譯爲「所以」；例（4）連詞「惟」，可譯爲「因爲」；
例（5）連詞「則」，可譯爲「因此」；例（6）連詞「用」，可譯爲「因此」；
例（7）連詞「惟……以」，可譯爲「因爲……所以」；例（8）連詞「惟……
乃」，可譯爲「因爲……所以」；例（9）複音連詞「亦惟」，可譯爲「也因爲」、
「也由於」；例（10）複音連詞「乃惟」，可譯爲「因爲」。

六、假設複句

　　許世瑛《中國文法講話》一書，〔註82〕假設關係構成的複句，第一小句
提出一個假設來，第二小句是說明假設的後果的，後者是否能成爲事實，完
全以前者爲轉移的，也可以說是以前者爲條件的。不過，這條件是一種假設，
所以我們稱它爲「假設」關係。倘若那條件是眞正的事實，而非假想，那個
關係，我們稱它爲「條件」關係。也就是說，由兩個有假設關係的分句組成，
前一個分句假設存在或出現某種情況，後一個分句說明由這種假設的情況產
生的結果。常用關聯詞語：「乃」、「厥」、「如」、「則」、「乃……乃」、「乃……
則」、「厥……乃」、「厥……則」、「厥……乃……乃」。例如：

　　（1）乃汝盡遜，曰時敘；惟曰未有遜事。（《周書・康誥》）
　　（2）厥愆，曰：『朕之愆，允若時。』不啻不敢含怒。（《周書・無逸》）
　　（3）厥或誥曰：『群飲。』汝勿佚，盡執拘以歸于周，予其殺。（《周書・
　　　　　酒誥》）
　　（4）如有一介臣，斷斷猗，無他技。（《周書・秦誓》）
　　（5）謀面用丕訓德，則乃宅人，茲乃三宅無義民。（《周書・立政》）
　　（6）爾尚克羞饋祀，爾乃自介用逸。（《周書・酒誥》）
　　（7）汝乃是不蘉，乃時惟不永哉。（《周書・洛誥》）
　　（8）厥既得卜，則經營。（《周書・召誥》）
　　（9）此厥不聽，人乃訓之。（《周書・無逸》）
　　（10）乃越逐不復，汝則有常刑。（《周書・費誓》）

例（1）～（4）假設分句中用關聯詞語；例（5）～（6）結果分句中用關聯

〔註82〕同註1，頁248～252。文言裡用在假設小句的關係詞，可以分爲三類：1、用
　　　　「若」、「如」、「苟」、「即」等關係詞。2、假設小句裡頭，用「果」、「誠」、「信」、
　　　　「倘（儻）」、「或」等限制詞，在這兒卻做關係詞用。3、在假設小句頭上加「使」、
　　　　「令」、「假」、「設」等字，這些字原是動詞，在假設小句裡，我們把它們看
　　　　作關係詞。

－99－

詞語；例（7）～（10）假設和結果分句中都用關聯詞語。例（1）連詞「乃」，可譯為「假如」；例（2）連詞「厥」，可譯為「如果」；例（3）連詞「厥」，可譯為「如果」；例（4）連詞「如」，可譯為「假如」；例（5）連詞「則」，可譯為「假如」；例（6）連詞「乃」，可譯為「假如」；例（7）連詞「乃……乃」，可譯為「如果……那麼」；例（8）連詞「厥……則」，可譯為「如果……那麼」；例（9）連詞「厥……乃」，可譯為「如果……那麼」；例（10）連詞「乃……則」，可譯為「如果……那麼」。

七、條件複句

　　許世瑛《中國文法講話》一書，〔註83〕「假設」關係和「條件」關係的不同，只是前者先有一個假設的事實，然後推出一個後果。後者是先提出一個條件來，然後根據這個條件，推出後果。條件關係構成的複句，第一小句不用關係詞連繫，第二小句也就是後果小句，用「就」、「便」（白話）「則」、「乃」「即」、「斯」、（文言）連繫。也就是說，由兩個有條件關係的分句組成，前一個分句提出一個條件，後一個分句說明在這種條件下產生的結果。例如：

　　（1）無敢不供；汝則有無餘刑，非殺。（《周書・費誓》）
　　（2）無敢不多，汝則有大刑。（《周書・費誓》）
　　（3）踰垣牆，竊馬牛，誘臣妾，汝則有常刑。（《周書・費誓》）
　　（4）峙乃糗糧，無敢不逮；汝則有大刑。（《周書・費誓》）
　　（5）則克宅之，克由繹之，茲乃俾乂國。（《周書・立政》）
　　（6）我其克灼知厥若，丕乃俾亂。（《周書・立政》）
　　（7）爾大克羞耇惟君，爾乃飲食醉飽。（《周書・酒誥》）
　　（8）爾尚克羞饋祀，爾乃自介用逸。（《周書・酒誥》）

例（1）～（4）連詞「則」，可譯為「……，否則……」；例（5）～（8）連詞「乃」，可譯為「只有……才……」。

八、選擇複句

　　選擇複句是從各分句所表示的意思中，選擇其一或肯定其一。這種複句大都使用關聯詞語，可以分為兩類。第一、兩分句都有關聯詞，如「與其……

熟若⋯⋯」、「與其⋯⋯寧⋯⋯」；第二、後一分句使用「抑」、「意」、「且」、「將」、「其」等關聯詞來連接分句。

　　在今文《尚書》中，並沒有出現兩分句都有關聯詞的句型，只有古文《尚書》中，出現 1 次，如「與其殺不辜，寧失不經。」（《虞夏書・大禹謨》）。而「抑」、「意」、「且」、「將」在今文《尚書》中，也均無有出現。「其」使用疑問的語氣，如「其發有逸口，矧予制乃短長之命？」（《商書・盤庚上》）「若火之燎于原，不可嚮邇，其猶可撲滅？」

　　另外，在今文《尚書》中，有前後相對應的句型，也有選擇的意思，如「格則承之庸之，否則威之。」（《虞夏書・益稷》）「用命，賞于祖；弗用命，戮于社。」（《虞夏書・甘誓》）「邦之臧，惟汝眾；邦之不臧，惟予一人有佚罰。」（《商書・盤庚上》）

第三章　今文《尚書》陳述句類型析論

第一節　陳述句之義界、句式與用詞

一、陳述句之義界

　　陳述句也稱「敍述句」、「敍事句」。許世瑛《中國文法講話》一書，〔註1〕敍事句是敍說事情的句子。要把一件事情說清楚，必須說明這個動作是由何人或何物來主持，同時還得說明這個動作所及的對象是何人、何物。李佐豐《上古語法研究》一書，〔註2〕陳述句是敍述或說明事實，故稱敍述句。陳述句主要是表述命題，而所表述的命題是客觀存在的事實。

　　王力《古代漢語》一書，〔註3〕敍述句是以動詞為謂語、敍述人或事物的行動變化。而呂冀平《漢語語法基礎》一書，〔註4〕認為一個句子，不論

〔註1〕許世瑛：《中國文法講話》（台北：台灣開明書局，1900 年 8 月），頁 64。

〔註2〕李佐豐：《上古語法研究》（北京：北京廣播學院出版社，2004 年 8 月），頁 65～頁 62。記實句很像是個沒有旁白的舞臺，一切內容都由演員在那裏表演；而論述句則更像是舞臺上的旁白或是舞臺上的人物在那裏講舞臺上觀眾所看不到的內容。李佐豐又將陳述句分為記實句和論述句兩類。記實句主要用來敍述客觀事實，論述句則不是全然客觀地陳述事實，而是在句子中包含有與說話人的認識有關的某種主觀性的內容。這種句子最常用來作出主觀論斷，或用來說明見解、介紹情況。

〔註3〕王力：《古代漢語》（北京：中華書局，2004 年 11 月），頁 252。

〔註4〕呂冀平：《漢語語法基礎》（北京：商務印書館，2000 年 1 月），頁 349。

它的具體內容是什麼，判斷一種事情，敍述一件事情，描寫一件事情，只要它的目的是告訴別人一件事情，它的作用就是陳述，這樣的句子叫作陳述句。陳述句的句尾語調一般下降，從文字上的書寫來看，陳述句在句末一定用句號「。」且主謂句、省略句、無主句、獨詞句都可以是起陳述作用的陳述句。

陳述句又稱「直陳句」。黃六年《漢語文言語法綱要》一書，〔註5〕從句子的語氣，可分為直陳句、疑問句、祈使句、感歎句，直陳句最簡單，它只是陳述一種事實。

二、陳述句之句式

歷代對陳述句分析有不同看法。有從「主動句和被動句」、「肯定句和否定句」、「句首、句中、句尾語氣詞」分析。〔註6〕以下就「主動句和被動句」、「肯定句和否定句」說明。

（一）主動句和被動句

張雙棣《古代漢語知識教程》〔註7〕、張世祿《古代漢語教程》〔註8〕兩書中，都將敍述句分為主動句和被動句兩個基本類型。所謂被動句和主動句，是對主語和謂語的關係而言，當主語是謂語動詞所表示的動作行為的施事者時，稱為主動句，如我讀書；反之，當主語是謂語動詞所表示的動作行為的受事者時，稱為被動句，如，杯子打破了。古漢語被動句語義表達特點，多表示不幸或不希望發生的事。而主動句是除被動句外的所有敍述句。

古代漢語被動句的類型有兩種：一、語義上表被動的句子；二、有句法標記的被動句，即是不帶標記的被動句、帶標記的被動句兩種。有標記的被動句有「於」字句、「為」字句、「見」字句、「為……所……」句、「被」字句五種。

〔註5〕 黃六年：《漢語文言語法綱要》（台北：華正書局，2000年8月），頁190～194。
〔註6〕 「句首、句中、句尾語氣詞」此部分，見本章下文「陳述語氣詞」之分析。
〔註7〕 張雙棣：《古代漢語知識教程》（北京：北京大學出版，2002年6月），頁291、頁336。帶標記的被動句，基本句型有五種：1、述補結構；2、謂詞性狀中結構；3、謂詞性狀中結構；4、謂詞性狀中結構；5、同現代漢語被動句。先秦漢語中「被」多作及物動詞「覆蓋、遭受、蒙受」。東漢前「被」是助動詞，東漢後發展為介詞。
〔註8〕 張世祿：《古代漢語教程》（上海：復旦大學出版，2005年1月），頁256。

將古代漢語的有標記的被動句基本句型，歸納以下五種：

1. 「於」字句：「及物動詞＋於＋施事者」、「動＋施事者」（省略於字）於字句經常用於主動與被動對比的複句裡。
2. 「為」字句：「為＋施事者＋及物動詞」、「為＋及物動詞」。
3. 「見」字句：「見＋及物動詞」、「見＋及物動詞＋於＋施事者」。
4. 「為⋯⋯所⋯⋯」句：「為＋施事＋所＋及物動詞」、「為＋所＋及物動詞」。
5. 「被」字句：「被＋施事者＋及物動詞」、「被＋及物動詞」。

（二）肯定句和否定句

周國光〈現代漢語陳述理論述略〉一文，〔註9〕陳述有肯定陳述和否定陳述的區別，這也是陳述的最基本的區別。所謂肯定陳述，是確認人或事物具有一定的態度或屬性，處於一定的狀態，相互之間具有一定的聯系的陳述；所謂否定陳述，是確認人或事物不具有一定的態度或屬性，不處於一定的狀態，相互之間沒有一定的聯繫的陳述。

由於陳述句主要是說明事實，肯定什麼或者否定什麼。因此，一般是平鋪直敍，主語在前，謂語在後。謂語是陳述句子中主語要表達的動作，以及與後面所接的結果、狀態的關鍵。謂語是動詞構成，謂語動詞要跟隨主語的變化而變化，也就是說，同一個動詞，根據主語稱呼（我、你、他等）不同而變化。在陳述句中也有謂語位於主語之前的情況，這有時是某些句型的要求，有時是作為達到某種修辭效果的手段。

三、陳述句之用詞

陳述句有肯定陳述句和否定陳述句兩種，相對的與這用法相聯繫的有兩類詞語：肯定詞和否定詞。

（一）在肯定詞方面

黃六年《漢語文言語法綱要》一書，〔註10〕將語末助詞可分為「陳述助詞」、「疑問助詞」、「提頓助詞」、「祈使和感歎的助詞」四類，以下分別說明：

〔註9〕 周國光：〈現代漢語陳述理論述略〉，《暨南大學華文學院學報》第 3 期（2004年），頁 44～51。

〔註10〕 同註 5，頁 190～194。

1. 陳述助詞，如「也」「矣」「焉」「耳」等。
2. 疑問助詞，如「乎」「與（歟）」「邪（耶）」「哉」「也」等。
3. 提頓助詞，如「者」「也」等。
4. 祈使和感歎的助詞。

陳述助詞「也」和「矣」是陳述句常用的煞尾的助詞，但是它們所表現的語氣完全不同。「焉」字的用法比較簡單，不像「也」、「矣」那樣不容易捉摸。劉景農《漢語文言語法》一書，〔註11〕認爲陳述的語氣中，「也」是固定性的，表示當然的語氣；「矣」是變動性的，表示已然或必然的語氣，「也」、「矣」兩個詞都有強化語勢的作用。「焉」表示的語氣只用於敷陳，不起強化作用，卻能鎮住語勢。

呂叔湘《中國文法要略》一書，〔註12〕則是認爲無論已然或將然，都是變化，都是有時間性的；無論固然或當然，都是無變化，無時間性的。因此，可以說「矣」字表變動性的事實，「也」字表靜止性的事實。

有些學者主張陳述句是把意思直接陳述出來，不帶有疑問、祈使或感歎等等語氣詞。例如：劉景農《漢語文言語法》一書，〔註13〕認爲一般的肯定句不帶語氣詞，只要肯定某種行爲或情況的，尤其在動詞前有副詞「猶」、「甚」、「常」、「皆」等，或能願詞「可」一類詞，才需要「也」來強化語氣。

又如，馬漢麟《古代漢語講義》一書，〔註14〕認爲在古代漢語裡，直陳語氣可以不用語氣。但也有用語氣詞來表示的，常用的是：「也」、「矣」、「焉」、「耳」。這些語氣詞各有各的特點，它們的分工決定於所陳述的客觀事實的內容，以及說話人的主觀評價和感情色彩的不同。

（二）在否定詞方面

呂叔湘在《中國文法要略》一書中，提出文言句肯定的句子可以用聯繫詞，可以不用，否定句非用聯繫詞「非」字不可。

周靜〈漢語中無標記否定表達手段探微〉一文，〔註15〕認爲詞彙手段的否定表達，主要是通過具有否定意義的實詞來表達。孫汝建〈句子的否定和

〔註11〕劉景農：《漢語文言語法》（北京：中華書局，2003 年 10 月），頁 316。
〔註12〕呂叔湘：《中國文法要略》（台北：文史哲出版，1992 年 9 月），頁 278。
〔註13〕同註 11，頁 316～320。
〔註14〕馬漢麟：《古代漢語講義》（天津：天津古籍出版，2004 年 2 月），頁 52～57。
〔註15〕周靜：〈漢語中無標記否定表達手段探微〉，《商丘師範學院學報》第 19 卷第 1 期（2003 年 2 月），頁 105。

句子的局部否定〉一文，〔註16〕認為漢語的否定成分主要有「否定副詞」、「具有語用否定意義的副詞」、「含否定語素的連詞」、「含否定語素的副詞」四種，四種否定成分的強弱程度是：1 類＞2 類＞3 類＞4 類。以下分別說明：

1. 否定副詞：不、沒（有）甭、別、無、莫、未等等。

2. 具有語用否定意義的副詞：白、空、幹、瞎、徒、虛、枉等等。

3. 含否定語素的連詞：甭說、別管、別看、別說（是）非但、否則、莫說、毋寧、無怪（乎、於）無論、無奈、不止、不僅、不不只、不過、不光、不問、不論、不但不然、不管等等。

4. 含否定語素的副詞：非常、未必、未曾、未免、未始、莫不（是）莫非（是說）莫如、莫若、毋庸、無比、無不、無從、無端、無妨、無非、無故、無須（乎）無庸、不大、不止、、不用、不必、不過、不單等等。

第二節　今文《尚書》陳述句詮釋舉隅

陳述句有從「主動句和被動句」、「肯定句和否定句」等分類，而「被動句」已於第二章舉例說明，並無有形式標誌「為」、「見」、「被」字句的被動句。在此從「肯定句和否定句」角度切入。

一、肯定句結構

（一）矣

「矣」有很多種意思。第一、助詞。多用於句末，表示各種語氣。第二、表已然或將然，相當於「了」。例如：《左傳·隱元年》曰：「皆嘗小人之食矣。」〔註17〕第三、表肯定或判斷。例如：《戰國策·楚》曰：「郢都必危矣！」〔註18〕第四、表祈使或命令。例如：《漢書·叔孫通傳》曰：「公往矣，毋汙我！」〔註19〕第五、表感歎。例如：《史記·封禪書》曰：「三代邈絕，遠矣！」

〔註16〕孫汝建：〈句子的否定和句子的局部否定〉，《南通師範學院學報》（2004 年 6月），頁 77～80。

〔註17〕〔清〕阮元刻本：《十三經注疏左傳·隱元年》（台北：藝文印書館，1955 年），頁 36。

〔註18〕〔西漢〕劉向集錄：《戰國策·楚》（上海：古籍出版社，1978 年），頁 555。

〔註19〕〔漢〕班固：《漢書·叔孫通傳》（台北：鼎文書局，1986 年），頁 2127。

〔註20〕第六、表疑問或反詰。例如:《論語・堯曰》曰:「何如斯可以從政矣?」〔註21〕

馬漢麟《古代漢語講義》一書,〔註22〕表示直陳語氣的「矣」字,一般用於下列三種情況:一、表示已經實現的事情或已經形成的情況。二、表示行將實現的事情或行將出現的情況。三、表示在某種條件下產生某種後果。總之,用「矣」字表示直陳語氣,所表示的都是事實的「已經」或「將然」,也就是說,全句所陳述的都是已經實現的事情,已經形成的情況;或者行將實現的事情,行將出現的情況。因此,在這個意思上講,有人說「矣」字是個動性的語氣詞。現代漢語的語氣「了」字的用法,大體和「矣」字相當。

1. 乃敢告教厥后曰:『拜手稽首,后矣。』曰:『宅乃事,宅乃牧,宅乃準,茲惟后矣。(《周書・立政》)

按:「后矣」中,主語省略,指成王;「后」是單詞,作謂語;「矣」是句末語氣詞。「茲惟后矣」中,「茲」是單詞,作主語;「惟」是單詞,同「為」作動詞;「后」是單詞,作謂語,「矣」是句末語氣詞。此段描述以夏商選用官員的經驗,告誡成王知人善任。宅,居也。牧,牧民。

「宅乃事,宅乃牧,宅乃準」到底是什麼官職呢?以下根據《孔疏》、蘇軾《書傳》作一對比:

	《孔疏》	蘇 軾
事	居汝事,須得賢人,六卿各掌其事者也。	事,則向所謂常任也。
牧	居汝牧,九州之伯主養民,亦須得賢人養其民也。	牧,則向所謂常伯也。
準	居汝準,士官主理刑法,亦須賢人平其獄也。	準,則向所謂準人也。

由《孔疏》、蘇氏中對比可知:「事」指常任,是治事之官。「牧」指常伯,是治民之官。「準」指準人,是平法之官。

本篇上小段文句提到「王左右常伯、常任、準人、綴衣、虎賁」,是周公勸誡成王要教導五官。而此小段「宅乃事,宅乃牧,宅乃準」只說明「常伯、常任、準人」三官。《孔疏》詮釋「伯者」,言一州之長,牧者言牧養下民。

〔註20〕〔漢〕司馬遷:《史記・封禪書》(台北:鼎文書局,1981年),頁1386。
〔註21〕〔清〕阮元刻本:《十三經注疏論語・堯曰》(台北:藝文印書館,1955年),頁178。
〔註22〕同註14,頁52~57。

故以「伯」解「牧」。鄭玄云：「殷之州牧曰伯，虞夏及周曰牧。」與孔不同。

此段「乃敢告教厥后曰：『拜手稽首，后矣。』曰：『宅乃事，宅乃牧，宅乃準，茲惟后矣。』」出現三個「后」字，各家詮釋不同。

第一、「后」都指「君主」，《孔疏》、《孔疏》、《蔡傳》、屈氏主張此說法。《孔疏》詮釋為：六卿掌內，州牧掌外，內外之官及平法三事皆得其人，則此惟為君矣。言群官失職，則不成為君也。《孔疏》詮釋為為：禹之臣蹈知誠信於九德之行者，乃敢告教其君曰：我敢拜手稽首，君今已為君矣，不可不慎也。戒其君即告曰，居汝掌事之六卿，居汝牧民之州伯，居汝平法之獄官，使此三者皆得其人，則此惟為君矣。言不得賢人，不成為君也。（頁260）《蔡傳》詮釋為：乃敢告教其君。曰：拜手稽首后矣云者，致敬以尊其為君之名也。曰宅乃事，宅乃牧，宅乃準，茲惟后矣云者，致告以紋其為君之實也。（頁116）屈氏譯為：（他們）才敢報告他們的君主說：「叩頭又叩頭，你已作了君主了。」說：「要揣度（怎樣任用）你的常任之官，要揣度（怎樣任用）你的常伯之官，要揣度（怎樣作用）你的準人之官，這樣，那就配算是君王了。」（頁157），《孔疏》、《蔡傳》、屈氏三家都是將「后」解釋為「君主」。

第二、將前兩次「后」解釋為「諸侯」，第三次「后」解釋為「君主」，《錢、江》主張此說法。《錢、江》譯為：夏代君王經常告教他們的諸侯道：「跪拜叩頭，諸侯們！」『善於考察任用你們的常任、常伯、準人，這樣，才稱得上君王了。』」（頁399）

筆者認為，此「拜手稽首，后矣」與上文「告嗣天子王矣」，「后矣」就是「王矣」，「后」應該是指「君主」，而《錢、江》本第一、二小段將「后」解釋為「諸侯們」，緊接著的第三小段「后」解釋為「君主」，前後矛盾。故「后」字之詮釋，採取《孔疏》、《蔡傳》、屈氏「君主」之說，譯文從屈氏。

2. 嗚呼！孺子王矣！繼自今，我其立政、立事。準人、牧夫，我其克灼知厥若，丕乃俾亂。（《周書・立政》）

按：「孺子王矣」中，「孺子」是複詞，作主語；「王」是單詞，作謂語；「矣」是句末語氣詞。「孺子王」是名詞謂語句，結構形式為：「主語＋名詞」。此段描述周公告誡成王如何設立官員的準則。

本篇另有「孺子王矣」相同語句。例如：「嗚呼！予旦已受人之徽言咸告。孺子王矣。」（《周書・立政》）「今文子文孫，孺子王矣。」（《周書・立政》）

「我其立政、立事。準人、牧夫……」此段有三種句讀，詮釋也分歧。

第一、四職並列：「我其立政、立事、準人、牧夫」，《孔傳》、《孔疏》、《蔡傳》主張此說法。《孔傳》詮釋爲：歎稚子今以爲王矣，不可不勤法祖考之德。繼用今已往，我其立政大臣、立事小臣、及準人、牧夫，我其能灼然知其順者，則大乃使治之。《孔疏》詮釋爲：政、事相對，則政大事小，故以「立政」爲大臣，「立事」爲小臣。及準人、牧夫，略舉四者以總諸臣，戒王任此人也。其能灼然知其能順於事者，則大乃使治。（頁264）《蔡傳》詮釋爲：周公既述文武基業之大，歎息而言曰：孺子今既爲王矣，繼此以往，王其於立政立事準人牧夫之任，當能明知其所順，順者，其心之安也。（頁118）

第二、前一，後三：「我其立政。立事、準人、牧夫，……。」，《錢、江》主張此說法。《錢、江》譯爲：唉！您現在已是君王啊！從今以後，我們要這樣設立官員。設立立事、準人、牧夫，……。（頁405）

第三、前二，後二：「我其立政、立事。準人、牧夫，……。」，屈氏主張此說法。屈氏譯爲：唉！年輕的人你現在已是君王了！從今以後，我們要設立首長、設立普通官員，像準人、牧夫等官員，……。（頁160）

筆者認爲，雖然《孔疏》說：「政、事相對，則政大事小」。但《尚書·立政》中，「立政」指的是政治主張，設立各類官員，是總說；而「立事、準人、牧夫」是指設立了哪些官員，是別述。所以應該是第二種，前一，後三：「我其立政。立事、準人、牧夫，……。」的說法。

我們可以在《周書·立政》其他句子中，再加以證明，「立事、準人、牧夫」是一組，並且明確說出是三種官職。如：「宅乃事，宅乃牧，宅乃準，茲惟后矣。……茲乃三宅無義民。」、「立政：任人、準夫、牧、作三事」、「曰王左右常伯、常任、準人、綴衣、虎賁。」都是將「立事、準人、牧夫」以語法中的並列式呈現。以下以表格對照之。

三　宅	三　事	左右官員	現今處理事務
宅乃事	任人	常任	治事之官
宅乃牧	牧	常伯	治民之官
宅乃準	準夫	準人	平法之官

又在《周書·立政》其他句子中，說明「立政」是設立官員，不是指那些官職。如：「繼自今後王立政，其惟克用常人」、「繼自今立政，其勿以憸人」。古文《尚書·周官》中，也云「明王立政，不惟其官，惟其人。」

3. 周公若曰：「拜手稽首，告嗣天子王矣。」（《周書・立政》）

按：「告嗣天子王矣」中，主語省略指周公；「告」是單詞，作動詞；「嗣天子王矣」是動賓短語，作賓語，「告」與「嗣天子王矣」構成連動短語；「矣」是句末語氣詞。此段描述周公敬告成王處理政事不可不謹慎。

「告嗣天子王矣」，是說明成王繼位，要小心處理政事。《孔疏》詮釋為：成王嗣世而立，故呼成王為「嗣天子」。周公攝政之時，成王未親王事，此時既已歸政於成王，故言「今已為王矣，不可不慎」也。（頁 260）

「周公若曰：『拜手稽首』」，是不是說明古代致敬禮？且到底是誰致敬？致敬了幾次？歷來則是有不同說法。

第一、「拜手稽首」表示周公叩頭，此動作重複兩次，受禮者指成王，屈氏主張此說法。屈氏譯為：周公如此說：「叩頭又叩頭，報告你這繼承先王的天子現在已經作王了。」（頁 156）

第二、「拜手稽首」表示周公跪拜叩頭兩個不同動作，《孔疏》、《錢、江》主張此說法。《孔疏》詮釋為：周公既拜手稽首，而後發言。還自言「拜手稽首」，示己重其事，欲令受其言，故盡禮致敬以告王也。《錢、江》譯為：周公這樣說：「跪拜叩頭，報告繼承天子大位的王。」（頁 399）

第三、「拜手稽首」表示周公贊群臣之辭，非跪拜叩頭，王肅主張此說法。王肅以為於時周公會群臣共戒成王，其言曰：「拜手稽首」者，是周公贊群臣之辭，所以不是說明古代致敬禮。

第四、表示周公帥羣臣晉見於王，跪拜叩頭，《蔡傳》主張此說法。《蔡傳》詮釋為：此篇周公所作，而記之者周史也，故稱若曰。言周公帥羣臣進戒於王。贊之曰：拜手稽首，告嗣天子王矣。（頁 115）此是表示羣臣跪拜叩頭。

從今文《尚書》中，可發現「拜手稽首」三種句式，有放在說話之前、有說話之前與說話結束、有放在說話之後。

第一、有放在說話之前。例如：「拜手稽首曰：『予小臣，敢以王之讎民、百君子、越友民，保受王威命明德。』」（《周書・召誥》）、「周公拜手稽首曰：『朕復子明辟。』」（《周書・洛誥》）、「皋陶拜手稽首，颺言曰：『念哉！……』」（《虞夏書・益稷》）。〔註23〕

〔註23〕按：古文《尚書》也出現此情形，例如，王拜手稽首曰：「予小子不明于德，自底不類。……」伊尹拜手稽首，曰：「修厥身，允德協于下，惟明后。……」

第二、有說話之前與說話結束。例如「王拜手稽首曰：『公！不敢不敬天之休，來相宅，其作周匹休。……拜手稽首誨言。』」（《周書・洛誥》）周公拜手稽首曰：「王命予來承保乃文祖受命民；……曰：『明禋，拜手稽首休享。』」（《周書・洛誥》）。

第三、有放在一開口說話之後。「曰：『拜手稽首，旅王若公。誥告庶殷，越自乃禦事。』」（《周書・召誥》）、「周公若曰：『拜手稽首，告嗣天子王矣。』」（《周書・立政》）、「乃敢告教厥後曰：『拜手稽首，後矣。』」（《周書・立政》）。

4. 逖矣！西土之人。（《周書・牧誓》）

按：「逖矣」中，「逖」是單詞，作謂語；「矣」是句末語氣詞；「逖矣」屬於非主謂句。此段描述周武王率軍到郊外，舉行誓師所說的話。《釋詁》曰：「逖，遠也。」

《孔傳》詮釋為：遠矣，西土之人。勞苦之。（頁 158）《蔡傳》詮釋為：以其行役之遠，而慰勞之也。（頁 69）《錢、江》譯為：眞遠啊，從西方來的人們！（頁 239），屈氏譯文（頁 71）無異說。

（二）焉

「焉」有很多種用法。第一、代詞，表第三人稱。之，他（它）。例如：《論語・衛靈公》曰：「衆好之，必察焉。」〔註24〕第二、副詞，即，就。例如：《荀子・議兵》曰：「若赴水火，入焉焦沒耳！」〔註25〕第三、介詞，於。例如：《尹文子・大道》曰：「自然存焉天地之間。」〔註26〕第四、連詞，乃，於是。例如：《左傳・昭九年》曰：「使偪我諸姬，入我郊甸，則戎焉取之。」〔註27〕第五、助詞。用於句中、句末，表各種語氣。例如：《史記・高祖紀》曰：「避仇從之客，因家沛焉。」〔註28〕

馬漢麟《古代漢語講義》一書，〔註29〕表示直陳語氣的「焉」字，是一

（《商書・太甲》）。
〔註24〕〔清〕阮元刻本：《十三經注疏論語・衛靈公》（台北：藝文印書館，1955 年），頁 140。
〔註25〕〔周〕荀況：《荀子・議兵》（台北：學生書局，1981 年），頁 312。
〔註26〕〔周〕尹文：《尹文子・大道》（台北：世界書局，1978 年），頁 2。
〔註27〕〔清〕阮元刻本：《十三經注疏左傳・昭九年》（台北：藝文印書館，1955 年），頁 778。
〔註28〕〔漢〕司馬遷：《史記・高祖紀》（台北：鼎文書局，1981 年），頁 344。
〔註29〕同註14，頁 52～57。

個帶點兒指示性和詠歎情味的語氣詞。當說話人對於所說的事情要進行鄭重的陳述，並指示聽者（或讀者）加以注意時，就在句子的末尾用「焉」字。在連續的表達中，用「焉」字表示直陳語氣的句子，常常是說話人陳述的重點所在，希望聽者（或讀者）信服他所說的這句話。

1. **其心休休焉，其如有容。（《周書・秦誓》）**

按：「其心休休焉」中，「其心」是短語，作主語；「休休」是疊字衍聲複詞，作謂語，表明了主語「其心」的狀態；「焉」是句末語氣詞。此段描述穆公認為國君應該好賢容善。

「休休」有兩種詮釋。

第一、「休休，好善之意」，《孔疏》、《蔡傳》主張此說法。《孔疏》整句詮釋為：休休焉好樂善道，其心行如是，則能有所含容。言得此人將任用之。（頁 314），《蔡傳》將「休休」解釋為易直，好善之意。容，有所受也。（頁 139）

第二、「休休，寬容」，鄭玄、《錢、江》主張此說法。《錢、江》將整句譯為：他的胸懷寬廣而能夠容人。（頁 485）屈氏譯為：他的胸懷寬大，能夠容人。（頁 189）

「休」有很多種意思。第一、休息。第二、止，停。第三、美好。第四、助詞。例如，《禮記・月令》曰：「霜始降，則百工休。」〔註30〕中，「休」是「休息」的意思。例如，《舊唐書・于志寧傳》曰：「休譽遠聞。」〔註31〕中，「休」是「美好」的意思。通常「休」解釋為美好、美善的意思，而《釋詁》曰：「休，美也」，所以從《孔疏》、《蔡傳》之說。

2. **為壇於南方，北面，周公立焉。（《周書・金縢》）**

按：「周公立焉」中，「周公」是專有名詞，作主語；「立」是動詞，作謂語；「焉」是句末語氣詞。此段描述周公立壇的方位。

此段「為壇於南方北面周公立焉」斷句有兩種。

第一、「北面」與「南方」合讀，中間無句號，如：「為壇於南方北面，周公立焉。」，《蔡傳》主張此說法。整段詮釋為：築土曰壇。除地曰墠。三

〔註30〕 〔清〕阮元刻本：《十三經注疏禮記・月令》（台北：藝文印書館，1976 年），頁 337。

〔註31〕 〔後晉〕劉昫：《舊唐書・于志寧傳》（台北：鼎文書局，1976 年），頁 2696。

壇三王之位，皆南向。三壇之南，別為一壇，北向周公所立之地也。（頁80）

第二、「北面」與「南方」中間逗號逗開，如：「為壇於南方，北面，周公立焉」，《錢、江》、屈氏主張此說法。《錢、江》譯為：又在三壇的南方築起一座臺子。周公面向北方站在臺上。（頁275）屈氏譯為：另外又在南方築了一座臺子，周公面向北方站在（南方的）臺子上。（頁84）

三王是指大王、王季、文王。大王是武王曾祖父、王季是武王祖父、文王是武王的父親，現在武王生病，周公向先王禱告。「三壇之南，別為一壇」，所以三壇分別為大王、王季、文王築起三座祭壇，而周公另外在這三壇的南方築起祭壇。身體是面向北邊朝著三壇。《孔傳》詮釋為：「立壇上，對三王。」、《孔疏》詮釋為：「《禮》：『授坐不立』，『授立不坐』，欲其高下均也。神位在壇，故周公立壇上，對三王也。」

故句讀採取第二種：「為壇於南方，北面，周公立焉」。整句應該翻譯為：又在三壇的南方築起一座臺子，周公面向北方，站在祭壇臺上向先王們禱告。

3. 今日之事，不愆於六步、七步，乃止齊焉。（《周書‧牧誓》）

按：「乃止齊焉」中，「乃」是連詞，主語承上省略；「止齊」是謂語；「焉」是句末語氣詞。此段說明武王作戰的紀律。

各家詮釋「乃止齊焉」的意義不同。

第一、當眾一心齊進，《孔傳》、《孔疏》主張此說法。《孔傳》詮釋為：今日戰事，就敵不過六步、七步，乃止相齊。言當旅進一心。《孔疏》詮釋為：戰法布陳然後相向，故設其就敵之限，不過六步、七步，乃止相齊焉。欲其相得力也。（頁159）《樂記》稱「進旅退旅」，是「旅」為眾也，言當眾進一心也。

第二、戒其輕進，《蔡傳》、《錢、江》主張此說法。《蔡傳》將「愆」解釋為「過」，「步」解釋為「進趨」，「齊」解釋為「齊整」。《蔡傳》整句詮釋為：今日之戰不過六步七步，乃止而齊，此告之以坐作進退之法，所以戒其輕進也。（頁70）《錢、江》將「止」解釋為「待」，「止齊」解釋為「等待隊伍整齊，防止輕進」。《錢、江》整句譯為：今天的戰事，行軍時，不超過六步、七步，就要等待隊伍整齊。（頁241）兩家都是說明用兵時不要太衝動，防止輕進。也就是鄭玄說的「好整好暇，用兵之術。」

第三、不至太辛勞，屈氏主張此說法。屈氏將「齊」解釋為「齊整行列」。

整句譯爲：今天的事情，也不過是前進六步、七步，就停下來整齊一下行列。（頁73）屈氏認爲前進的步數不多，不至太辛勞。

筆者認爲，此段「今日之事，不愆於六步、七步，乃止齊焉。」下面爲「不愆於四伐、五伐、六伐、七伐，乃止齊焉。」也是在說明武王作戰的紀律。《蔡傳》詮釋爲：伐，擊刺也。少不下四五，多不過六七而齊，此告之以攻殺擊刺之法，所以戒其貪殺也。所以《孔疏》詮釋爲：「上有『戈』、『矛』，戈謂擊兵，矛謂刺兵，故云「伐謂擊刺」，此『伐』猶伐樹然也。」，《孔疏》說「伐」猶伐樹然。非也。因爲是在誓師，所以此段是在戒其貪殺。所以「今日之事，不愆於六步、七步，乃止齊焉。」應該指第二種《蔡傳》、《錢、江》戒其輕進。〔註32〕

（三）止

「止」有多種意思。第一、動詞，臨、至、禁止、消滅、除去。例如：《左傳・襄二一年》曰：「何以止吾盜？」〔註33〕第二、副詞，僅、只。例如：《宋史・岳飛傳》曰：「洞高峻環水，止一徑可入。」〔註34〕第三、助詞，用於句末，表語氣。例如：《詩經・良耜》曰：「荼蓼朽止，黍稷茂止。」〔註35〕

1. 爾乃尚有爾土，爾乃尚寧幹止。（《周書・多士》）

按：「爾乃尚寧幹止」中，「爾」是單詞，第二人稱代詞，作主語；「乃」是連詞；尚，作副詞；寧，作動詞；幹止，作賓語。描述周公以成王之命告誡殷商大臣，你們還擁有舊有的一切事物。

「寧」、「幹」、「止」歷來有三說。

第一、「寧，安；幹，事也；止，居也」，《孔傳》、《蔡傳》主張此說法。《廣雅・釋詁》云：「幹，安也。」、《孔傳》詮釋爲：汝多爲順事，乃庶幾還有汝本土，乃庶幾安汝故事止居。（頁239）《蔡傳》詮釋爲：爾乃庶幾有爾田業，庶幾安爾所事，安爾所居也。（頁104），故《孔傳》、《蔡傳》將「寧」解

〔註32〕按，顧頡剛、劉起釪：《尚書校釋譯論》，認爲是「今日之事，不愆於六步、七步，乃止齊焉。」是戰爭前的舞蹈動作，可備一說。

〔註33〕〔清〕阮元刻本：《十三經注疏左傳・襄二一年》（台北：藝文印書館，1955年），頁589。

〔註34〕〔元〕脫脫：《宋史・岳飛傳》（台北：鼎文書局，1978年），頁11381。

〔註35〕〔清〕阮元刻本：《十三經注疏詩經・良耜》（台北：藝文印書館，1955年），頁746。

釋爲「安」，「幹」解釋爲「事」，「止」解釋爲「居」。

第二、「寧幹，安寧；止，語末助詞」，《錢、江》主張此說法。《錢、江》譯爲：你們還可以保有你們的土地，你們還會有安寧的生活。（頁 358）。故將「寧幹」解釋爲「安寧」，「幹」解釋爲「生活」。

第三、「寧，安寧；幹，身體；止，語末助詞」，屈氏主張此說法。屈氏譯爲：你們還可以保有你們的土地，你們還能（保著）安寧的身體。（頁 135）故屈氏釋爲：幹，身體，猶言安身。止，語已詞。

「爾乃尙有爾土，爾乃尙寧幹止」中，「尙有爾土」與「尙寧幹止」句式應該一樣。「尙」是副詞，後面必須接動詞，如：「尙＋動詞」，故「爾乃尙有爾土」，是「尙＋有」。其它今文《尙書》中，如：「爾尙輔予一人」（《商書·湯誓》）、「爾尙克羞饋祀」（《周書·酒誥》）、「尙克用文王教」（《周書·酒誥》）；古文《尙書》中，如：「尙弼予」（《虞夏書·胤征》）、「爾尙弼予一人」（《周書·泰誓》）、「爾尙明保予」（《商書·說命》）、「尙監茲哉！」（《商書·太甲》）、「尙賴匡救之德」（《商書·太甲》）等。

有時「尙」副詞和動詞之間，也可以再加（否定）副詞，句法是：「尙＋（否定）副詞＋動詞」。如，「爾尙不忌于凶德」（《周書·多方》）「我尙不欲」（《周書·秦誓》）「爾尙敬逆天命」（《周書·呂刑》）「尙永力畋爾田」（《周書·多方》）。

「尙有爾土」句法是：「副詞＋動詞＋賓語」，所以「尙＋寧幹止」句法應該與上句一樣。「寧」是「安定」，作動詞；「幹」作賓語。《易經·乾》：「萬國咸寧。」〔註36〕「寧」就是安定、安寧的意思。故屈氏云：「還能（保著）安寧的身體」，故贊成屈氏第三種說法。

（四）已

「已」有多種意思。第一、動詞，止、停止、完、完畢。例如：《左傳·閔元年》曰：「魯難未已。」〔註37〕第二、副詞，太、過、已經、隨即。例如：《史記·趙世家》曰：「吾言已在前矣！」〔註38〕第三、助詞。用於句末，表

〔註36〕〔清〕阮元刻本：《十三經注疏易經·乾》（台北：藝文印書館，1955年），頁11。

〔註37〕〔清〕阮元刻本：《十三經注疏左傳·閔元年》（台北：藝文印書館，1955年），頁187。

〔註38〕〔漢〕司馬遷：《史記·趙世家》（台北：鼎文書局，1981年），頁1813。

語氣。例如：《史記・貨殖傳》曰：「夫神農以前，吾不知已。」〔註39〕第四、歎詞。例如：《周書・康誥》曰：「已！女惟小子。」

1. 公定，予往已。公功肅將祗歡，公無困哉。（《周書・洛誥》）

按：「予往已」中，「予」是單詞，作主語，此指周公；「往已」作謂語，「往」是單詞，作動詞；「已」是語末助詞。此段是成王委託周公繼續在洛邑主持政務。

各家詮釋「公定，予往已。公功肅將祗歡，公無困哉」，最大不同在於「肅」、「困」兩字解釋。

第一、《孔傳》、《孔疏》詮釋「肅」，採取《釋詁》的說法「肅，進也。」，「困」指困難。《孔疏》整句詮釋為：公功以進大，天下咸敬樂公功。公必留，無去以困我哉！我惟無厭其安天下事。《孔疏》詮釋為：公功已進大，天下咸敬樂公之功，亦謂居攝時也。王言己才智淺短，公去則困，故請公無去以困我哉。（頁 229）所以是天下敬重周公之功，故期盼周公不要辭去，讓成王手足無措造成困難。

第二、《蔡傳》整句詮釋為：言周公之功，人皆肅而將之，欽而悅之，宜鎮撫洛邑以慰懌人心，毋求去以困我也（頁 100）故詮釋「肅」有「嚴肅，威嚴」的意思，如：《禮記・玉藻》曰：「色容厲肅」。

第三、《錢、江》詮釋「肅」為「迅速」，「將」為「行」，「困」指困苦。譯為：公留下吧，我要往回鎬京去了。公要妥善迅速地進行敬重和睦殷民的工作，公不要以為困苦呀！（頁 345）

第四、屈氏詮釋「肅」為「斂、減縮」的意思，「困」指困難。整句譯為：公留住吧，我要回去了。公的事情已減少將可以愉快了，公沒有什麼困難呀。（頁 128）

「困」有「窘困、受困擾」的意思，故《商書・盤庚中》云：「汝不憂朕心之攸困」。「公功肅將祗歡，公無困哉」上句是「王曰：『公定，予往已。』」意思是成王要周公繼續在洛邑主持政務，而自己要回去鎬京。因為殷民只有周公才能掌控，所以下句意思應該是希望德威並重的周公繼續留任，不要挽留他，讓他困擾。故整句應該譯為：公留下吧，我要回鎬京了。周公您攝政的事功，嚴肅卻人人實行，使人人敬佩而喜悅，你不要離去讓我受

〔註39〕〔漢〕司馬遷：《史記・貨殖傳》（台北：鼎文書局，1981 年），頁 3253。

困擾啊！

二、否定句結構

（一）弗

「弗」有很多種意思。第一、副詞，表否定。不、不能。例如：《周書‧金縢》曰：「王有疾，弗豫。」第二、通「祓」，消災求福。例如：《詩經‧生民》曰：「克禋克祀，以弗無子。」〔註40〕第三、風疾吹聲。例如：《詩經‧蓼莪》曰：「飄風弗弗」。〔註41〕第四、違逆。例如：《墨子‧親士》曰：「君必有弗弗之臣。」〔註42〕

1. 夏王率遏眾力，率割夏邑，有眾率怠弗協。（《商書‧湯誓》）

按：「有眾率怠弗協」中，「有眾」是複詞，作主語，「有」是詞頭，無意義；率，語助詞；「怠」，作動詞；「弗協」是偏正短語，作賓語。此段描述討罰夏桀的原因。遏，止也。遏，絕也。割，剿割夏邑之割。時，是也。

本句「有眾率怠弗協」斷句法有兩種。

第一、「有眾率怠弗協」與下和合，其句讀爲：「夏王率遏眾力，率割夏邑。有眾率怠弗協，……」，《孔疏》、《錢、江》主張此說法。《孔疏》認爲：上既馭之非道，下亦不供其命，故「眾下相率爲怠惰，不與上和合」，不肯每事順從也。（頁108）《錢、江》譯爲：夏王耗盡了民力，剝削夏國的人民。民眾怠慢不恭，對他不友好，……。（頁121）

第二、「有眾率怠弗協」與上和合，其句讀爲：「夏王率遏眾力，率割夏邑，有眾率怠弗協。」《蔡傳》、屈氏主張此說法。《蔡傳》詮釋爲：夏王率爲重役以窮民力，嚴刑以殘民生，民厭夏德，亦率皆怠於奉上，不和於國，疾視其君，指日而曰：是日何時而亡乎。（頁43）屈氏譯爲：夏王竭盡了民眾的力量，損害了夏國，民眾因而都怠慢不恭，跟他不和洽。（頁50）

《經傳釋詞》中，「率」有兩個意思：第一、「率，用也。」第二、「率，語助詞。」（見附錄「率」），此「率」指「語助詞」如下表格：

〔註40〕〔清〕阮元刻本：《十三經注疏詩經‧生民》（台北：藝文印書館，1955年），頁583。

〔註41〕〔清〕阮元刻本：《十三經注疏詩經‧蓼莪》（台北：藝文印書館，1955年），頁435。

〔註42〕〔周〕墨翟：《墨子‧親士》（台北：華正書局，1987年），頁2。

2. 家大人曰：「率、語助也」。	(1)《商書‧湯誓》曰：夏王率遏眾力，率割夏邑，有眾率怠弗協。（馬注：眾民相率感角不和同。失之。見史記殷本紀集解。）
	(2)《周書‧君奭》曰：率惟茲有陳，保乂有殷。（陳、道也，言惟茲有道諸臣，能保乂有殷也。率、、語助耳！王肅注曰：循此數臣，有陳列之功。失之。辯見經義述聞：我祖底逐，陳於上下。）
	(3)《周書‧立政》曰：亦越武王，率惟敉功，不敢替厥義德；率惟謀從容德。（案：敉、安也；功、事也）。言「武王惟安其故事，不敢廢文王之義德，又惟謀從寬容之德也」。兩「率」字皆語助，某氏傳曰：武王循惟文王，撫安天下之功。循惟謀從文王寬容之，皆失之。

筆者認為三句的句法，「率」分別連接「遏眾力」、「割夏邑」、「怠弗協」，故第三句「有眾率怠弗協」」，應該與上句和合。故採取第二種「夏王率遏眾力，率割夏邑，有眾率怠弗協。」斷句法。

2. 盤庚作，惟涉河以民遷，乃話民之弗率，誕告用亶。（《商書‧盤庚中》）

按：「乃話民之弗率」中，主語承上省略，意指盤庚；「乃」是連詞；「話」是動詞；「民之弗率」，作賓語，語序應為「弗率之民」。此段描述盤庚誠懇勸告不服從遷移的百姓。《釋詁》云：「話，言也。」，孫炎曰：「話，善人之言也。」王苦民不從教，必發善言告之，故以「話」為善言。鄭玄《詩箋》亦云：「話，善言也。」誕，大。亶，誠也。

本段「作」有四種詮釋。

第一、「作，渡河之具」，《孔傳》、《孔疏》主張此說法。《孔傳》詮釋為：為此南渡河之法，用民徙。《孔疏》詮釋為：鄭玄云：作渡河之具，王肅云：為此思南渡河之事，此傳言：南渡河之法，皆謂造舟舡渡河之具，是濟水先後之次，思其事而為之法也。（頁 130）《孔傳》、《孔疏》、王肅本義都是說南渡河之事，然後引申為作渡河之工具。

第二、「作，起而將遷之辭」，《蔡傳》主張此說法。《蔡傳》詮釋為：作，起而將遷之辭。殷在河南，故涉河。此史氏之言蘇氏曰：民之弗率，不以政令齊之，而以話言曉之，盤庚之仁也。（頁 55）《蔡傳》意思為發起遷徙之辭。

第三、「作，作君主，登位」，《錢、江》主張此說法。《錢、江》譯為：盤庚作了君主之後，考慮帶領臣民遷移渡過黃河。於是，集合了那些不服從遷移的臣民，用誠懇的態度婉言勸告他們。（頁 180）黃式三曰：「作，謂立為

君也，與《易》神農氏作、黃帝堯舜氏作同」。

第四、「作，起來」，屈氏主張此說法。屈氏譯爲：盤庚起來，計畫著渡過黃河帶著民眾遷移。於是會集人民中不服從的，誠懇地來勸告他們。（頁 58）

筆者認爲，「盤庚作」，「盤庚」作主語；「作」作謂語，由動詞充當。所以「作」一定不是名詞，《孔傳》、《孔疏》解釋爲渡河之工具，《蔡傳》解釋爲發起遷徙之辭，都是爲名詞，未妥。而《錢、江》、屈氏主張「作君主」、「起來」之意，是動詞，則合乎語法規則，其意取其《錢、江》之說。

3. 汝曷弗念我古后之聞？（《商書·盤庚中》）

「汝曷弗念我古后之聞」中，「汝」是單詞，作主語；「曷」是疑問指稱詞；「弗」是否定副詞；「念」是單詞，作動詞；「我古后之聞」是短語，作賓語。此段描述盤庚說明遷都都是依據先王考慮臣民利益而遷徙。

此句結構特殊，一般「主語＋動詞＋賓語」，此句「主語＋疑問指稱詞＋動詞＋賓語」。

「聞」，有三種詮釋。

第一、「聞，遷都之事」，《孔傳》、《蔡傳》主張此說。《孔傳》詮釋爲：古後先王之聞，謂遷事。（頁 131）《孔疏》無解釋。《蔡傳》詮釋爲：先王以天降大虐，不敢安居其所興作，視民利當遷而已，爾民何不念我以所聞先王之事，凡我所以敬汝使汝者惟喜與汝同安爾，非爲汝有罪，比于罰而譎遷汝也。（頁 55）

第二、「聞，傳聞」，《錢、江》主張此說。《錢、江》譯爲：你們爲什麼不想想我們先王這些傳聞呢？（頁 180）

第三、「聞，憐恤慰問的情形」，屈氏主張此說。屈氏譯爲：你們何以不去想想我們的先王對民眾的憐恤慰問（的情形）呢？（頁 58）

根據上下文文句。上句是「視民利用遷」，故此句「古後之聞」應該指遷都之事。此句應該翻譯爲：你們爲什麼不去想想我們的先王遷徙是繼承先王舊制呢？

4. 若乘舟，汝弗濟，臭厥載。（《商書·盤庚中》）

按：「汝弗濟」中，「汝」是單詞，作主語；「弗」是否定副詞；「濟」是單詞，作動詞。此段描述以渡船爲喻，同舟共濟，遷徙是爲了使國安定。

「載」，此文有兩種詮釋。

　　第一、「載」指「運載的物品」如，《詩經・正月》曰：「不輸爾載。」，〔註43〕《孔傳》、《蔡傳》、屈氏主張此說。《孔傳》詮釋爲：言汝爲臣不忠，自取窮苦。又說：言不徙之害，如舟在水中流不渡，臭敗其所載物。《蔡傳》詮釋爲：上譬乘舟不以時濟，必敗壞其所資，……利害若此，爾民而罔或稽察焉，是雖怨疾忿怒，何損於困苦乎？（頁56）屈氏譯爲：你們只是自找困厄自尋苦惱；好像（大家共同）乘船一樣，你們不能渡過，以致敗壞了船中所載的貨物。（頁59）

　　第二、「載」指「事情」，《錢、江》主張此說。《錢、江》譯爲：你們自己搞得走投無路，自尋煩惱，就好像坐在船上，你們又不渡過河去，這將會把事情搞壞。（頁182）

　　「載」有很多種意思，其中最常用的就是指「年」，故今文《尚書》中，「朕在位七十載」（《虞夏書・堯典》）「三載！汝陟帝位」（《虞夏書・舜典》）「五載一巡守」（《虞夏書・舜典》）「二十有八載」（《虞夏書・舜典》）「三載，四海遏密八音」（《虞夏書・舜典》）「作十有三載」（《虞夏書・禹貢》）。而這裡「臭厥載」的「載」指的是所乘載的交通工具，如，「予乘四載，隨山刊木。」（《虞夏書・益稷》）所指的就是船。故「臭厥載」指船朽壞了，《孔傳》、《蔡傳》、屈氏主張較妥。

5. 汝弗能使有好於而家，時人斯其辜。（《周書・洪範》）

　　按：「汝弗能使有好於而家」中，「汝」是單詞，作主語；「弗」是否定副詞；「能」是副詞；「使」是動詞；「有好於而家」，作賓語，由有無句構成。此段描述君主治理國家的原則。「時」，是也。

　　「時人斯其辜」歷來詮釋分歧。

　　第一、官員犯罪，君主過錯，《孔疏》主張此說。《孔疏》詮釋爲：授之以官爵，加之以燕賜，喜於知己，荷君恩德，必進謀樹功，有好善於國家。若雖用爲官，心不委任，禮意疏薄，更無恩紀，言不聽，計不用，必將奮衣而去，不肯久留，故言「不能使正直之人有好於國家，則是人斯其詐取罪而去」也。（頁173）意思是說，君王雖給豐富的俸祿，但對官員不加以重視，不能貢獻己長，他們將會走向犯罪。

〔註43〕〔清〕阮元刻本：《十三經注疏詩經・正月》（台北：藝文印書館，1955年），頁393。

第二、官員過錯，《蔡傳》主張此說。《蔡傳》詮釋為：正人者，在官之人，如康誥所謂惟厥正人者。富，祿之也。穀，善也。在官之人，有祿可仰，然後可責其為善，廩祿不繼，衣食不給，不能使其和，好於而家，則是人將陷於罪戾矣。於其不好德之人，而與之以祿，則為汝用咎惡之人也。此言祿以與賢，不可及惡德也。必富之而後責其善者，聖人設教，欲中人以上，皆可能也。（頁76）意思是說，君王不給豐富的俸祿，官員雖貢獻己長，但是他們將會走向犯罪。因此必須給優渥的俸祿，這是君主治理原則。

第三、官員責怪君主，《錢、江》主張此說。《錢、江》譯為：假如您不能使他們對國家有所貢獻，這些人就將責怪您了。（頁285）

第四、官員過錯，不能貢獻己長，屈氏主張此說。屈氏譯為：你若不能使他們對國家有好的貢獻，這些就是那些官員們的過錯了。（頁78）

「辜」有很多意思。第一、罪。例如：《左傳·成十七年》曰：「郤氏既伏其辜矣。」〔註44〕第二、禍害。例如：《後漢書·魯恭傳》曰：「迄今被其辜毒。」〔註45〕第三、支解以作祭品的牲體。例如：《周禮·大宗伯》：「以疈辜祭四方百物。」〔註46〕

在《商書·微子》中，有「卿士師師非度，凡有辜罪」，其中「辜」就是「罪」的意思。另外，「汝弗能使有好于而家，時人斯其辜。」（《周書·洪範》）「越小大邦用喪，亦罔非酒惟辜。」（《周書·酒誥》）「既道極厥辜，時乃不可殺。」（《周書·康誥》）。故「汝弗能使有好於而家，時人斯其辜。」整段應該翻譯為：如果您不能使他們對國家有所貢獻，這些人就將會走向犯罪。

6. 我之弗辟，我無以告我先王。（《周書·金滕》）

按：第一小分句「我之弗辟」中，「我」是單詞，作主語；「弗」是否定副詞；「辟」是動詞；「之」作賓語，代詞，此句應該是「我弗辟之」，賓語前置。

第二小分句「我無以告我先王」，「我」是單詞，作主語；「無」是否定副詞；「以」是動詞；「告我先王」作賓語，由有無句構成。此段描述周公不顧管叔等人的流言，對太公、召公說明毅然東征的理由。

〔註44〕〔清〕阮元刻本：《十三經注疏左傳·成十七年》（台北：藝文印書館，1955年），頁483。

〔註45〕〔南宋〕范曄：《後漢書·魯恭傳》（台北：鼎文書局，1981年），頁877。

〔註46〕〔清〕阮元刻本：《十三經注疏周禮·大宗伯》（台北：藝文印書館，1955年），頁266。

「辟」有四種解釋，故「我之弗辟，我無以告我先王。」詮釋也不同。

第一、「辟，法也、治也」，《孔傳》主張此說。《孔傳》詮釋為：告召公、太公，言我不以法，法三叔，則我無以成周道，告我先王。（頁 188）三叔指管叔、蔡叔、霍叔。依據《史記·周本紀》武王死，周公攝政，管叔等人勾結武庚叛亂。所以《孔傳》意思是說，周公若不去治理三叔的叛亂，將無法告慰我們的先王。《說文》云：「辟，作壁，法也」。

第二、「辟，避居東都」，馬融、鄭玄、《蔡傳》主張此說。馬、鄭，謂避居東都。《蔡傳》詮釋為：鄭氏詩傳言，周公以管蔡流言，辟居東都是也。漢孔氏以為致辟於管叔之辟，謂誅殺之也。夫三叔流言，以公將不利於成王，周公豈容遽興兵以誅之邪，且是時，王方疑公，公將請王而誅之邪，將自誅之也。請之固未必從，不請自誅之，亦非所以為周公矣。我之弗辟，我無以告我先王，言我不辟，則於義有所不盡，無以告先王於地下也。公豈自為身計哉，亦盡其忠誠而已矣。（頁 81）蔡氏認為以周公的為人，不可能興兵攻打三叔，當別人不信任周公，周公則是請王殺之，而不避居東都，完全是怕無以告先王。

筆者認為蔡氏替周公太過辯護，依據《史記·管蔡世家》曰：「管叔鮮、蔡叔度者，周文王子而武王弟也。……武王既崩，成王少，周公旦專王室。管叔、蔡叔疑周公之為不利於成王，乃挾武庚以作亂。周公旦承成王命伐誅武庚，殺管叔，而放蔡叔，遷之，與車十乘，徒七十人從。……」〔註47〕周公乃奉成王命，興師東伐，作〈大誥〉。遂誅管叔，殺武庚，放蔡叔。

第三、「辟，指攝政，控制政權」，《錢、江》主張此說。《錢、江》詮釋為：假若我不攝政，我將無辭告我先王。（頁 277）

第四、「辟，指迴避」，屈氏主張此說。屈氏詮釋為：我若不迴避攝政的任務，我就無法報告我們的先王。（頁 87）所以這裡的「辟」與「避」通，意思是避走不復攝政。

《史記·魯周公世家》曰：「周公乃告太公望、召公奭曰：『我之所以弗辟而攝行政者，恐天下畔周，無以告我先王。先王太王、王季、文王。三王之憂勞天下久矣，於今而後成。武王蚤終，成王少，將以成周，我所以為之若此。……』管、蔡、武庚等果率淮夷而反。周公乃奉成王命，興師東伐，作大誥。」，〔註48〕因此此段依據《史記·魯周公世家》意思，此句應該翻譯

〔註47〕　〔漢〕司馬遷：《史記·管蔡世家》（台北：鼎文書局，1981 年），頁 1563。
〔註48〕　〔漢〕司馬遷：《史記·魯周公世家》（台北：鼎文書局，1981 年），頁 1518。

爲：我不掌握政權，我就無法告慰我們先王。

7. 若兄考，乃有友伐厥子，民養其勸弗救？（《周書‧大誥》）

按：「民養其勸弗救」中，「民」是單詞，作主語；「養」作動詞，「其勸弗救」是短語，作賓語。此段描述周公勸勉諸侯，捍衛王室。

「民」，有兩種意思。

第一、「民，家長者」，《孔傳》、《孔疏》、屈氏主張此說。《孔傳》詮釋爲：若兄弟父子之家，乃有朋友來伐其子，民養其勸不救者，以子惡故。以此四國將誅而無救者，罪大故。《孔疏》詮釋爲「民養其勸」，「民」謂父兄，爲家長者也，養其心不退止也。屈氏譯爲：好像一個偉大的父親，若有人來打擊他的兒子，難道他會勸勉那人、助長那人、鼓勵那人（打擊他的兒子）而不來救護嗎？（頁94～95）

第二、「民，臣僕者」，《蔡傳》、《錢、江》主張此說。《蔡傳》詮釋爲：若父兄有友攻伐其子，爲之臣僕者，其可勸其攻伐而不救乎？（頁84）《錢、江》譯爲：又好比兄長死了，卻有人群起攻擊他的兒子，爲民的長官難道能夠相勸不救嗎？（頁286）

筆者認爲，「兄考」中「考」指死，「兄考」指周公之兄，武王死了。「民」指諸侯。此段周公在勸說諸侯要捍衛王室，鄰國來欺侮要相救。故《蔡傳》說：父兄以喻武王，友以喻四國，子以喻百姓，民養以喻邦君禦事。今王之四國，毒害百姓，而邦君臣僕，乃憚於征役，是長其患而不救，其可哉。此言民被四國之害，不可不救援之意。因此此句翻譯應該爲：好像如兄長的邦君死了，有人群起攻擊他的兒子，這些群臣們，難道能夠鼓勵鄰國攻打，而不救援嗎？

8. 王如弗敢及天基命定命。（《周書‧洛誥》）

按：「王如弗敢及天基命定命」中，「王」是單詞，作主語；「如」，作語氣詞（見錢宗武《尚書新箋與上古文明》）；「弗」是否定副詞；「敢」是表敬副詞；「及」是動詞；「天基命定命」是短語，作賓語。此段描述周公認爲成王不敢親政大典。

「基命」、「定命」三種詮釋。

第一、基命指「始天之命」、定命指「周家安定天下之命」，《孔傳》、《孔疏》主張此說。《孔傳》詮釋爲：如，往也。言王往日幼少，不敢及知天始命、

周家安定天下之命，故己攝。《孔疏》詮釋爲：言王往日幼小，其志意未成，不敢及知天之始命、我周家安定天下之命，故我攝王之位代王爲治，我乃繼文王武王安定天下之道。（頁 224）

　　第二、基命指「始命」，定命指「終命」，《蔡傳》、屈氏主張此說。「始命」爲文王始創業時候，「終命」爲武王克殷安定後。《蔡傳》詮釋爲：凡有造，基之而後成，成之而後定，基命，所以成始也。定命，所以成終也。言成王幼沖退託，如不敢及知天之基命定命，予乃繼太保而往，夫相洛邑，其庶幾爲王始作民明辟之地也。（頁 98）屈氏譯爲：君王（勵精圖治）好像唯恐趕不上老天讓（文王）開國之時和（武王）平定天下之時的功業。（頁 123）

　　第三、基命指「謀命」，定命指「延長周室王命」，《錢、江》主張此說。《爾雅・釋詁》：「基，謀也。」《錢、江》引《逸周書・度洛篇》，認爲武王稱居洛爲天之明命。周公作洛是爲了延長周室的王命叫做定命。所以周公也稱天謀命定命。《錢、江》譯爲：王謙遜似乎不敢參預上帝想命周家居洛的大事。（頁 338）

　　周公攝政七年，天下太平，禮樂已作，都邑已成，欲將還政於成王，故採取第二種說法，「始命」指文王始創業時，「終命」指武王克殷安定後。但是屈氏翻譯欠妥，應該翻譯爲：成王如果謙遜沒有趕上創業時的文王，以及克殷安定天下後的武王。

9. 乃別播敷，造民大譽，弗念弗庸，瘝厥君。（《周書・康誥》）

　　按：「弗念弗庸」中，主語省略；「弗」是否定副詞；「念」、「庸」是單動詞，作賓語。「弗念」、「弗庸」是兩並列短語。此段描述周公告誡康叔不守法的官吏，一定要處罰。

　　此句「造民大譽」有兩種句讀。

　　第一、「造民」「大譽」合讀，如：「乃別播敷，造民大譽，弗念弗庸，瘝厥君」，《孔傳》、《蔡傳》、屈氏贊成此說。《孔傳》詮釋爲：汝今往之國，當分別播布德教，以立民大善之譽。若不念我言、不用我法者，病其君道，是汝長惡，惟我亦惡汝。（頁 204）《蔡傳》詮釋爲：違道干譽，弗念其君，弗用其法，以病君上。（頁 89）屈氏譯爲：這些官員們竟另外宣布政令，爲自己在民眾中造成偉大的榮譽，也不爲政府著想，也不肯勤勞，以至於他們的君主痛苦。（頁 102）

　　第二、「造民」上讀，「大譽」下讀，如「乃別播敷造民，大譽弗念弗庸，瘝厥君」，《錢、江》贊成此說。《錢、江》譯爲：他們另外發布政令，告諭百

姓，大肆稱譽不考慮不執行國家法令的人，危害國君。（頁303）

　　根據語法分析，「弗念弗庸」是「弗＋動詞」「弗＋動詞」的並列句，如「弗興弗悟」（《周書・顧命》）也是同樣句式，故從《孔傳》、《蔡傳》、屈氏「造民」「大譽」合讀之說。

10. 無若火始燄燄，厥攸灼，敘弗其絕。（《周書・洛誥》）

　　按：「敘弗其絕」中，「敘」是單詞，作動詞；「弗」是否定副詞；「其絕」是短語，作賓語。此段是以火爲喻，詮釋周公在鎬京勸告成王赴洛的誥詞。厥，其，此指火。攸，所。灼，燒。敘，同緒，指火之蔓延。

　　「厥攸灼敘弗其絕」有兩種句讀，詮釋不同。

　　第一、「敘」字上讀，如：「厥攸灼敘，弗其絕」，《孔疏》、《錢、江》都主張此說，但是兩家詮釋有所分歧。《孔疏》詮釋爲：言朋黨敗俗，所宜禁絕。無令若火始然，以喻無令朋黨始發。若火既然，初雖焰焰尚微，其火所及，灼然有次序，不其復可絕也。以喻朋黨若起，漸漸益大，群黨既成，不可復禁止也。事從微至著，防之宜以初，謂朋黨未發之前，防之使不發。（頁226）由於《孔疏》將上段「孺子其朋，孺子其朋，其往！」中的「朋」解釋爲「朋黨」。故此段認爲是朋黨若日漸壯大，將無法撲滅，因此強調未雨綢繆防範未來的重要性，剛開始火苗即不可使之興起。

　　而《錢、江》譯爲：不要像火剛開始燃燒時那樣氣勢微弱；那燃燒的火，不可讓它熄滅。（頁341）《錢、江》卻是認爲「朋」解釋爲「振奮」，[註49] 故此段認爲是要去洛邑的精神要繼續振奮，如同剛開始的火苗不可熄滅。

　　第二、「敘」字下讀，如：「厥攸灼，敘弗其絕」，《蔡傳》、屈氏主張此說。《蔡傳》詮釋爲：孺子其少徇比黨之私則自是而往，有若火然，始雖燄燄尚微，而其灼爍，將次第延爇，不可得而撲滅矣，言論功行賞，徇私之害，其初甚微，其終至於不可遏絕，所以嚴其辭而禁之於未然也。（頁99）在此「朋」也是解釋爲「比黨」、「朋黨」。只是《蔡傳》不同於《孔疏》，認爲徇私若始，蔓延後無法撲滅。

　　屈氏譯爲：不要像火剛開始時微弱地燃燒一樣，到它燃燒得熾盛了，火勢蔓延就不能撲滅了。（頁125）屈氏將上段「朋」解釋爲「交友」、「友好」的意思。認爲成王要與官員友好，反之，情勢不能控制。

〔註49〕「朋」古文「鳳」，引申有振奮的意思。

考探今文《尚書》中，「厥攸」後面都是加單詞。例如：「厥攸作，視民利用遷。」（《商書・盤庚中》）、「盤庚既遷，奠厥攸居。」（《商書・盤庚下》），古文《尚書》中「惟厥攸居，政事惟醇。」（《商書・說命》）、「違上所命，從厥攸好」（《周書・君陳》）。

另外，今文《尚書》中「攸」後面也大都是加單詞。〔註50〕例如：「罔有攸赦」（《商書・湯誓》）、「無或敢伏小人之攸箴」（《商書・盤庚上》）、「汝不憂朕心之攸困」（《商書・盤庚中》）、「彝倫攸敘」「彝倫攸斁」（《周書・洪範》）、「茲攸俟」（《周書・金縢》）、「予惟往求朕攸濟」（《周書・大誥》）、「予曷其不于前寧人圖功攸終」（《周書・大誥》）、「監罔攸辟」（《周書・梓材》）、「予惟四方罔攸賓。亦惟多士攸服」（《周書・多士》）、「乃非民攸訓，非天攸若」（《周書・無逸》）、「乃爾攸聞」（《周書・多方》）、「陽鳥攸居」（《虞夏書・禹貢》）、「灃水攸同」（《虞夏書・禹貢》）、「九州攸同」（《虞夏書・禹貢》）。

從以上語句歸納，「攸」後面應該是加單詞，形成「攸＋單詞」句式。整段意思是說君主要振奮，信念不要斷絕。此句翻譯應該是「不要像火剛開始時地微弱，要讓火熾盛燃燒，火勢蔓延不可讓它熄滅。」

11. 弗克庸帝，大淫泆，有辭；（《周書・多士》）

按：「弗克庸帝」中，主語省略，指夏桀；「弗」是否定副詞；「克」是動詞；「庸帝」是短語，作賓語。此段是周公向殷商舊臣說明，夏桀不聽上天的教令，而加以放縱。

「大淫泆有辭」有兩種句讀方式。第一、「大淫泆，有辭」前三字，後二字。屈氏採取此說。第二、「大淫泆有辭」五字合讀。《蔡傳》、《錢、江》採取此說。

在詮釋方面《孔傳》、《蔡傳》、屈氏、《錢、江》又有所異，下列分別說明。

第一、《孔傳》將「庸」解釋爲「用也」，「有辭」解釋爲「有惡辭」。《孔傳》詮釋爲：天下至戒，是向於時夏，不背棄。桀不能用天戒，大爲過逸之行，有惡辭聞於世。（頁 237）此段是說明，夏桀行爲太過安逸放縱，因此在世大家對他有不好的言論。

第二、《蔡傳》將「庸」解釋爲「敬用」，「有辭」解釋爲「有矯誣之辭」。《蔡傳》詮釋爲：乃降格災異以示意嚮於桀，桀猶不知警懼，不能敬用帝命，乃大肆淫逸，雖有矯誣之辭，而天罔念聞之。（頁 102）此段是說明，雖有矯

〔註50〕按：「攸」後面只有一個複詞的句式。例如：「攸好德」（《周書・洪範》）。

飾誣滅的言論，但是上天還是不再眷念他。

第三、屈氏將「庸」解釋爲「依照」，「有辭」解釋爲「罪狀」。屈氏譯爲：（後來桀）不能依照上帝的命令，太過度地享樂，有了罪狀。（頁132）

第四、《錢、江》將「庸」解釋爲「聽取」，「有辭」解釋爲「疑惑」。《錢、江》譯爲：他不能聽取上帝的教令，大肆遊樂，並且懷疑上帝的教令。（頁353）

《經傳釋詞》「有」有五種解釋。第一、「有」猶「或」也。第二、「有」猶「又」也。第三、「有」猶「爲」也。第四、「有」狀物之詞也。第五、「有」，語助也。一字不成詞，則加「有」字以配之。（見附錄「有」）這裡的「有辭」，「有」應該是詞頭，無意義，是屬《經傳釋詞》第五點，如下表：

5. 語助也。一字不成詞，則加「有」字以配之。	（1）若虞夏殷周皆國名，而曰：「有虞、有夏、有殷、有周」是也。凡國名之上加有字者，倣此。推之他類，亦多有此。故邦曰：「有邦」。《虞夏書・皋陶謨》曰：「亮采有邦，無教逸欲有邦」。家曰：「有家」。《虞夏書・皋陶謨》曰：「夙夜浚明有家」。《易・家人・初九》曰：「閑有家」。室曰：「有室」。《周書・立政》曰：「乃有室大競」。廟曰：「有廟」。《易・萃・渙二卦象辭》竝曰：「王假有廟」。居曰：「有居」。《商書・盤庚上》曰：「民不適有居」。方曰：「有方」。《周書・多方》曰：「告猷爾有方多士」。夏曰：「有夏」。《周書・君奭》曰：「尚克脩和我有夏」。濟曰：「有濟」。僖二十一年《左傳》曰：「實司大皥與有濟之祀」。北曰：「有北」。昊曰：「有昊」。說文所無，應作「吴曰有吴」。《詩・巷伯》：「投畀有北。」又曰：「投畀有昊」。帝曰：「有帝」。昭二十九年《左傳》曰：「孔甲擾于有帝」。王曰：「有王」。《周書・召誥》曰：「有王雖小」。司曰：「有司」。正曰：「有正」。《周書・酒誥》曰：「庶士有正越庶伯君子」。僚曰：「有僚」。《周書・洛誥》曰：「伻嚮即有僚，明作有功」。民曰：「有民」。《虞夏書・皋陶謨》曰：「予欲左右有民」。眾曰：「有眾」。《商書・湯誓》曰：今爾有眾。《商書・盤庚中》曰：「其有眾咸造」。《商書・盤庚上》幼曰：「有幼」。《商書・盤庚上》曰：「無弱孤有幼」。政曰：「有政」。《論語・爲政篇》引書曰：友于兄弟，施于有政。友事曰：「有事」。《易・震・六五》曰：「无喪有事」。功曰：「有功」。見上有僚下。比曰：「有比」。《商書・盤庚中》曰：「曷不暨朕幼孫有比」。極曰：「有極」。《商書・洪範》曰：「皇建其有極」。又曰：「會其有極，歸其有極」。梅曰：「有梅」。詩曰：「摽有梅」。的曰：「有的」。〈賓之初筵〉曰：「發彼有的」。三宅曰：「三有宅」。三俊曰：「三有俊」。《周書・立政》曰：「乃用三有宅，克即宅。曰三有俊，克有俊」。三事曰：「三有事」。《詩》〈十月之交〉曰：「擇三有事」。說經者未喻屬詞之例，往往訓爲「有無」之「有」，失之矣。

另外，其他篇章有「有辭」一詞，例如，《周書・洛誥》：「伻嚮即有僚，明作有功；惇大成裕，汝永有辭」、《周書・多方》：「非天庸釋有夏，非天庸釋有殷；乃惟爾辟，以爾多方，大淫圖天之命，屑有辭。」、《周書・多士》：「凡四方小大邦喪，罔非有辭於罰。」

此段上文「我聞曰：『上帝引逸。』有夏不適逸，則惟帝降格，嚮於時夏。」說明夏桀不聽上天勸告。故此段「弗克庸帝，大淫泆，有辭」應該譯爲：夏桀不能聽從上帝的命令，太過安逸放縱，因此大家都對他有微詞。

12. 今天降疾、殆，弗興弗悟。（《周書・顧命》）

按：「弗興弗悟」中，主語省略，指夏桀；「弗」是否定副詞；「興」、「悟」是單動詞，作賓語；「弗興」、「弗悟」是兩並列短語。此段是說明周成王病危，對顧命大臣交代遺言。

此段句讀有兩種，詮釋也異。

第一、「殆」上讀，如：「今天降疾、殆，弗興弗悟」，《孔傳》、屈氏主張此說法。《孔傳》詮釋爲：今天下疾我身，甚危殆，不起不悟。言必死。《孔疏》詮釋爲：不起言身不能起，不悟言心不能覺悟。病者形弱神亂，不起不悟，言必死也。（頁 276）屈氏譯爲：現在老天降給我這場病，非常危險，也不能起來也不清醒了。（頁 164）

第二、「殆」下讀，如：「今天降疾，殆弗興弗悟」，《蔡傳》、《錢、江》屈氏主張此說法。《蔡傳》詮釋爲：成王言今天降疾我身，殆將必死，弗興弗悟。（頁 124）《錢、江》譯爲：如今老天降下重病，幾乎不能起床不能說話了。（頁 425）《錢、江》將「悟」解釋爲「講話」。非也。「弗興弗悟」一個指身；一個指心。此指周成王病危身體不能起來，神志不清醒。

從語法來檢視，應該是第一種「今天降疾、殆，弗興弗悟」說法。「弗興弗悟」中，「興」、「悟」是動詞並列，前面同時加上否定副詞，形成「否定副詞＋動詞 1＋否定副詞＋動詞 2」，同理「弗念弗庸」（《周書・康誥》）亦是如此結構。而「疾、殆」並列，同作動詞「降」的賓語。故《孔傳》、屈氏主張較妥，此句翻譯爲：現在老天降這場病，生命危殆，身體不能起來，神志也不清醒了。

（二）無

「無」有多種解釋。第一、沒有。例如：《詩經・蓼莪》曰：「無母何恃？」

〔註51〕第二、沒有人。例如：《史記‧萬石傳》曰：「恭謹無與比。」〔註52〕第三、不。例如：《論語‧學而》曰：「富而無驕。」〔註53〕第四、勿，不要。例如：《左傳‧隱元年》曰：「無使滋蔓。」〔註54〕第五、未，未曾。例如：《荀子‧正名》曰：「外危而不內恐者，無之有也。」〔註55〕第六、非，不是。例如：《禮記‧禮器》曰：「苟無忠信之人，則禮不虛道。」〔註56〕第七、無論。例如：《史記‧田儋傳》曰：「政無巨細，皆斷於相。」。〔註57〕

1. 思夫人自亂於威儀，爾無以釗冒貢於非幾。（《周書‧顧命》）

按：「爾無以釗冒貢於非幾」中，「爾」是第二人稱代詞，作主語，此指你們；「無以釗冒貢於非幾」作謂語；「無」是否定副詞。此段描述成王對故命大臣交代遺言，一切要謹言慎行。亂，治也。釗，康王之名。冒，觸犯也。

「思夫人自亂於威儀，爾無以釗冒貢於非幾」此兩句，前者著於外，後者發於中。

第一、著於外者。《孔傳》詮釋為：群臣皆宜思夫人，夫人自治正於威儀。有威可畏，有儀可象，然後足以率人。（頁276）《蔡傳》詮釋為：威者，有威可畏。儀者，有儀可象。舉一身之則而言也。（頁124）《孔傳》、《蔡傳》說明一個人要讓人敬畏，也要端莊的儀表。

第二、發於中者。《蔡傳》詮釋為：蓋幾者動之微，而善惡之所由分也。非幾則發於不善而陷於惡矣。……孔子所謂知幾，子思所謂謹獨，周子所謂幾善惡者，皆致意於是也。屈氏引《尚書故》「非幾」釋為：非法也。筆者取其前者。

又，「貢」有兩種說法。

第一、「貢，陷也」，馬、鄭之說，都言「貢，陷也。」《錢、江》、屈氏

〔註51〕〔清〕阮元刻本：《十三經注疏詩經‧蓼莪》（台北：藝文印書館，1955年），頁435。
〔註52〕〔漢〕司馬遷：《史記‧萬石傳》（台北：鼎文書局，1981年），頁2763。
〔註53〕〔清〕阮元刻本：《十三經注疏論語‧學而》（台北：藝文印書館，1955年），頁8。
〔註54〕〔清〕阮元刻本：《十三經注疏左傳‧隱元年》（台北：藝文印書館，1955年），頁35。
〔註55〕〔周〕荀況：《荀子‧正名》（台北：學生書局，1981年，6月），頁533。
〔註56〕〔清〕阮元刻本：《十三經注疏禮記‧禮器》（台北：藝文印書館，1955年），頁473。
〔註57〕〔漢〕司馬遷：《史記‧田儋傳》（台北：鼎文書局，1981年），頁2646。

也從之。《錢、江》譯爲：你們不可使姬釗觸犯禮法，陷於非法的境地啊！（頁425）屈氏譯爲：我在想人人要自己來整飭自己的儀表態度，你們千萬不要使釗觸犯或陷入了不法的境界。（頁164）本譯文應譯爲：我在想人人要自己來整飭自己的外在儀表，你們不要讓釗陷入內心不善的意念。

第二、「貢，進也」，《孔傳》、《蔡傳》贊成此說。《孔傳》詮釋爲：汝無以釗冒進於非危之事。《蔡傳》詮釋爲：成王又言羣臣，其無以元子而冒進於不善之幾也。

筆者取其前者。兩者譯本，都取「貢，陷也。」、「非幾，非法也」。

2. 予告汝于難，若射之有志。汝無侮老成人，無弱孤有幼。（《商書・盤庚上》）

按：「汝無侮老成人」中，「汝」是第二人稱代詞，作主語，此指你們；「無」是否定副詞；「侮」作動詞；「老成人」是短語，作賓語。「無弱孤有幼」主語承上省略，此指你們；「無」是否定副詞；「弱」作動詞，欺負；「孤有幼」是短語，作賓語。此段描述盤庚勸勉大臣，齊心一致，對於老少加以愛護。

此段每一小句各家詮釋都不同，分別論述其下。

「予告汝於難」，《孔傳》詮釋爲：「告汝行事之難。」、鄭玄云：「我告汝，於我心至難矣。」都並沒有說出所難之事情是什麼。（頁129）《蔡傳》詮釋爲：「難，言謀遷徙之難也。蓋遷都固非易事，而又當時臣民，傲上從康，不肯遷徙，然我志決遷。」可知，所難之事是西遷之事。（頁55）

「若射之有志」，《孔傳》詮釋爲：當如射之有所準志，必中所志乃善。鄭玄云：夫射者，張弓屬矢而志在所射，必中然後發之。爲政之道亦如是也，以己心度之，可施於彼，然後出之。《蔡傳》詮釋爲：若射者之必於中，有不容但己者，弱少之也。

「汝無侮老成人，無弱孤有幼」，《孔傳》詮釋爲：不用老成人之言，是侮老之。不徙則孤幼受害，是弱易之。《孔疏》詮釋爲：「老」謂見其年老，謂其無所復知。「弱」謂見其幼弱，謂其未有所識。鄭云：「老弱皆輕忽之意也。」老成人之言云可徙，不用其言，是侮老之也。不徙則水泉鹹鹵，孤幼受害，不念其害，則是卑弱輕易之也。《蔡傳》詮釋爲：意當時老成孤幼，皆有言當遷者。故戒其老成者，不可侮。孤幼者，不可少之也。（頁55）

《錢、江》譯爲：我把困難的事情告訴你們，就好像射箭要有箭靶一樣，不能偏離。你們不要輕視成年人，也不要看不起年小的人。（頁177）屈氏譯

爲：我來告訴你們困難的事；就像射箭一樣，要有一個目標。你們不要欺侮成年人，也不要欺侮弱小孤苦的幼年人。（頁 57）

兩譯本，都沒有翻譯出其道理。《廣雅・釋詁》云：「志，識也。」應該譯爲：遷徙事情雖困難，但是要像射箭一樣，我們目標要一致。你們年長的話不要不聽，年幼的人也要去照顧。

3. 無教逸欲有邦，兢兢業業，一日二日萬幾。無曠庶官，天工人其代之。（《虞夏書・皋陶謨》）

按：「無教逸欲有邦」中，主語省略；「無」是否定副詞；「教」作動詞；「逸欲有邦」是短語，作賓語。「無曠庶官」中，主語省略；「無」是否定副詞；「曠」作動詞；「庶官」是短語，作賓語。此段說明皋陶與禹討論建立人倫制度問題。《釋訓》云：「兢兢，戒也。業業，危也。」，《易・繫辭》云：「幾者動之微。」

此段「有邦」句讀有兩種，詮釋也異。

第一、「有邦」上讀，如：「無教逸欲有邦，兢兢業業，一日二日萬幾。無曠庶官，天工人其代之」，《孔傳》、《孔疏》、《蔡傳》、屈氏主張此說。《孔疏》詮釋爲：人君身爲逸欲，下則效之，是以禁人君使不自爲耳。不爲逸豫貪欲之教，是有國者之常也。此文主於天子，天子謂天下爲國。（頁 62）《蔡傳》詮釋爲：無，與毋通，禁止之辭，教，非必教令，謂上行而下效也。言天子當以勤儉率諸侯，不可以逸欲導之也。（頁 16）《孔傳》、《孔疏》、《蔡傳》都是將「有邦」解釋爲「天子」。屈氏是將「有邦」解釋爲「諸侯之國」。（頁 23）

第二、「有邦」下讀，如：「無教逸欲，有邦兢兢業業，一日二日萬幾。無曠庶官，天工人其代之」，《錢、江》主張此說。《錢、江》譯爲：治理國家的人不要貪圖安逸和私欲，要兢兢業業，……。《錢、江》雖將「有邦」下讀，但是翻譯時將「有邦」貫串這上下兩句，「有邦」解釋爲「治理國家的人」。（頁 59）

根據筆者考探，今文《尚書》中「有邦」共出現四次。除了本句，另外有「日嚴祗敬六德，亮采有邦。」（《虞夏書・皋陶謨》）「天降時喪，有邦間之。」（《周書・多方》）「有邦有土，告爾祥刑。」（《周書・呂刑》）。古文《尚書》中「有邦」共出現一次，如：「並其有邦厥鄰」（《商書・太甲》）。「有」是詞頭，無意義。「邦」指的是國家，因此「有邦」應該上讀。

整段應該譯爲：不要使貪圖安逸、放縱私欲的人治理國家，平日要兢兢

業業，通常在一、兩天，就有成萬事情的先兆發生。不要曠廢了各種官職，老天命定的工作，人要代為完成。

4. 無或敢伏小人之攸箴！（《商書‧盤庚上》）

按：「無或敢伏小人之攸箴」中，主語省略；「無」是否定副詞；「或」是「有人」的意思，代詞；「敢」是表敬副詞；「伏」作動詞；「小人之攸箴」是短語，作賓語。此段說明盤庚召集大臣前來告誡。

四家詮釋不同：第一、《孔傳》詮釋為：言無有故伏絕小人之所欲箴規上者。（頁127）第二、《蔡傳》詮釋為：惟曰使在位之臣，無或敢伏小人之所箴規焉耳，蓋以民患潟鹵墊隘，有欲遷而以言箴規其上者，汝毋得遏絕，而使不得自達也。（頁53）第三、《錢、江》譯為：不要有人敢於憑藉小民的規勸，反對遷都！（頁172）第四、屈氏譯為：不要有人膽敢隱瞞著民眾對政府的規諫！（頁53）

「或」，有人。「伏」，隱藏。「攸」，所事，此指遷都的事情。「箴」，馬云：諫也，《孔傳》、《蔡傳》、《錢、江》、屈氏，都解釋為「規勸」。「攸箴」，應該指勸告遷都的事情。故此句應該譯為：不要有人敢隱瞞我對百姓勸告遷都的事情。

5. 今沖子嗣，則無遺壽耈。（《周書‧召誥》）

按：「則無遺壽耈」中，主語省略，指成王；「則」為連詞；「無」是否定副詞；「遺」作動詞；「壽耈」是短語，作賓語。此段說明召公告誡成王以夏商天命為鑒。沖子，童子，指成王少嗣位治政。

此段重點在「無遺壽耈」，有三種詮釋。

第一、「無遺壽耈，指無遺棄老人」，《孔疏》主張此說。整句詮釋為：嗣位治政，謂周公歸政之後，此時王未蒞政，而言今沖子嗣者，召公此戒，戒其即政之後故也。壽謂長命，耈是老稱，無遺棄長命之老人，欲其取老人之言而法效之，老人之言即下云古人之德也。（頁221）屈氏整句譯為：現在你這青年人繼承了王位，可不要遺棄了老年人。（頁119）

第二、「無遺壽耈，指不可遺棄老成言」，《蔡傳》主張此說。整句詮釋為：幼沖之主，於老成之臣，尤易疏遠，故召公言今王以童子嗣位，不可遺棄老成言，其能稽古人之德，是固不可遺也。……無遺壽耈，蓋君天下者之要務，故召公特首言之。（頁96）

第三、「無遺壽耈，指沒有多餘的老成人」，《錢、江》主張此說。整句譯

爲：如今你這年輕人繼承了王位，沒有多餘的老成人。（頁 329）

　　本段下文爲：「曰其稽我古人之德，矧曰其有能稽謀自天」，意思是說沒有人可以說古人之德政，更何況有能力去考察天意。因此「無遺壽耇」是指沒有老年人，可輔佐他、告訴他種種德政。故整句應該譯爲：現在你這青年人繼承了王位，沒有老年人輔佐他。

6. 汝往，敬哉！茲予其明農哉！彼裕我民，無遠用戾。（《周書·洛誥》）

　　按：「無遠用戾」中，主語省略，指百姓；「無」是否定副詞；「遠」是動詞；「用戾」是短語，作賓語。此段說明裕政百姓遠近皆來。

　　此段「裕」、「戾」詮釋有四種不同見解。

　　第一、「裕，寬裕」、「戾，至也」，《孔傳》、《孔疏》、《蔡傳》主張此說。《孔傳》詮釋爲：汝往居新邑，敬行教化哉！如此我其退老，明教農人以義哉！彼天下被寬裕之政，則我民無遠用來。言皆來。《孔疏》詮釋爲：歸其王政令，汝往居新邑，敬行教化哉！公既歸政，則身當無事，如此我其退老於州裏，明教農人以義哉！又令成王行寬裕之政，以治下民。民被寬裕之政，則天下之民無問遠近者，用來歸王，言遠處皆來也。（頁 227）《蔡傳》詮釋爲：王往洛邑，其敬之哉，我其退休田野，惟明農事，蓋公有歸老之志矣，彼謂洛邑也。王於洛邑和裕其民，則民將無遠而至焉。（頁 99）

　　第二、「裕，教導」、「戾，至也」，《錢、江》主張此說。《錢、江》譯爲：您到新邑去，要謹慎啊！現在我們公卿百官要奮發努力啊！去教導好我們的百姓，遠方的百姓因此也會歸附我們。（頁 343）

　　第三、「裕，寬容、愛護」、「戾，停止」，屈氏主張此說。屈氏譯爲：從今以後，要謹慎呀！現在我也要奮勉呀！保護我們的百姓們，不要因爲百姓們住在遠方，就停止了對他們的愛護。（頁 126），又《尚書句解》一書，〔註58〕詮釋爲：王若與彼新邑裕厚我民，則民無遠而皆用戾止。（「裕」，爲「裕厚」）

　　第四、「戾，罪」，《尚書說》〔註59〕主張此說。詮釋爲：彼諸侯皆以此寬裕吾民，而豈不知敬其君，汝無疎遠之，使蹈於罪戾。

　　「戾」歷來有多種解釋。第一、彎曲。例如，《呂氏春秋·盡數》曰：「端

〔註58〕朱祖義：《尚書句解》（台北：臺灣商務，1983 年），頁 959。
〔註59〕黃度：《尚書說》（台北：臺灣商務，1983 年），頁 562。

直無戾。」第二、殘暴。《荀子・榮辱》曰：「猛貪而戾。」〔註60〕第三、至，
到。《詩經・旱麓》：「鳶飛戾天，魚躍于淵。」〔註61〕第四、罪，罪過。《左
傳・文四年》曰：「君辱貺之，其敢干大禮以自取戾。」〔註62〕

　　筆者認爲，施德政，百姓遠近皆來，故「戾」解釋爲「至」、「到達」的意
思。例如：《詩經・旱麓》云：「鳶飛戾天，魚躍于淵。」〔註63〕「裕」應該是
「使富裕」。《國語・吳語》云：「裕其眾庶，其民殷眾，以多甲兵。」〔註64〕
《荀子・富國》云：「足國之道，節用裕民，兒善臧其餘。」〔註65〕所以取其第
一種《孔傳》、《孔疏》、《蔡傳》說法。

（三）不

　　「不」有很多意思，可當副詞、助詞。例如：第一、副詞，表否定、表
禁止。《論語・雍也》曰：「不遷怒。」〔註66〕第二、助詞，無義。《詩經・車
攻》曰：「大庖不盈。」〔註67〕

1. 惟天不畀純，乃惟以爾多方之義民。（《周書・多方》）

　　按：「惟天不畀純」中，「天」作主語；「不」是否定副詞；「畀純」，作賓
語。此段描述夏國滅亡，成湯興起，都是天命。畀，給予；賞賜。《詩經・干
旄》曰：「彼姝者子，何以畀之？」純，大也。

　　「義民」有兩種見解，是指百姓或是賢者？

　　第一、「義民，百姓」，《孔傳》、《錢、江》、屈氏主張此說。《禮記・緇衣》
曰：「民以君爲心。」《孔傳》詮釋爲：命湯刑絕有夏，惟天不與桀，亦已大。
天所以不與桀，以其乃惟用汝多方之義民爲臣，而不能長久多享國故。（頁

〔註60〕〔周〕荀況：《荀子・榮辱》（台北：學生書局，1981年，6月），頁58。
〔註61〕〔清〕阮元刻本：《十三經注疏詩經・旱麓》（台北：藝文印書館，1955年），
　　　　頁556。
〔註62〕〔清〕阮元刻本：《十三經注疏左傳・文四年》（台北：藝文印書館，1955年），
　　　　頁306。
〔註63〕〔清〕阮元刻本：《十三經注疏詩經・旱麓》（台北：藝文印書館，1955年），
　　　　頁556。
〔註64〕〔周〕左丘明：《國語・吳語》（台北：里仁書局，1980年），頁597。
〔註65〕〔周〕荀況：《荀子・富國》（台北：學生書局，1981年，6月），頁198。
〔註66〕〔清〕阮元刻本：《十三經注疏論語・雍也》（台北：藝文印書館，1955年），
　　　　頁51。
〔註67〕〔清〕阮元刻本：《十三經注疏詩經・車攻》（台北：藝文印書館，1955年），
　　　　頁360。

256）以多方的百姓爲臣。故《錢、江》譯爲：上天不賜給眾位諸侯，就是因爲你們各國邦君不能常常勉勵人民。（頁 389）屈氏譯爲：老天不再把福祥給與他（夏桀），於是致使你們這眾國的善良百姓們。（頁 151）

第二、「義民，賢者」，《蔡傳》主張此說。《蔡傳》釋爲「義民，賢者也。」《蔡傳》詮釋爲：言天不與桀者大，乃以爾多方賢者，不克永於多享以至於亡也。言桀於義民不能用其所敬之多士，率皆不義之民。（頁 113）

第三、「義民，首領」，郭建勳主張此說。〔註 68〕郭氏釋「義民」是首領，郭譯爲：上天不賜給眾位諸侯，就是因爲你們眾諸侯方國的首領。（頁 275）

「義民」一詞，今文《尚書》共出現兩次，另一次是：「茲乃三宅無義民」（《周書・立政》）。從《周書・立政》中「三宅」是官員，「無義民」指的沒有「賢能的人」，所以「多方之義民」中的「義民」，指的是賢者。

2. 自時厥後立王，生則逸，生則逸，不知稼穡之艱難，不聞小人之勞，惟耽樂之從。（《周書・無逸》）

按：「不知稼穡之艱難」中，主語省略，指殷後代君王；「不」是否定副詞；「知」，作動詞；「稼穡之艱難」是偏正短語，作賓語。

「不聞小人之勞」中，主語也是承上省略；「不」是否定副詞；「聞」，作動詞；「小人之勞」是偏正短語，作賓語。此段描述殷後代君王生來安閑逸樂。

此段有兩種不同的句讀法。

第一、「立王」與上「自時厥後」連讀，如：「自時厥後立王，生則逸，……」，《蔡傳》主張此說。《蔡傳》整句詮釋爲：泛言自三宗之後，即君位者，生則逸豫，不知稼穡之艱難，不聞小人之勞，惟耽樂之從。（頁 105）此段以禁其耽樂，認爲君主耽樂愈甚，則享年愈促。

第二、「立王」與下「生則逸」連讀，如：「自時厥後，立王生則逸，……」，《孔傳》、《孔疏》、《錢、江》、屈氏主張此說。《孔傳》釋「樂」謂之「耽」。「惟樂之從」，言荒淫。《孔傳》詮釋爲：從是三王，各承其後而立者，生則逸豫無度。言與小人之子同其敝。（頁 241）《錢、江》譯爲：從這以後，在位的殷王生來就安閑逸樂，生來就安閑逸樂，不知耕種收穫的艱難，不知老百姓的勞苦，只是追求過度的逸樂。（頁 364）屈氏譯爲：從此以後，所立的君王一出生就安逸；一出生就安逸，所以不知道耕種的艱難，也不知道人

〔註 68〕郭建勳：《尚書讀本》（台北：三民書局，2005 年 5 月），頁 275。

民的辛苦，指尋求過度的逸樂。（頁138）

　　筆者從其後者之說，因爲特別指從這殷王中宗、殷王高宗、祖甲三位君王以後，在位的君王都不久。故應該譯爲：從這三位君王以後，在位君王生來就貪圖安逸，生來就貪圖安逸，不知道從事農事的艱難，不瞭解一般人的辛勞，只是一味追求享樂。

3. 降年有永有不永；非天夭民，民中絕命。（《商書·高宗肜日》）

　　按：「降年有永有不永」中，「降年」是短語，作主語；「有永有不永」是短語，作謂語。兩個「有」作動詞；「不」是否定副詞。此段描述藉由祭祀高宗，告誡新君祖庚壽年長短的原因。天，上天；夭，夭折。

　　眾諸家對永年之道，雖都強調「義則永；不義則不永。」義指行爲合宜，但切入看法不同。

　　第一、從事相壽命來看。《孔傳》詮釋爲：言天之下年與民，有義者長，無義者不長，非天欲夭民，民自不修義以致絕命。《孔疏》詮釋爲：民有貴賤貧富愚智好醜，不同多矣，獨以夭壽爲言者。……是年壽者最是人之所貪。《孔傳》從不修義，言之絕命；《孔疏》以年壽之長短爲人所貪，引此以諫祖庚。在《洪範》「五福」以壽爲首，「六極」以短折爲先，故以年壽判斷一個人的福德。（頁143）

　　第二、從禮儀禱祠來看。《蔡傳》詮釋爲：高宗之祀，必有祈年請命之事。祖己言永年之道，不在禱祠，在於所行義與不義而已。禱祠非永年之道也。（頁62）《蔡傳》說明禱祠不能永年。

　　《錢、江》譯爲：老天賜給人的壽年有長有短，並不是老天使人夭折，而是有些人不按義理辦事中途短命。（頁 206）屈氏譯爲：天降給人的壽命有的長久，有的不長久；這並不是老天無故使人夭折，使人中途斷絕了生命。（頁65）兩者之譯，取其屈氏譯文俐落。

4. 肆爾多士，非我小國敢弋殷命，惟天不畀允罔固亂，弼我。（《周書·多士》）

　　按：「天不畀允罔固亂」中，「天」是單詞，作主語；「不」是否定副詞；「畀」，作動詞；「允罔固亂」是短語，作賓語。此段描述周公向殷舊臣說明，周朝是承天命。

　　「弋」，《孔傳》釋爲：「弋，取也。」《孔疏》釋爲：「弋，射也，射而取

之，故弋爲取也。」鄭玄、王肅本「弋」作「翼」，王亦云：「翼，取也。」鄭云：「翼猶驅也，非我周敢驅取汝殷之王命。」雖訓爲驅，亦爲取義。（頁236）《蔡傳》釋爲：「弋，取也。弋鳥之弋，言有心於取之也。」

「肆」，有不同詮釋。

第一、「肆，語詞，無意義」，《蔡傳》、屈氏主張此說。《蔡傳》詮釋爲：肆，與《康誥》肆汝小子封同。呼多士誥之，謂以勢而言，我小國亦豈敢弋取殷命，蓋栽者培之，傾者覆之，固其治而不固其亂者，天之道也，惟天不與殷，信其不固殷之亂矣。惟天不固殷之亂，故輔我周之治，而天位自有所不容辭者，我其敢有求位之心哉。（頁102）屈氏譯爲：所以你們這許多官員們，這不是我們小小的周國敢奪取殷國的命運，指是老天不把天下給予那陷佞、誣罔、蔽塞、迷亂的人，而來輔佐我們。（頁131）

第二、「肆，現在」，《錢、江》釋主張此說。《錢、江》譯爲：現在，你們眾位官員啊！不是我們小小的周國敢於改變殷命，因爲上天不把大命給予那信誣怙惡的人，輔助我們。（頁353）

《孔傳》、《孔疏》並沒有詮釋。《孔傳》詮釋爲：天佑我，故汝眾士臣服我。非我敢取殷王命，乃天命。又詮釋爲：惟天不與信無堅固治者，故輔佑我，我其敢求天位乎？《孔疏》詮釋爲：此經大意，敘其去殷事周，知其故爾眾士言其臣服我。周本殷之諸侯，故周公自稱「小國」。

而《經傳釋詞》解釋「肆」有兩種說法，第一、「肆，遂也」。第二、「肆故也」，都是當連詞，如下表。《蔡傳》、屈氏是當語助詞，《錢、江》是當時間副詞，眾家之說，待考。

1. 「遂」也。	（1）《虞夏書·堯典》曰：「肆類于上帝」。又曰：「肆覲東后」。
2. 爾雅曰：「肆、故也」。	（1）《周書·大誥》曰：「肆朕誕以爾東征」。漢書翟義傳、王莽倣大誥：作「故予大以爾東征」。
	（2）《周書·無逸》曰：「肆中宗之享國，七十有五年」。史記魯世家：「肆作故」

5. 非予自荒茲德，惟汝含德，不惕予一人。（《商書·盤庚上》）

按：「不惕予一人」中，主語承上省略；「不」是否定副詞；「惕」，作動詞；「予一人」，作賓語。此段描述盤庚並不是不用舊臣，而是他們隱藏起來不奉獻出來。荒，逸，過失也。

「荒」、「惕」有兩種解釋。

第一、「荒，荒廢」、「惕，懼也」，《孔傳》、《蔡傳》、屈氏主張此說。《孔傳》詮釋爲：我之欲徙，非廢此德。汝不從我命，所含惡德，但不畏懼我耳。我視汝情如視火。（頁128）《蔡傳》詮釋爲：盤庚言非我輕，易遷徙，自荒廢此德，惟汝不宣佈德意，不畏懼於我……汝過失也。（頁54）屈氏譯爲：這並不是我自己荒廢了這美德；只是你們放棄了美德，不怕我個人。（頁54）《孔傳》、《蔡傳》都將「荒」釋爲：廢也。屈氏將「荒」釋爲：荒廢。

第二、「荒，廢棄」、「惕，施也」，《錢、江》主張此說。《錢、江》譯爲：並不是我自己廢棄了任用舊人的美德，而是你們接受了我的好處卻不肯報施給我。（頁175）《錢、江》將「荒」釋爲：廢棄。

《錢、江》主張「惕，施也」，乃是根據俞樾說法，俞樾認爲「惕」應當讀爲「施」，《白虎通》引做「施」。可備一說。

6. 非先王不相我後人，惟王淫戲用自絕。故天棄我：不有康食，不虞天性，不迪率典。《商書・西伯戡黎》

按：「非先王不相我後人」中，主語承上省略；「非」是判斷詞；「先王」作主語；「不」是否定副詞；「相」作動詞；「我後人」是主謂短語，作賓語。

另外，「不有康食，不虞天性，不迪率典」是三句否定句，主語承上省略；「不」是否定副詞；「有」、「虞」、「迪」，作動詞；「康食」、「天性」、「率典」是短語，作賓語。整段描述祖伊警告商紂，國家危在旦夕。

「非先王不相我後人，惟王淫戲用自絕」四家詮釋，大體一致。《孔傳》詮釋爲：非先祖不助子孫，以王淫過戲怠，用自絕於先王。（頁145）《蔡傳》詮釋爲：非先王在天之靈不佑我後人，我後人淫戲用自絕於天耳。（頁62）《錢、江》譯爲：不是先王不扶助我們後人，只是大王縱酒好色自取滅亡。（頁212）屈氏譯爲：這並不是我們的先王不幫助我們後人，都是因爲太荒淫愛玩而自己斷絕了國運。（頁67）祖伊言天訖殷命，格人、元龜甚言凶禍必至。

「故天棄我：不有康食，不虞天性，不迪率典。」有兩種句讀與詮釋。

第一、「故天棄我：不有康食，不虞天性，不迪率典」，《蔡傳》、屈氏主張此說。《蔡傳》詮釋爲：紂自絕於天，故天棄殷。不有康食，饑饉荐臻也。不虞天性，民失常心也。不迪率典，廢壞常法也。（頁62）屈氏譯爲：這並不是我們的先王不幫助我們後人，都是因爲太荒淫愛玩而自己斷絕了國運。所以老天就捨棄了我們：使我們不能安寧生活，不能使天性愉快，（而且）大家都不遵從法典。（頁67）

　　第二、「故天棄我，不有康食。不虞天性，不迪率典」，《孔傳》、《孔疏》、錢、江》主張此說。《孔傳》詮釋為：以紂自絕於先王，故天亦棄之，宗廟不有安食於天下。而王不度知天性命所在，而所行不蹈循常法。《孔疏》詮釋為：今紂既自絕於先王，先王不有安食於天下，言紂雖以天子之尊事宗廟，宗廟之神不得安食也。而王不度知天命所在，不知己之性命當盡也，而所行不蹈循常法，動悉違法。《錢、江》譯為：不是先王不扶助我們後人，只是大王縱酒好色自取滅亡。（頁 212）天意拋棄我們，不讓我們安居疏食。大王不揣度天性，不遵循法典。

　　從句法而言，其句讀應該是第一種說法。「不……，不……，不……。」「不」後面分別加動詞：「有、虞、迪」。動詞後面分別加賓語：「康食、天性、率典」。故其譯文應為第一種「不＋動詞 1＋賓語 1，不＋動詞 2＋賓語 2，不＋動詞 3＋賓語 3」。

7. 非我有周秉德不康寧，乃惟爾自速辜。（《周書・多方》）

　　按：「非我有周秉德不康寧」中，主語承上省略；「非」是判斷詞；「我有周」作主語；「秉」作動詞；「德」是單詞，作賓語；「不康寧」，作補語。此段描述周公質疑譴責叛亂諸侯國。

　　「康寧」有兩種詮釋。

　　第一、「康寧，安寧」，《孔傳》主張此說。《孔傳》詮釋為：非我有周執德不安寧，自誅汝，乃惟汝自召罪以取誅。屈氏譯為：這並不是我們周人的德性不好安寧，乃是你們自己找罪受。（頁 153）

　　第二、「康寧，安靜」，《蔡傳》、《錢、江》主張此說。《蔡傳》詮釋為：非我有周持德不安靜，乃惟爾自為凶逆以速其罪爾。（頁 114）《錢、江》譯為：這並不是我們周國執德不安靜，而是你們禍由自取。（頁 393）

　　在今文《尚書》中，「康寧」共出現三次，另外兩次是在「非我一人奉德不康寧」（《周書・多士》）「一曰壽，二曰富，三曰康寧，四曰攸好德，五曰考終命。」（《周書・洪範》），故「康寧」應該是第一種「安寧」的說法。

8. 我后不恤我眾，舍我穡事，而割正夏。（《商書・湯誓》）

　　按：「我后不恤我眾」中，「我后」是短語，作主語；「不」是否定副詞；「恤」作動詞；「我眾」是短語，作賓語。此段說明商湯說明發動討伐夏桀的原因。

　　「正，政也。」無異說。此段重點在「舍」、「割」的詮釋不同。

　　第一、「舍，廢也」，《孔傳》詮釋爲：汝，汝有眾。我后，桀也。正，政也。言奪民農功而爲割剝之政。（頁 108）

　　第二、「割，斷也」，《蔡傳》詮釋爲：穡，刈穫也。割，斷也。亳邑之民，安於湯之德政，桀之虐焰所不及，故不知夏氏之罪，而憚伐桀之勞反謂湯不恤亳邑之眾，舍我刈穫之事，而斷正有夏，湯言我亦聞汝眾論如此，然夏桀暴虐，天命殛之，我畏上帝，不敢不往正其罪也。（頁 43）

　　第三、「舍，荒廢」、「割，曷」，《錢、江》譯爲：我們的君王不憐憫我們眾人，荒廢我們耕種收穫的事情，爲什麼要去征伐夏國呢？（頁 121）「割」就是「害」，《廣雅》云：「害」就是「曷」。

　　第四、「舍，捨棄」、「割，奪」，屈氏譯爲：我們的君主不憐憫我們眾人，捨棄（荒廢）了我們的農事，而令我們去征伐夏國。（頁 50）

　　「割」有兩種說法：一種是動詞，「斷、奪」；一種是疑問代詞「割，害也，曷也」。故《經傳釋詞》云：「曷，何也」。

　　考探今文《尚書》篇章中，「割」一詞共出現 7 次，但筆者認爲，「割」雖然可解釋爲「何」，但並不是所有的「割」都是「曷，何也」的意思。在今文《尚書》7 次中有 4 次「割」後面都是接國名，如，「而割正夏」（《商書・湯誓》）「率割夏邑」（《商書・湯誓》）「割殷！」（《周書・多士》）「劓割夏邑」（《周書・多方》）。

　　從「率割夏邑」（《商書・湯誓》）中，確定「割」爲動詞，因爲「夏王率遏眾力，率割夏邑，有眾率怠弗協」裡，「率遏眾力」、「率割夏邑」、「率怠弗協」是並列句，「遏」、「割」、「怠」詞性相同，因此「割夏邑」是「殘害」、「禍害」夏朝國都的意思。故「而割正夏」（《商書・湯誓》）「割殷！」（《周書・多士》）「劓割夏邑」（《周書・多方》）中的「割」也應該是「殘害」、「禍害」的意思。《錢、江》本認爲是疑問代詞，未妥。

　　又，「割」與國名相連接，當動詞用，與「家」連接時也是解釋爲「殘害」、「禍害」的意思，如「弗弔天降割于我家」（《周書・大誥》）。因爲「割」、「害」相通，在今古文《尚書》中，「割于我家」也有直接說「害于而家」，例如：「臣無有作福作威玉食；臣之有作福作威玉食，其害于而家、凶于而國」（《周書・洪範》）。「害于而家」又與「凶于而國」相對，所以「割」、「害」當動詞，與凶殘意義一樣。

　　在其他今古文《尚書》中「害」就是指殘害，如「爾萬方百姓罹其凶害，

弗忍荼毒。」(《商書‧湯誥》)「暴殄天物,害虐烝民」(《周書‧武成》)。另外,也有直皆說明「殘害」一詞,如「以殘害于爾萬姓」(《周書‧泰誓》)

第三節　今文《尚書》陳述句之用語與結構特點

　　李佐豐《上古語法研究》一書,〔註69〕陳述句有五個特點:一、主語是指稱性的,常表示人、物等事體,這些事體經常是施事,也可以表示當事和受事等,一般由體詞性語充當。二、謂語是陳述性的,經常表示行為、變化、特徵等屬性,一般由謂詞性詞語充當。三、這種句子的句末、句首一般不使用助詞。四、否定性的敘事句最常使用副詞「不」,也可以用副詞「未」。五、這種句子中,如果有主語,那麼主語和謂語之間通常沒有停頓。前四個特點主要表現在詞語的類別上,最後一個特點表現在節律上。

一、常規句的句型

(一)用語氣詞的陳述句

　　在西周漢語中,在陳述句句尾出現的語氣詞有「也」、「矣」、「止」、「已」、「焉」、「而已」等等。根據筆者的考探,今文《尚書》用語氣詞的陳述句只有「矣」、「止」、「已」、「焉」四個字,且數量不多,比起同時期的《周易》、《詩經》末尾出現的語氣詞數目相差更大。

　　兩個語氣詞連用也常出現在古漢語,馬建忠《馬氏文通》所謂傳信助字就是陳述語氣;所謂傳疑助字就是疑問語氣。《馬氏文通》卷九說:「凡助字之疊助一句也,各以其本意相加,非以二三字之合助而更幻一新意者也。」〔註70〕「焉爾」、「焉耳」、「焉哉」、「矣夫」、「也夫」、「也與」、「而已矣」等形式,連用有加強語勢的作用。但是考察今文《尚書》,並沒有兩個語氣詞連用。

1. 矣

　　「矣」只出現在《周書‧立政》、《周書‧牧誓》兩篇。《周書‧立政》3見,《周書‧牧誓》1見,共4見。例如:「告嗣天子王矣」(《周書‧立政》)「拜手稽首,后矣」(《周書‧立政》)、「茲惟后矣」(《周書‧立政》)「孺子王

〔註69〕同註2,頁65。
〔註70〕〔清〕馬建忠:《馬氏文通》卷九,(台北:世界書局,1989年11月),頁481。

矣」、(《周書‧立政》)「遜矣」(《周書‧牧誓》)。

王力《漢語史稿》一書，〔註71〕提出在上古漢語裡，用於陳敘語氣的語氣詞，主要是「也」、「矣」兩字。這兩個語氣詞一直言用到近代的文言文裡。「也」和「矣」的分工，主要是：前者表示一種情況，後者表示一種過程；前者不著眼在時間的因素，後者著眼在時間的因素。因此，凡過去的事情用「矣」，沒有發生的事情用「也」。

張文國、張能甫《古漢語語法學》一書，〔註72〕認為「矣」字是表示動態的助詞，用在陳述句末尾，表示事情已經發生或將要發生，相當於現代漢語的「了」。洪成玉《古代漢語教程》一書，〔註73〕認為「矣、耳、焉」這三個語氣詞一般用於敘述句末。「矣」多用於動詞謂語句末，表示敘述的語氣。以表示的語義來看，有表已然或將然之分。表已然，某種行為已經實現或某種情況已經出現。表將然，即表示某種行為將要實現或某種情況將要出現。

2. 焉

「焉」只出現在《周書‧秦誓》、《周書‧金縢》、《周書‧牧誓》三篇。《周書‧秦誓》1 見，《周書‧金縢》1 見，《周書‧牧誓》2 見，共 4 見。

黃六年《漢語文言語法綱要》一書，〔註74〕「焉」字一般做指示代詞用，而且都用在句末，等於「於是」、「於此」的意思。後來有一部分的用法，指示和稱代性消失，便成為純粹表示語氣的助詞了。例如：「其心休休焉」(《周書‧秦誓》)、「周公立焉」(《周書‧金縢》)、「乃止齊焉」(《周書‧牧誓》)(重複兩次)。

3. 止

「止」只出現在《周書‧多士》、《虞夏書‧益稷》兩篇，各 1 見，共 2 見。例如：「爾乃尚寧幹止」(《周書‧多士》)「安汝止」(《虞夏書‧益稷》)。

4. 已

「已」只出現在《周書‧洛誥》、《虞夏書‧堯典》兩篇，各 1 見，共 2 見。
表示只能如此的限制語氣。例如：「予往已」《周書‧洛誥》、「乃已」《虞

〔註71〕王力：《漢語史稿》(北京：中華書局，2003 年 6 月)，頁 443。
〔註72〕張文國、張能甫：《古漢語語法學》(成都：巴蜀書社出版，2003 年 3 月)，頁 202。
〔註73〕洪成玉：《古代漢語教程》(北京：中華書局，2001 年 3 月)，頁 449～450。
〔註74〕同註 5，頁 190～194。

夏書‧堯典》。

（二）不用語氣詞的陳述句

漢語語句按照謂語的性質，可分為三種：名詞謂語句、形容詞謂語句、動詞謂語句。這三種謂語句中的謂語的陳述功能各有的特點。

1. 名詞性謂語

名詞性謂語的陳述句有兩種，一種是謂語和主語有同一性，也就是所謂的判斷句，本文第九章專論，故此省略。另一種是謂語對主語特性的說明。名詞性謂語（包括數量短語謂語）的陳述功能主要表示斷言或判斷。

（1）單名詞充當謂語。例如：「汝舜」（《虞夏書‧堯典》）、「孺子王矣」（《周書‧立政》）、「一人冕」（《周書‧顧命》）、「牛二」（《周書‧召誥》）、「牛一、羊一、豕一」（《周書‧召誥》）。

（2）名詞性短語充當謂語。例如：「曆象日月星辰」（《虞夏書‧堯典》）、「王麻冕黼裳」（《周書‧顧命》）、「二人雀弁」（《周書‧顧命》）、「四人綦弁」（《周書‧顧命》）、「馬四匹」（《周書‧文侯之命》）。

（3）名詞性非主謂句。某些名詞帶上某種特定語氣，就可以構成一個名詞性非主謂句。例如：「都！」（《虞夏書‧堯典》）、「鯀哉！」（《虞夏書‧堯典》）、「禹！」（《虞夏書‧益稷》）、「四岳！」（《虞夏書‧舜典》）、「契」（《虞夏書‧舜典》）、「皋陶！」（《虞夏書‧舜典》）、「益」（《虞夏書‧舜典》）、「夔」（《虞夏書‧舜典》）、「龍」（《虞夏書‧舜典》）、「帝！」（《虞夏書‧益稷》）、「天子！」（《商書‧西伯戡黎》）、「嗣孫！」（《周書‧呂刑》）、「君！」（《周書‧君奭》）、「君奭！」（《周書‧君奭》）、「公」！（《周書‧洛誥》）、「封！」（《周書‧梓材》）（《周書‧康誥》）（《周書‧酒誥》）、「小子封。」（《周書‧康誥》）、「元子哉」（《周書‧召誥》）、「我士！」（《周書‧秦誓》）。

2. 形容詞性謂語

形容詞性謂語的陳述功能主要是表示側重於描寫，斷言某種性質，多用於評價，確定屬性的有無。

（1）單形容詞充當謂語。例如：「父頑、母嚚、象傲」（《虞夏書‧堯典》）、「厥心臧」（《周書‧酒誥》）、「艱大」（《周書‧大誥》）、「民不靜」（《周書‧大誥》）、「西土人亦不靜」（《周書‧大誥》）、「今惟民不靜」（《周書‧康誥》）。

（2）疊音詞充當謂語。例如：「今汝聒聒」（《商書‧盤庚上》）、「厥田惟

上上」（《虞夏書・禹貢》）、「厥田惟中中」（《虞夏書・禹貢》）、「厥賦中中」（《虞夏書・禹貢》）、「王道蕩蕩」（《周書・洪範》）、「王道平平」（《周書・洪範》）、「四門穆穆」（《虞夏書・堯典》）、「百僚師師」《虞夏書・皋陶謨》、「有邦兢兢業業」《虞夏書・皋陶謨》、「載采采」《虞夏書・皋陶謨》、「鳥獸蹌蹌」《虞夏書・益稷》、「罔晝夜頟頟」《虞夏書・益稷》、「無若火始焰焰」（《周書・洛誥》）、「乃罔畏畏」（《商書・微子》）、「其心休休焉」（《周書・秦誓》）。

疊音詞是重複同一個音節所構造的詞，又叫重言詞或疊字詞。疊音詞最主要描寫，以及模擬聲音。由於音節重疊的反複作用，增強人們對語音的感受，使聽覺能得到一種回環的語音美感。《詩經》中疊音詞、擬聲詞很多，但是共時性的今文《尚書》疊音詞，根據筆者考探共有 49 個疊音詞。例如：

①出現一次的疊音詞：安安、湯湯、烝烝、濟濟、夔夔、采采、兢兢、業業、贊贊、孜孜、呱呱、蹌蹌、頟頟、下下、戰戰、栗栗、洋洋、聒聒、事事、畏畏、桓桓、平平、庸庸、祗祗、威威、子子、孫孫、焰焰、眇眇、靡靡、泯泯、棻棻、番番、仡仡、截截、昧昧、斷斷、休休。

②出現二次的疊音詞：浩浩、蕩蕩、中中、丕丕、孜孜、上上。

③出現三次的疊音詞：師師、明明。

④出現四次的疊音詞：穆穆、生生。

除了以上疊音詞充當謂語外，也有充當主語、定語、狀語。疊音詞充當主語即是「AA 式形容詞謂語前置」，見後「變式句」詳論。

（3）形容詞性短語充當謂語。「直而溫，寬而栗，剛而無虐，簡而無傲。」（《虞夏書・舜典》）。

（4）形容詞謂語句主語省略。「往哉生生！」（《商書・盤庚中》）、「生生自庸」（《商書・盤庚下》）。

（5）形容詞性非主謂句。「惟呂命，王享國百年，耄，荒度作刑以詰四方。」（《周書・呂刑》）

3. 動詞性謂語

動詞性謂語的類型比較多樣，動詞性謂語的陳述功能也比較多樣。根據動詞性謂語的類型，動詞性謂語的陳述功能可分為以下幾個方面：

（1）單動詞充當謂語。例如：「王崩」（《尚書・顧命》）、「汝往」（《周書・洛誥》）、「汝諧」（《虞夏書・舜典》）。

（2）動詞性短語充當謂語。例如：「汝典聽朕毖」（《尚書・酒誥》）、「予

不敢閉於天降威用」（《周書·大誥》）。

（3）動詞謂語句的主語省略。例如：「詢於四嶽」（《虞夏書·舜典》）、「闢四門」（《虞夏書·舜典》）、「明四目」（《虞夏書·舜典》）、「達四聰」（《虞夏書·舜典》）、「慎徽五典」（《虞夏書·舜典》）、「納於百揆」（《虞夏書·舜典》）、「賓於四門」（《虞夏書·舜典》）〔註75〕、「納於大麓」（《虞夏書·舜典》）、「典聽朕告」（《周書·康誥》）、「立於畢門之內」（《周書·顧命》）、「立於東堂」（《周書·顧命》）、「立於西堂」、「立於東垂」（《周書·顧命》）、「立於西垂」（《周書·顧命》）、「立於側階」（《周書·顧命》）、「往新邑」（《周書·洛誥》）、「不敢替上帝命」（《周書·大誥》）、「不敢侮鰥寡」（《周書·康誥》）、「不知稼穡之艱難」、（《周書·無逸》）、「不聞小人之勞」（《周書·無逸》）、「用於天下」（《周書·召誥》）、「聽無譁！」（《周書·秦誓》）。

（4）動詞性非主謂句。例如：「往」（《虞夏書·堯典》）（《周書·君奭》）、「來」（《尚書·洛誥》）、「還」（《周書·顧命》）、「饗」（《周書·顧命》）。

二、變式句的句型

（一）主謂倒置句

1. 形容詞謂語前置。可分為兩種：

（1）一般形容詞謂語前置。例如：「敬哉有土」（《虞夏書·皋陶謨》）、「勖哉夫子」（《周書·牧誓》）。

（2）AA式形容詞謂語前置。例如：「湯湯洪水方割（《虞夏書·堯典》）、「蕩蕩懷山襄陵」（《虞夏書·堯典》）、「浩浩滔天」（《虞夏書·堯典》）、「浩浩懷山襄陵」（《虞夏書·益稷》）、「穆穆在上」（《周書·呂刑》）、「眇眇予末小子」（《周書·顧命》）、「昧昧我思之」（《周書·秦誓》）、「斷斷猗無他技」（《周書·秦誓》）。

2. 動詞謂語前置。

例如：「監我士、師、工」（《周書·洛誥》）、「興我小邦周」（《周書·大誥》）、「告爾多士」（《周書·多士》）、「告爾殷多士」（《周書·多士》）、「告爾四國多方」（《周書·多方》）、「告爾有方多士」（《周書·多方》）、「告爾祥刑」

〔註75〕按，此三句「頂真」。《虞夏書·舜典》：「慎徽五典，五典克從；納於百揆，百揆時敘；賓於四門，四門穆穆；」

（《周書・呂刑》）。

（二）賓語前置句

1. 否定句（不、無）中代詞賓語前置

語法形式爲：「（不、無）＋（我、爾、汝、卬）＋V」。例如，不爾：「我不爾動」（《周書・多士》）、「今予惟不爾殺」（《周書・多士》）、不汝：「不汝瑕殄」（《周書・康誥》）、不卬：「不卬自恤」（《周書・大誥》）無我：「無我殄享」（《周書・康誥》）、「無我怨」（《周書・多士》）、「在位誕無我責」（《周書・君奭》）、「無我怨」（《周書・多方》）、無時：「無時或怨」（《周書・無逸》）（時：此人）。

馬漢麟《古代漢語講義》一書，[註76] 表示否定的句字叫否定句。在古代漢語中，否定句動詞賓語如果是代詞，這個代詞賓語，一般放在動詞的前面，這是古代漢語特有的句法。可歸納兩點特點：

第一、動詞前面有「不」、「未」等否定副詞的否定句。在這種否定句裡，動詞的賓語如果是代詞，它一般放在動詞前面。

第二、以無指代詞作主語的否定句。在這種否定句裡，動詞的賓語如果是代詞，一般也放在動詞前面。

2. 代詞「是」作動詞賓語前置

語法形式有單用「是＋V」。例如：「惟永終是圖」（《周書・金縢》）、「是叢于厥身」（《周書・無逸》）、「罔不是孚」（《周書・君奭》）、「是惟暴德」（《周書・立政》）、「是訓用違」（《周書・立政》）、「是罔顯在厥世」（《周書・立政》）、「是惟艱哉」（《周書・秦誓》）、「惟婦言是用」（《周書・牧誓》）、「惟慢遊是好」（《虞夏書・益稷》）、「敖虐是作」（《虞夏書・益稷》）、「是降丘宅土」（《虞夏書・禹貢》）、「西傾因桓是來」（《虞夏書・禹貢》）。

語法形式有連用「是＋V1＋是＋V2」。例如：「是彝是訓」（《周書・洪範》）、「是訓是行」（《周書・洪範》）、「是信是使」（《周書・牧誓》）。

3. 「攸」作動詞賓語前置

語法形式爲：「O＋攸＋V」。「攸」附著在動詞之前組成的短語，這些短語都是名詞性。考探今文《尚書》中，「厥攸」、「攸」後面都是加單動詞。例

〔註76〕同註14，頁35～36。所謂「無指代詞」是，古代漢語有「莫」和「無」等字，當它們在句中分別充當主語的時候，意思是「沒有人」或「沒有東西」等等，這種用法的「莫」和「無」我們叫它無指代詞。

如：「厥攸作，視民利用遷。」（《商書・盤庚中》）、「盤庚既遷，奠厥攸居。」（《商書・盤庚下》）、「罔有攸赦」（《商書・湯誓》）、「無或敢伏小人之攸箴」（《商書・盤庚上》）、「汝不憂朕心之攸困」（《商書・盤庚中》）、「彝倫攸敘」「彝倫攸斁」（《周書・洪範》）、「茲攸俟」（《周書・金縢》）、「予惟往求朕攸濟」（《周書・大誥》）、「予曷其不於前寧人圖功攸終」（《周書・大誥》）、「監罔攸辟」（《周書・梓材》）、「予惟四方罔攸賓。亦惟多士攸服」（《周書・多士》）、「乃非民攸訓，非天攸若」（《周書・無逸》）、「乃爾攸聞」（《周書・多方》）、「陽鳥攸居」（《虞夏書・禹貢》）、「灃水攸同」（《虞夏書・禹貢》）、「九州攸同」（《虞夏書・禹貢》）。

4.「來」作動詞賓語前置

語法形式為：「O＋來＋V」。「來」在前置賓語和動詞之間，故這邊的「來」為動詞詞頭。凡 3 見。例如：「五者來備」（《周書・洪範》）、「祖考來格」（《虞夏書・益稷》）、「鳳皇來儀」（《虞夏書・益稷》）。

5. 代詞「之」作動詞賓語前置

「之」在前置賓語和動詞之間，有兩種情形：第一、「O＋之＋V」。第二、「惟＋O＋之＋V」。故這邊的「之」作為代詞，複指前面的賓語。

（1）語法形式為：「O＋之＋V」。例如：「熙帝之載」（《虞夏書・舜典》）（《虞夏書・益稷》）、「予欲觀古人之象」（《虞夏書・益稷》）、「敕天之命」（《虞夏書・益稷》）、「致天之罰」（《商書・湯誓》）、「罔知天之斷命」（《商書・盤庚上》）、「若火之燎于原」（《商書・盤庚上》）、「邦之臧」（《商書・盤庚上》）、「邦之不臧」（《商書・盤庚上》）、「惟家之索」（《周書・牧誓》）、「時人斯其惟皇之極」（《周書・洪範》）、「大辟之罰」（《周書・呂刑》）、「民之亂」（《周書・呂刑》）、「牿之傷」（《周書・費誓》）、「心之憂」（《周書・秦誓》）、「人之有技」（《周書・秦誓》）、「亦尚一人之慶」（《周書・秦誓》）。

（2）、「惟＋O＋之＋V」。例如：「惟刑之恤哉」（《虞夏書・舜典》）、「惟家之索」（《周書・牧誓》）、「乃惟四方之多罪逋逃」（《周書・牧誓》）、「惟恭行天之罰」（《周書・牧誓》）、「時人斯其惟皇之極」（《周書・洪範》）、「惟文王之敬忌」（《周書・康誥》）、「克受殷之命」（《周書・酒誥》）、「又惟殷之迪諸臣惟工」（《周書・酒誥》）、「姑惟教之有斯明享」（《周書・酒誥》）、「惟耽樂之從」（《周書・無逸》）、「以庶邦惟正之供」（《周書・無逸》）、「以萬民惟正之供」（《周書・無逸》）、「洪惟圖天之命」（《周書・多方》）、「惟夏之恭多

士」(《周書・多方》)、「我則末惟成德之彥」(《周書・立政》)、「罔不惟德之勤」(《周書・呂刑》)、「罔不惟民之承保」(《商書・盤庚中》)、「罔丕惟進之恭」(《周書・多方》)。

三、「有」字句的句型

此「有」字句所指的是詞頭的「有」，非有無句的有。「詞頭」有的稱為「前綴」，上古漢語中詞頭的運用尤以《詩經》為最。其他的《尚書》、《韓非子》、《莊子》等也有運用。《經傳釋詞》說：「有，語助也。一字不成詞，則加有以配之。若虞夏周皆國名，而言有虞有夏有殷有周是也。推之他類亦多有此，故邦曰有邦、家曰有家⋯⋯。」〔註77〕古代漢語的詞頭，一般只出現於上古漢語，秦漢以後很少使用。

以下分別從「有＋名詞」、「有＋形容詞」、「有＋動詞」說明。

（一）「有」＋名詞

「有」字作為詞頭，最常用於專用詞的前面，常見的有上古的朝代名、國名、部族名。(《莊子・人間世》)云：「禹攻有扈」、(《韓非子・五蠹》)云：「號之是有巢氏」《漢語史稿》說：「根據我們初步觀察，上古名詞的前面往往有類似詞頭的成份，如『有』字。他經常是加在國名、地名、部落名的前面，如有虞、有扈、有仍、有莘、有熊、⋯⋯」。〔註78〕這種朝代名詞前面加「有」，一直沿用到後代，如：「有唐」、「有明」等。

1. 朝代名：「有夏」、「有殷」、「有周」

有　　　夏	篇　　名	篇　次	合　計
我不可不監於有夏	(《周書・召誥》)		14次
有夏服天命	(《周書・召誥》)	3次	
丕若有夏歷年	(《周書・召誥》)		
有夏不適逸	(《周書・多士》)	1次	
惟文王尚克修和我有夏	(《周書・君奭》)	2次	
有夏誕厥逸	(《周書・多方》)	6次	
崇亂有夏	(《周書・多方》)		

〔註77〕〔清〕王引之：《經傳釋詞》(江蘇：江蘇古籍出版，2000年9月)，頁32。
〔註78〕同註71，頁217。

亦惟有夏之民	（《周書・多方》）		
刑殄有夏	（《周書・多方》）		
非天庸釋有夏	（《周書・多方》）		
乃惟有夏	（《周書・多方》）		
古之人迪惟有夏	（《周書・立政》）	2 次	
乃伻我有夏	（《周書・立政》）		

有　　殷	篇　　名	篇　次	合　計
今相有殷	（《周書・召誥》）		
亦不可不監於有殷	（《周書・召誥》）	4 次	
有殷受天命	（《周書・召誥》）		
式勿替有殷歷年	（《周書・召誥》）		9 次
保乂有殷	（《周書・多士》）	1 次	
保乂有殷	（《周書・君奭》）		
保乂有殷	（《周書・君奭》）	3 次	
有殷嗣	（《周書・君奭》）		
惟時受有殷命哉	（《周書・君奭》）		
非天庸釋有殷	（《周書・多方》）	1 次	

有　　周	篇　　名	篇　次	合　計
比介於我有周禦事	（《周書・召誥》）	1 次	
我有周佑命	（《周書・多士》）	1 次	
我有周既受	（《周書・君奭》）	1 次	5 次
非我有周秉德不康寧	（《周書・多方》）		
我有周惟其大介賚爾	（《周書・多方》）	2 次	

2. 部落名：「有苗」

有　　苗	篇　　名	篇　次	合　計
何遷乎有苗	《虞夏書・皋陶謨》	1 次	1 次

另外，古文《尚書》有「有扈氏威侮五行」（《虞夏書・甘誓》）。

3. 地方名：「有邦」、「有方」、「有家」、「有室」

有　邦	篇　名	篇　次	合　計
亮采有邦	《虞夏書・皋陶謨》	2次	4次
無教逸欲有邦	《虞夏書・皋陶謨》		
有邦間之	《周書・多方》	1次	
有邦有土	《周書・呂刑》	1次	

有　方	篇　名	篇　次	合　計
告爾有方多士	《周書・多方》	1次	1次

有　家	篇　名	篇　次	合　計
夙夜浚明有家	《虞夏書・皋陶謨》	1次	1次

有　室	篇　名	篇　次	合　計
乃有室大競	《周書・立政》	1次	1次

4. 稱謂：「有王」、「有正」、「有事」、「有僚」、「有眾」

有　王	篇　名	篇　次	合　計
有王雖小	《周書・召誥》	1次	1次
有正（大臣）	篇　名	篇　次	合　計
非克有正	《周書・君奭》	1次	3次
文王誥教小子有正、有事	《商書・酒誥》	2次	
庶士、有正，越庶伯君子			

有事（小臣）	篇　名	篇　次	合　計
文王誥教小子有正、有事	《商書・酒誥》	1次	1次

有僚（官員）	篇　名	篇　次	合　計
伻嚮即有僚	《周書・洛誥》	1次	1次

有　　眾	篇　　名	篇　次	合　計
今爾有眾	《商書・湯誓》	1 次	
其有眾咸造	《商書・盤庚中》		
綏爰有眾	《商書・盤庚下》	2 次	4 次
簡孚有眾	《周書・呂刑》	1 次	

5. 其　他

（1）只出現一次的詞頭：「惟有司之牧夫」（《周書・立政》）、「天敘有典」（《虞夏書・皋陶謨》）、「天秩有禮」（《虞夏書・皋陶謨》）、「民不適有居」（《商書・盤庚上》）、「無弱孤有幼」（《商書・盤庚上》）、「明作有功」（《周書・洛誥》）。

（2）出現二次的詞頭：「惟有司之牧夫」（《周書・立政》）。

（二）「有」＋形容詞

上古文獻中有字還常常放在形容詞、動詞之前，如「桃之夭夭，有蕡其實。」（《詩經・桃夭》）、「春日載陽，有鳴倉庚。」（《詩經・七月》）、「不以我歸，憂心有忡。」（《詩經・擊鼓》）、「四騏翼翼，路車有奭。」（《詩經・采芑》），「有」也是無義助詞。今文《尚書》中也有「有＋形容詞」，例如：「率寧人有指疆土」（《周書・大誥》）、「惟禦事厥棐有恭」（《周書・酒誥》）。

（三）「有」＋動詞

「曷不暨朕幼孫有比！」（《商書・盤庚中》）、「有敘時，乃大明服」（《周書・康誥》）、「我惟有及」（《周書・康誥》）、「爾所弗勗，其於爾躬有戮！」（《周書・牧誓》）。

從以上統計「有」字句後，可得到以下結論：

1. 「有」＋名詞中的朝代名，如：「有夏」、「有殷」、「有周」，所佔的數目最多。而「有商」一詞，只出現在古文《尚書》中，例如：「皇天眷佑有商」（《商書・太甲》）、「非天私我有商」（《商書・咸有一德》）、「專美有商」（《商書・說命》），共 3 見。也可從此詞彙中，佐證古文《尚書》這三篇是更晚期之作。

2. 除了「有周」一詞曾在（《周書・立政》）此篇單獨出現外，「有夏」、「有殷」、「有周」共同特色，就是只有出現在（《周書・召誥》）、（《周書・多士》）、（《周書・多方》）、（《周書・君奭》）這四篇。故可以推斷，（《周書・召誥》）

（《周書・多士》）、（《周書・多方》）、（《周書・君奭》）三篇成書應該差不多。

3. 撰寫（《周書・召誥》）、（《周書・多士》）（《周書・多方》）（《周書・君奭》）三篇的史官，確定爲周朝官吏，並非殷代遺民，因爲行文中「有周」前面一定有個「我」字。例如：「我有周禦事」、「我有周佑命」、「我有周既受」、「我有周秉德不康寧」、「我有周惟其大介賚爾」。而古文《尚書》中所出現的「有周」一詞，並不一定會加上「我」字，例如：「雖有周親」（《周書・泰誓》）。

4. 「有周」一詞與「有夏」、「有殷」最大不同，就是「有周」不放置在句尾。

5. 今文《尚書》中，「有＋形容詞」、「有＋動詞」的情形並不如「有＋名詞」的頻率多，只有少數幾個。

第四章 今文《尚書》祈使句類型析論

第一節 祈使句之義界、句式與用詞

一、祈使句之義界

　　朱德熙《語法講義》一書，〔註1〕祈使句的作用是要求聽話人做某事。王力《中國現代語法》一書，〔註2〕凡表示命令、勸告、請示、告誡者，叫做祈使語氣。李佐豐《上古語法研究》一書，〔註3〕祈使句是希望、要求聽話者去做某事，或勸阻、禁止聽話者去做某事。這種句子是要求聽話的人，或採取不採取某種行動，所以不是在表述命題。楊伯俊、何樂士《古漢語語法及其發展》一書，〔註4〕祈使句表示對對方的請求、命令、勸說或禁止，它常用於對話中。呂冀平《漢語語法基礎》一書，〔註5〕一個句子，不論它的具體內容是什麼，只要它的目的是要求對方做一件事情，它的作用就是祈使。這樣的句子叫作祈使句。祈使句的句尾語調一般下降，書面上用句號或感歎號「！」表示。

　　祈使句的內容，可以分成兩個方面：一、要求對方作某件事情，我們可以稱之為「命令」或「請求」；二、要求對方不要作某件事情，我們可以稱之

〔註1〕　朱德熙：《語法講義》（北京：商務印書館，2004年，8月），頁23～24。
〔註2〕　王力：《中國現代語法》（北京：商務印書館，1985年6月），頁171。
〔註3〕　李佐豐：《上古語法研究》（北京：廣播學院出版，2004年8月），頁61。
〔註4〕　楊伯俊、何樂士：《古漢語語法及其發展》（北京：語文出版，2003年1月），頁893～897。
〔註5〕　呂冀平：《漢語語法基礎》（北京：商務印書館，2000年1月），頁364。

爲「禁止」或「勸阻」。當然,「命令」或「請求」裡也可以有要求對方不做某件事的。這裡的分類只是爲了敍述上的方便,不是嚴格意義上的劃界。「命令」和「請求」都是要求對方作某件事情,比較起來,「命令」的語氣堅決,肯定,帶有強制性;「請求」的語氣委婉,和緩,不帶有強制性。

祈使句的目的,劉景農《漢語文言語法》一書,〔註6〕認爲祈使句以支配行動爲目的,感歎句以表達情感爲目的,作用跟陳述句、疑問句有別。祈使句、感歎句這兩種句都可通用表達陳述或疑問的語氣詞,不過在語氣上不完全相同。而根據商拓〈淺論理想祈使語氣的表達〉一文,〔註7〕祈使句它要求或希望聽話人(或包括說話人自己)產生、繼續或停止、不產生某種行爲。它在意義上包括禁止、警告、請求、建議、商量、說服、催促、願望等。理想祈使語氣的基本要素是:一、話語的內容能準確表達說話人的意圖。二、聽話人能深刻理解話語的含義。三、聽話人能接受說話人的祈使,並能付諸行動。

二、祈使句之句式

楊伯俊、何樂士《古漢語語法及其發展》一書,〔註8〕祈使句形式上的特點:一、有表示祈使語氣的副詞如「其、尚、惟、必、宜……等」;二、有表示祈使的助動詞或動詞等;如「可、願、幸、乞、祈」等。三、勸說對方不做什麼,有否定副詞「勿、弗、無(毋)、莫」等。四、句式中語氣詞使用不多,有時配合文義有語氣詞「哉、也、矣、來、者、兮、乎」等。

薛玉萍〈漢語祈使句和形容詞的類〉一文,〔註9〕祈使句可以分別出兩種類型系統:意義類和形式類。從表意功能上看,祈使句可以表示命令、建議、請求以及與之相對的禁止、勸阻等。據此,祈使句的意義類可以分成三類六

〔註6〕 劉景農:《漢語文言語法》(北京:中華書局,2003年10月),頁343。
〔註7〕 商拓:〈淺論理想祈使語氣的表達〉,《貴州教育》第9期(1996年),頁46~48。
〔註8〕 同註4,頁893~897。
〔註9〕 薛玉萍:〈漢語祈使句和形容詞的類〉,《語言與翻譯》第4期(總第68期)(2001年),頁30~32。就祈使句而言,從句法形式看,它的謂語主要由表示動作、行爲的謂詞性詞語充當,主語往往是第二人稱代詞「你、您、你們」,或者第一人稱代詞複數式「咱們、我們」。這種句子的最純正形式僅限于那些帶一個顯然可見(即被說明)的或未明確表示(即可理解)的第二人稱主語(你、你們)的命令請求句。從表達功能上看,祈使句的作用主要是要求(包括命令、希望、懇求等)聽話人做或不做某事。

種：命令句和禁止句、建議句和勸阻句、請求句和乞免句。從結構形式上看，祈使句可以分爲肯定式和否定式兩大類。否定式中含有「別、甭、少、不要、不用、不許、不准」等否定性詞語，肯定式中不含有這類否定性詞語。

三、祈使句之用詞

　　楊伯俊、何樂士《古漢語語法及其發展》一書，〔註10〕祈使句從語氣詞可分：無語氣詞的祈使句、有語氣詞的祈使句。無語氣詞的祈使句中，祈使句大多比較簡短，尤其是命令句，最短的可以只用一個動詞，如：「來」大多數無語氣詞的祈使句都有表祈使的副詞或助動詞，其中用得最多的是「其」。有語氣詞的祈使句有「哉、也、矣」等等。

　　馬漢麟《古代漢語講義》一書，〔註11〕祈使語氣是說話人表示勸請、命令或禁止的語氣，以支配行動爲目的。古代漢語常用的表示祈使的語氣詞有「也」、「矣」、「乎」、「來」等字，常用的表示祈使語氣的副詞有「願」、「請」、「惟」（唯）「其」等字。

　　劉景農《漢語文言語法》一書，〔註12〕命令的語氣多用「矣」，「也」和「哉」也可用；禁止的語氣詞大都用「也」。凡強制性的命令句，語調急促，不帶語氣詞，如《虞夏書・堯典》：「女后稷，播時百穀！」。禁止句是以阻止行動爲主，句中必須有否定詞「毋」「勿」「無」等。禁止的語調短促，也不用語氣詞。

　　張世祿《古代漢語教程》一書，〔註13〕常用於祈使句的語氣有「唯、惟、祈、來」等。除此之外，有一些語氣詞用來表示判斷、呼喚和應諾，句中停頓等。

　　朱德熙《語法講義》一書，〔註14〕祈使句的謂語只能是表示動作或行爲的動詞或動詞性結構，主語往往是第二人稱代詞「你，您，你們」。不過祈使的主語常常略去不說。總起來說，祈使句的主語只能是「你、你們、您、咱們、我們」，不能是第一人稱代詞「我」和第三人稱代詞「他、他們」。因此如果把祈使句的主語換成「我、他、他們」，原來的祈使句就會改變性質轉換爲敘述句。有的時候我們不是用第二人稱代詞「你」，而是用聽話人的名字來

〔註10〕同註 4，頁 893～897。
〔註11〕馬漢麟：《古代漢語講義》（天津：天津古籍出版，2004 年 2 月），頁 71。
〔註12〕同註 6，頁 343～頁 346。
〔註13〕張世祿：《古代漢語教程》（上海：復旦大學出版，2000 年 7 月），頁 222。
〔註14〕同註 1，頁 204～頁 206。

做祈使句的主語。祈使句可以是肯定形式的，也可以否定形式。否定形式的祈使句用「別」或「甭」。

馬建忠《馬氏文通》（卷九）一書說：「凡助字之疊助一句也，各以其本意相加，非以二三字之合助而更換一新意者也。」〔註15〕助詞連用，還有「焉爾」、「焉耳」、「焉哉」、「矣夫」、「也夫」、「也與」、「而已矣」等形式，連用有加強語勢的作用。

第二節　今文《尚書》祈使句詮釋舉隅

劉景農《漢語文言語法》一書，〔註16〕祈使句本來以支配行動為主，又可叫做命令，而祈使的反面就是禁止，因而祈使句又可分為「命令句」和「禁止句」兩種。黃六年《漢語文言語法綱要》一書，〔註17〕祈使句以支配行動為主，包含「命令」和「禁戒」兩種。表命令的多用「矣」，也可用「也」、「哉」等字；表禁戒的多半用「也」字。不過真正的命令語氣，一般都不用助詞，使語氣直率，語調急促。禁戒是以阻止行動為主，句中必須要有「毋」、「勿」等否定副詞。表示禁戒語氣，可以不用語末助詞。張玉金《西周漢語語法研究》一書，〔註18〕把祈使句分為兩類：「命令請求句」和「禁止勸阻」，前者是要求對方做某事的句子，後者是要求對方不做某事的句子。以下分兩點說明。

一、命令請求句

高明凱《漢語語法論》一書，〔註19〕認為命令其實有兩種：一種是權威的命令，一種是客氣的命令。前者就是一般武斷式的命令，所謂軍令即其代表；後者則是請求式命令。一般的看法是把命令和請求看作兩回事，命令是由上向下的發令，請求是由下向上的懇求；前者難於違反，後者則不能強制他人。然而這兩者其實只是同一件事表現於不同的環境。兩者的目的都是要人有動作，不過因為自己地位不同，環境的殊異，勢力的強弱，就只好變更

〔註15〕馬建忠：《馬氏文通》（台北：世界書局，1989 年 11 月），頁 481。
〔註16〕同註 6，頁 343。
〔註17〕黃六年：《漢語文言語法綱要》（台北：華正書局，2000 年 8 月），頁 202。
〔註18〕張玉金：《西周漢語語法研究》（北京：商務印書館，2004 年 8 月），頁 382～383。
〔註19〕高明凱：《漢語語法論》（台北：台灣開明書店，1993 年 2 月），頁 612～613。

命令的方式。

（一）表示祈使的語氣詞「乎、哉、來」

《尚書》表示祈使的語氣詞只有「乎、哉、來」字，並沒有「也、兮、者」。

1. 乎

乎，「語之餘也。从兮，象聲上越揚之形也。」，「乎」有很多意思：第一、助詞，表祈使語氣。相當於「吧」。例如，《戰國策·齊》云：「姑反國統萬人乎！」〔註20〕第二、歎詞，感歎的語氣，相當於「啊」。例如，《論語·子罕》：「惜乎！吾見其進也，未見其止也。」〔註21〕

（1）曰：「吁！囂訟，可乎？」（《虞夏書·堯典》）

按：「可乎」中，主語省略，指堯帝的兒子單朱；「可」是單詞，作動詞；「乎」是句末語氣詞。此段描述堯帝謹慎選賢任能，包括自己兒子都不包庇。

「囂」有兩種詮釋。

第一、「囂，不忠信之言」，《孔傳》、《孔疏》、《蔡傳》、《錢、江》主張此說。《孔傳》詮釋爲：吁，疑怪之辭。言不忠信爲囂，又好爭訟，可乎！言不可。《孔疏》詮釋爲：「吁」者必有所嫌而爲此聲，故以爲「疑怪之辭」。《左傳·僖二四年》曰：「口不道忠信之言爲囂。」〔註22〕是「言不忠信爲囂」也。其人心既頑囂，又好爭訟，此實不可，而帝云「可乎」，故吁聲而反之。「可乎」，言不可也。（頁26）《蔡傳》詮釋爲：吁者，歎其不然之辭。囂，謂口不道忠信之言。訟，爭辯也。朱蓋以其開明之才，用之於不善，故囂訟，禹所謂傲虐是也。此見堯之至公至明，深知其子之惡，而不以一人病天下也。（頁 3）《錢、江》譯爲：堯帝說：「唉！他說話虛妄，又好爭辯，可以嗎？」（頁20）

第二、「囂，荒謬之言」，屈氏主張此說。屈氏譯爲：天子說：「唉！他言論荒謬，又好爭論，怎麼可以呢！」（頁6）

〔註20〕〔西漢〕劉向輯錄：《戰國策·齊》（上海：上海古籍出版社，1978 年），頁399。

〔註21〕〔清〕阮元刻本：《十三經注疏論語·子罕》（台北：藝文印書館，1955年），頁80。

〔註22〕〔清〕阮元刻本：《十三經注疏左傳·僖二四年》（台北：藝文印書館，1955年），頁255。

「嚚」，一般有兩種意思。第一、奸詐。例如，《左傳・僖二四年》曰：「口不道忠信之言爲嚚」。〔註 23〕第二、啞。例如，《國語・晉語》曰：「嚚瘖不可使言」。〔註 24〕故此句「吁！嚚訟，可乎？」中的「嚚」，應該是說話不忠信的意思。另外，「可乎？」意思是「不可以」。又如，《虞夏書・堯典》：「試可乃已。」是指「不可」的省略。

（2）能哲而惠，何憂乎驩兜？何遷乎有苗？何畏乎巧言令色孔壬? （《虞夏書・皋陶謨》）

按：「何憂乎驩兜？」、「何遷乎有苗？」、「何畏乎巧言令色孔壬？」中，「何」爲疑問指稱詞，「憂」、「遷」、「畏」爲單詞，作動詞；「乎」是語氣詞，無意義；「驩兜」是專有名詞，「有苗」是複詞，「巧言令色孔壬」是偏正短語，「巧言令色」修飾「孔壬」。此段描述皋陶與禹討論如何知人善任、安撫民眾。

此段「何畏乎巧言令色」一句，到底畏的是誰？

第一、《孔傳》、屈氏，沒有說明。《孔傳》只用「之徒」二字，表示和「驩兜」、「有苗」一樣是「孔壬」諂佞之人。《孔傳》詮釋爲：孔，甚也。巧言，靜言庸違。令色，象恭滔天。禹言有苗、驩兜之徒甚佞如此，堯畏其亂政，故遷放之。屈氏譯爲：既能夠明智而又仁愛，那爲什麼還擔憂驩兜？爲什麼還放逐苗族？爲什麼還怕那花言巧語又和顏悅色的極諂佞之人呢？（頁 22）

第二、指「共工」，《孔疏》、《蔡傳》、《錢、江》主張此說。《孔疏》詮釋爲：上句既言「驩兜」、「有苗」，則此「巧言令色」共工之行也。……「孔壬」之文在三人之下，總上三人皆甚佞也。（頁 60）《蔡傳》詮釋爲：言能哲而惠，則智仁兩盡，雖黨惡如驩兜者不足憂，昏迷如有苗者不足遷，與夫好言善色，大包藏姦惡者不足畏，是三者，舉不足害吾之治，極言仁智功用如此其大也。或曰，巧言令色孔壬，共工也。禹言三凶而不及鯀者，爲親者諱也。（頁 16）《錢、江》譯爲：能做到明智和受人愛戴，怎麼會擔心驩兜？怎麼會流放三苗？怎麼會畏懼善於花言巧語、察言觀色的壞人共工呢？（頁 55）

《孔傳》雖然不言共工，而以「之徒」概括之，但可從「遷」、「憂」、「畏」互承，「畏」應該是另有所指，故此指「共工」。而四凶只有說明三者，馬融云：「禹爲父隱，故不言鯀也。」

〔註 23〕〔清〕阮元刻本：《十三經注疏左傳・僖二四年》（台北：藝文印書館，1955年），頁 255。
〔註 24〕〔周〕左丘明：《國語・晉語》（台北：里仁書局，1980 年），頁 386。

2. 哉

「哉」當助詞有很多意思。第一、表驚歎或感歎。例如,《左傳·襄二七年》云:「善哉!民之主也。」〔註25〕第二、表疑問或反詰。例如,《詩經·北門》云:「天實爲之,謂之何哉?」〔註26〕第三、表祈使。例如,《詩經·殷其靁》云:「歸哉歸哉!」〔註27〕第四、表擬議。例如,《虞夏書·堯典》云:「我其試哉!」

（1）天聰明,自我民聰明;天明畏,自我民明威。達於上下,敬哉有土!（《虞夏書·皋陶謨》）

按:「敬哉有土」中,「謂語」放在「主語」之前。「敬哉」作謂語,「敬」是單詞,「哉」是句末語氣詞;「有土」作主語,是複詞。此段描述天的意志是由百姓而來,故要善待百姓。〈泰誓〉也云「天聽自我民聽,天視自我民視」。〔註28〕即天子順民心,必將受天之福。

此段詮釋在「天聰明,自我民聰明」的不同,有三種說法。

第一、「聰明」謂「聞見」之意,《孔傳》、《孔疏》主張此說。《孔傳》詮釋爲:言天因民而降之福,民所歸者天命之。天視聽人君之行,用民爲聰明。天明可畏,亦用民成其威。《孔疏》詮釋爲:皇天無心,以百姓之心爲心。此經大意言民之所欲,天必從之。「聰明」謂聞見也,天之所聞見,用民之所聞見也。然則「聰明」直是見聞之義,其言未有善惡;以下言「明威」,是天降之禍,知此「聰明」是天降之福。（頁181~182）

第二、「聰明」謂「視聽」之意,《蔡傳》、《錢、江》主張此說。《蔡傳》詮釋爲:明者,顯其善,畏者,威其惡,天之聰明,非有視聽也。因民之視聽,以爲聰明,天之明畏,非有好,惡也。因民之好惡以爲明畏。（頁17）《錢、江》譯爲:老天聽取意見、觀察問題,是從臣民聽取意見、觀察問題中得來的。老天表彰好人、懲治壞人,是根據臣民的意見表彰和懲治的。老天的意旨和臣民的意見是相通的,要謹慎啊,有國土的君王!（頁59）

〔註25〕〔清〕阮元刻本:《十三經注疏左傳·襄二七年》（台北:藝文印書館,1955年）,頁647。

〔註26〕〔清〕阮元刻本:《十三經注疏詩經·北門》（台北:藝文印書館,1955年）,頁101。

〔註27〕〔清〕阮元刻本:《十三經注疏詩經·殷其靁》（台北:藝文印書館,1955年）,頁57。

〔註28〕今見於僞古文〈泰誓〉,實襲取《孟子·萬章上》。

第三、「聰明」謂「耳目」之意，屈氏主張此說。屈氏認為天所以聰明，由於我民而聰明。意謂民之耳目，即天之耳目。屈氏譯為：天的聰明，由於我們人民而來；天揚善罰惡，由我們人民的揚善罰惡的意見而決定。天意民意是相通的，謹慎啊！有國的君主們！（頁24）

筆者認為，「聰」聽取意見；「明」觀察問題。而《孔傳》、《孔疏》之「聞見」，屈氏之「耳目」並沒有判斷是非之用，而《蔡傳》、《錢、江》之「視聽」表示上天意見是從臣民聽取意見、觀察問題中得來，因此之故，從《蔡傳》、《錢、江》之詮釋。

（2）嗚呼！允蠢鰥寡，哀哉！予造天役，遺大投艱於朕身。（《周書・大誥》）

按：「哀哉」中，「哀」是單詞；「哉」是句末語氣詞。此段描述成王了解發動戰爭，會造成種種苦難。

「允蠢鰥寡」各家詮釋不同。

第一、「允，信也」、「鰥寡，無妻無夫也」，《孔傳》、《孔疏》、《蔡傳》主張此說。《孔傳》詮釋為：故我童人成王，長思此難而歎曰：「信蠢動天下，使無妻無夫者受其害，可哀哉！我周家為天下役事，遺我甚大，投此艱難於我身。言不得已。」《孔疏》詮釋為：嗚呼！四國今叛，信蠢動天下，使鰥寡受害，尤可哀哉！⋯⋯此事遺我，故為甚大。以大役遺我，以為甚大，而又投擲此艱難之事於我身，謂當己之時有四國叛逆，言己職當靜亂，不得以己也。（頁192）《蔡傳》詮釋為：歎息言信四國蠢動，害及鰥寡，深可哀也。然我之所為，皆天之所役使。今日之事，天實以其甚大者，遺於我之身，以其甚艱者，投於我之身。（頁83）

第二、「允，信，實在」、「鰥寡，苦難的人民」，《錢、江》主張此說。《錢、江》譯為：唉！確實驚擾了苦難的人民，真痛心啊！我受上帝的役使，上帝把艱難的事重託給我。（頁284）

第三、「允，用也。」、「鰥寡，孤苦無依的人」，屈氏主張此說。屈氏譯為：唉！（這叛亂）用以騷擾了孤苦無依的人，可憐啊！我受到老天的指使，把重大的責任和艱鉅的事情投擲在我身上。（頁92）

屈氏將「允」解釋為「用」，乃是根據《經傳釋詞》說法。《經傳釋詞》將「允」分為三個意思。第一、「允」猶「用」也。第二、「允」猶「以」也。第三、「允」發語詞也。（見附錄「允」），《經傳釋詞》「允」解釋為「用」，

如下：

1. 猶「用」也。家大人曰：允、猶「用」也。（用亦語詞，義見用字下。）	（1）《虞夏書·堯典》曰：允釐百工。言「用釐百工」也。 （2）《虞夏書·皋陶謨》曰：允迪厥德。言「用迪厥德」也。庶君用諧。言「庶君用諧」也。（庶尹用諧，猶言神人以和。周官大司樂疏，引鄭注曰：允、信也。文義未安。） （3）《周書·大誥》曰：允蠢鰥寡。言「用動鰥寡」也。

「允」有很多意思。第一、允許；答應。例如，韓愈〈上鄭尚書相公啟〉曰：「不蒙察允，遽以慚歸。」〔註29〕第二、誠實；誠信。例如，《左傳·襄五年》曰：「成允成功。」〔註30〕第三、確實，果真。例如，《詩經·公劉》曰：「度其夕陽，豳居允荒。」〔註31〕第四、恰當。例如，《後漢書·虞詡傳》曰：「案法平允。」〔註32〕第五、助詞。無義。用在句首。例如，《詩經·時邁》曰：「允王維后。」〔註33〕

《經傳釋詞》將「允」解釋爲「用」、「以」。故王引之在《經傳釋詞》曰：「《墨子·明鬼》引《商書》曰：『百獸貞蟲，允及飛鳥，莫不比方』。言『百獸貞蟲，以及飛鳥』也。『以』與『用』同義；故『允』可訓爲『用』；亦可訓爲『以』。」但根據筆者考探，《商書》沒有「百獸貞蟲，允及飛鳥，莫不比方」文句，但《墨子·明鬼》有「《商書》，曰：『嗚呼！古者有夏，方未有禍之時，百獸貞蟲，允及飛鳥，莫不比方』」文句。故王引之《經傳釋詞》言《墨子·明鬼》說：「百獸貞蟲，以及飛鳥」，所以「以」、「用」同義；故「允」可訓爲「用」，筆者存疑。故贊成「允蠢鰥寡」的「允」解釋爲「信」，指叛徒眞的蠢動起來。「鰥寡」一般雖指的無妻或喪妻的老人，但此孤苦無依的百姓。

（3）嗚呼！肆哉！爾庶邦君，越爾御事。（《周書·大誥》）

按：「肆哉」中，「肆」是單詞，「哉」是句末語氣詞。此段說明周公將遵從吉占，率領諸侯東征。

〔註29〕〔清〕董誥編：《全唐文》（北京：中華書局，1983年），頁5611。
〔註30〕〔清〕阮元刻本：《十三經注疏左傳·襄五年》（台北：藝文印書館，1955年），頁514。
〔註31〕〔清〕阮元刻本：《十三經注疏詩經·公劉》（台北：藝文印書館，1955年），頁615。
〔註32〕〔南宋〕范曄：《後漢書·虞詡傳》（台北：鼎文書局，1981年），頁1865。
〔註33〕〔清〕阮元刻本：《十三經注疏詩經·時邁》（台北：藝文印書館，1955年），頁717。

　　歷來諸家對「肆」有不同詮釋。

　　第一、「肆，今也」，《孔傳》詮釋為：歡今伐四國必克之故，以告諸侯及臣下蒞治事者。（頁 194），故對「肆」字應該是詮釋為「今」。

　　第二、「肆，放也」，《蔡傳》主張此說。《蔡傳》詮釋為：肆，放也。欲其舒放而不畏縮也。（頁 85）

　　第三、「肆，力也」，《錢、江》、屈氏主張此說。《爾雅・釋詁》曰：「肆，力也。」所以「肆」為努力的意思。《錢、江》譯為：啊！努力吧！你們各位邦君和各位官員。（頁 287）屈氏譯為：啊！要努力呀你們眾國君，及你們眾官員們。（頁 95）

　　「肆」在《經傳釋詞》中，有兩種解釋：第一、「肆，遂也。」第二、引《爾雅》曰：「肆，故也」（見附錄「肆」）但是《錢、江》、屈氏都沒有採用。

　　「肆」可以作副詞、連詞、量詞、動詞。第一、作副詞，有「甚、極」的意思。例如，《詩經・崧高》曰：「其風肆好。」〔註34〕第二、作連詞，有「故、所以」的意思。第三、作量詞，指古代編懸樂器的單位。例如，《左傳・襄十一年》曰：「歌鐘二肆。」〔註35〕第四、作動詞有「陳設、放縱、盡力、赦免」等意思。例如，《詩經・行葦》：「肆筵設席。」〔註36〕中「肆」是「陳設」的意思；《左傳・莊二二年》曰：「肆大眚。」〔註37〕「肆」是「赦免」的意思。

　　根據楊筠如《尚書覈詁》一書，〔註38〕將「肆」詮釋為「今」，在此從《孔傳》之說。

（4）嗚呼！封。汝念哉！今民將在祗遹乃文考，紹聞衣德言，往敷求於殷先哲王，用保乂民。（《周書・康誥》）

　　按：「汝念哉」中，「汝」是單詞作主語，「念哉」作謂語，「念」作動詞，「哉」是句末語氣詞。此段周公告誡康王百姓將觀察他行為。

〔註34〕〔清〕阮元刻本：《十三經注疏詩經・崧高》（台北：藝文印書館，1955 年），頁 659。

〔註35〕〔清〕阮元刻本：《十三經注疏左傳・襄十一年》（台北：藝文印書館，1955 年），頁 546。

〔註36〕〔清〕阮元刻本：《十三經注疏詩經・行葦》（台北：藝文印書館，1955 年），頁 587。

〔註37〕〔清〕阮元刻本：《十三經注疏左傳・莊二二年》（台北：藝文印書館，1955 年），頁 161。

〔註38〕楊筠如：《尚書覈詁》（台北：學海出版社，1978 年），頁 126。

此段「今民將在祗遹乃文考，紹聞衣德言」歷來詮釋不同。

第一、「民，治民，百姓。」、「衣，服」，《孔傳》、《孔疏》、《蔡傳》、《錢、江》主張此說。《孔傳》詮釋爲：今治民將在敬循汝文德之父，繼其所聞，服行其德言，以爲政教。《孔疏》詮釋爲：繼其所聞，服行其德言」者，謂文王先有所聞善事，今令康叔繼續其文王所聞善事，被服而施行其德言，以爲政教也。（頁 201）《蔡傳》詮釋爲：此下明德也。遹，述。衣，服。今治民將在敬述文考之事，繼其所聞，而服行文王之德言也。（頁 87）《錢、江》譯爲：唉！封，你要考慮啊！現在殷民將觀察你恭敬地追隨文王努力聽取殷人的好意見。你去殷地，要遍求殷代聖明先王用來保養百姓的方法。（頁 298）

第二、「民，勉也」、「衣，殷」，屈氏主張此說。屈氏認爲，「民，當讀爲敃，勉也。」、「衣，當讀爲殷」故譯爲：唉！封。你要考慮呀！現在所要勉勵的在於恭敬地追述（繼承）你的先父，明審地聽取殷代有德行者的言論，去普遍地尋求殷代已故的明智帝王（的政教）來保養百姓們。（頁 98）

「民」應該作「勉勵」、「治民」、「百姓」哪個較妥？考探「今民將在祗遹乃文考」一句語法，「今」是時間副詞，表示時間點；「將」是副詞修是後面的動詞「在」，「祗遹乃文考」是賓語，所以此句所欠缺的是主詞，「勉勵」是動詞，「百姓」是名詞，因此「民」應該是「百姓」的意思。整句句式是「時間副詞＋主語＋動詞＋賓語」。

（5）嗚呼！小子封。恫瘝乃身，敬哉！（《周書・康誥》）

按：「敬哉」中，「敬」是單詞，「哉」是句末語氣詞。此段描述周公告誡康叔不要貪圖安逸。

「恫，痛也。瘝，病也。」但對「恫瘝乃身」此句，歷來詮釋不同。

第一、「恫瘝乃身，指除惡政就像病痛在自己身上」，《孔傳》、《孔疏》、《蔡傳》、屈氏主張此說。《孔傳》詮釋爲：治民務除惡政，當如痛病在汝身欲去之，敬行我言。《孔疏》詮釋爲：以痛病在汝身以述治民，故務除惡政如己病也。戒之而言「敬」，故知「敬行我言」也。（頁 202）《蔡傳》詮釋爲：視民之不安，如疾痛之在乃身，不可不敬之也。（頁 87）屈氏譯爲：唉！年輕的封呀。（作諸侯如同）病痛在你身上一般，你要謹慎呀！（頁 99）敬，謹慎也。

第二、「恫瘝乃身，指刑罰及己爲痛病」，鄭玄主張此說。鄭玄云：「刑罰及己爲痛病。」

第三、「恫瘝乃身，指苦身勞形」，《錢、江》主張此說。《錢、江》譯爲：

唉！年輕的封，治理國家應當苦身勞形，要謹慎啊！（頁 298）

筆者認為，《蔡傳》云：「視民之不安，如疾痛之在乃身」，也就是說，觀察百姓的痛苦，就像病痛在自己身上一樣，筆者從之。

（6）嗚呼！嗣孫！今往何監非德？於民之中，尚明聽之哉！（《周書·呂刑》）

按：「尚明聽之哉」中，主語省略，「尚」作副詞，「明聽」是動詞短語，「哉」是句末語氣詞。此段描述穆王說明監督辦案的依據。

第一、「監，監視」，《孔傳》、《蔡傳》主張此此說。《孔傳》詮釋為：嗣孫，諸侯嗣世子孫，非一世。自今已往，當何監視？非當立德於民，為之中正乎？庶幾明聽我言而行之哉！（頁 304）《蔡傳》詮釋為：嗣孫，嗣世子孫也。言今往何所監視，非用刑成德，而能全民所受之中者乎？（頁 136）

第二、「監，鑒戒」，《錢、江》主張此此說。《錢、江》譯為：啊！子孫們，從今以後，用什麼作為鑒戒呢？難道不是美德嗎？對於百姓的案情，要明察啊！（頁 470）

第三、「監，取法」，屈氏主張此此說。屈氏譯為：唉！你這繼承先公的孫子。從今以後你取法於什麼？難道不是美德嗎？因此對於民眾的案件，你要明白地審判呀！（頁 185）

《周書·呂刑》中，與「今往何監非德？」相同的句法有「何擇非人？何敬非刑？何度非及？」「今爾何監非時？」，都是採取「何……非……？」的句式。《周書·呂刑》前面以「今爾何監非時？」言之，最後以「今往何監非德？」言之，「何監」以「鑒戒」較妥。

（7）爾惟舊人，爾丕克遠省，爾知寧王若勤哉！（《周書·大誥》）

按：「爾知寧王若勤哉」中，「爾」是單詞，作主語；「知」作動詞；「寧王」作賓語；「若勤哉」，作補語。此段描述老臣可以省察回顧以前的事情。「惟」，是也，《玉篇》云：為也。丕，大。克，能夠。省，省識。

此段「爾惟舊人」有不同詮釋。

第一、「舊人」解釋為「久老之人」，《孔傳》主張此說。《孔傳》詮釋為：特命久老之人，知文王故事者，大能遠省識古事，汝知文王若彼之勤勞哉！目所親見，法之又明。（頁 192）

第二、「舊人」解釋為「舊臣、老臣、老官員」，《蔡傳》、《錢、江》、屈

氏主張此說。《蔡傳》詮釋爲：周公專呼舊臣而告之曰，爾惟武王之舊人，爾大能遠省前日之事，爾豈不知武王若此之勤勞哉。〔註39〕（頁84）《錢、江》譯爲：你們是老臣，大多數人都能夠遠知往事，你們知道文王是如何勤勞的啊！（頁286）屈氏譯爲：你們這些人都是老官員，因此你們能夠記得遠年的往事，你們知道文王當年是這麼勤勞啊。（頁94）

「舊人」解釋爲「久老之人」、「舊臣、老臣、老官員」意思都可。

（8）王曰：「嗚呼！肆汝小子封。惟命不於常；汝念哉，無我殄享，明乃服命，高乃聽，用康乂民。」（《周書・康誥》）

按：「汝念哉」中，「汝」是單詞，作主語；「念哉」作謂語，「念」是單詞作動詞，「哉」是句末語氣詞。此段描述周公告誡康叔天命靡常，要用德政才能永保德政。

此段句讀的不同，諸家詮釋也有不同見解。

首先，在句讀方面，有兩種不同的句讀。第一、「享」下讀，如：「汝念哉，無我殄，享明乃服命，高乃聽，用康乂民。」，主張此說有《孔傳》、《孔疏》。第二、「享」上讀，如：「汝念哉，無我殄享，明乃服命，高乃聽，用康乂民。」主張此說有《蔡傳》、《錢、江》、屈氏。

其次，在詮釋方面，「肆」、「享」、「高乃聽」有三種詮釋。

第一、「肆，未詳」、「享，享有」、「高乃聽，高其聽」，《孔傳》、《孔疏》、《蔡傳》主張此說。《孔傳》詮釋爲：以民安則不絕亡汝，故當念天命之不於常，汝行善則得之，行惡則失之。無絕棄我言而不念。享有國土，當明汝所服行之命令，使可則。高汝聽，聽先王道德之言，以安治民。（頁205～206）《蔡傳》詮釋爲：肆，未詳。惟命不于常，善則得之，不善則失之，汝其念哉，毋我殄絕所享之國也。明汝侯國服命，高其聽，不可卑忽我言，用安治爾民也。（頁90）

第二、「肆，努力。」、「享，勸告、忠告」、「高乃聽，敬慎地對待你的聽聞」《錢、江》主張此說。《錢、江》譯爲：王說：「啊，努力吧！你這年輕的封，天命無常，你要小心啊！不要拒絕我的忠告，努力履行你的職責，敬慎地對待你的聽聞，用安康的方法治理老百姓。」王如此說：「去吧！封啊，不要放棄警

〔註39〕當時邦君禦事，有武王之舊臣者，亦憚征役，上文考翼不可微，是也。……按此三節，謂不可不卒終畢寧王寧人事功休美之意，言寧人則舊人之不欲微者，亦可愧矣。

－167－

惕，經常聽取我的忠告，你和殷民就可以世世代代享有殷國了。」（頁307）

第三、「肆，語詞」、「享，祭祀」、「高乃聽，擴充你的見聞」，屈氏主張此說。屈氏譯爲：王說：「唉！你這青年人封。命運是無常的；你要留心呀，不要使我們斷絕了祭祀（國家滅亡）。要奮勉於你的職務，擴充你的見聞，用來安定人民治理人民。」王如此說：「去吧封！不要廢掉了應當謹守的法典；聽從我所勸告你（的話），才能和殷的百姓們世世代代地奉行祭祀。」（頁105）

就句讀而言，筆者認爲第二種斷法較對。因爲就語法角度「無」是否定詞；「殄」有「盡、滅絕」的意思，作動詞，例如：《後漢書·班超傳》云：「彼不知我多少，必大震怖，可殄盡也。」。〔註40〕

就詮釋而言，「享」通常有以下兩種意思：第一、「享有、擁有」，例如：《左傳·僖三三》云：「保君父之命，而享其生祿。」〔註41〕第二、「祭祀、供奉」，例如：《新唐書·禮樂志一》云：「孟春吉亥，享先農，遂以耕籍。」〔註42〕一般「享」並沒有「勸告、忠告」的意思。又跟據《左傳·僖三一年》云：「相奪予享……不可以間成王、周公之命祀」，〔註43〕就是指成王、周公對康叔叮嚀維持國祚，不可斷絕周朝的享祀。所以「享」應該詮釋爲「祭祀」。

（9）嗚呼！有王雖小，元子哉！其丕能誠於小民，今休：王不敢後，用顧畏於民碞；王來紹上帝，自服於土中。（《周書·召誥》）

按：「元子哉」中，「元子」是複詞；「哉」是句末語氣詞。此段描述周公告誡康叔天命靡常，要用德政才能永保德政。

此段句讀的不同，諸家詮釋也有不同見解。

首先，在句讀方面，有兩種不同的句讀。

第一、「今休」上讀，如：「其丕能誠於小民，今休。王不敢後，用顧畏於民碞」，《孔傳》、《孔疏》、《蔡傳》、屈氏主張此說。

第二、「今休」下讀，如：「今休：王不敢後，用顧畏於民碞；王來紹上帝，自服於土中」《錢、江》主張此說。

〔註40〕〔南宋〕范曄：《後漢書·班超傳》（台北：鼎文書局，1981年），頁1572。

〔註41〕〔清〕阮元刻本：《十三經注疏左傳·僖三三年》（台北：藝文印書館，1955年），頁250。

〔註42〕〔北宋〕歐陽修、宋祈撰：《新唐書·禮樂志一》（台北：鼎文書局，1976年），頁310。

〔註43〕〔清〕阮元刻本：《十三經注疏左傳·僖三一年》（台北：藝文印書館，1976年），頁287。

其次，在詮釋方面，「畟」、「休」有三種不同詮釋。

第一、「畟即嚴，參差不齊之意，故為僭也」、「休，美」，《孔傳》、《孔疏》主張此說。《孔疏》詮釋為：召公歎以戒王：嗚呼！今所有之王，惟今雖復少小，而大為天所子愛哉！言任大也。若其大能和同於天下小民，則成今之美。以勉之。故王當不敢後其能用之士，必任以為先。又當顧念畏於下民僭差禮義，能此二者，則德化立，美道成矣。王者為政，任賢使能，有能有用，宜先任之，故王者為政當不敢後其能用之士，必任之為先也。畟即嚴也，參差不齊之意，故為僭也。既任能人，複憂下民，故又當顧畏於下民僭差禮義。畏其僭差，當治之使合禮義也。能此二者，則德化立，美道成。美道成即今休是也。（頁 221）

第二、「畟，難治理，故為險也」、「休，美善的事」，《蔡傳》、《錢、江》主張此說。《蔡傳》詮釋為：召公歎息言王雖幼沖，乃天之元子哉，謂其年雖小，其任則大也。其者期之辭也。誠、和、畟，險也。王其大能誠和小民，為今之休美乎小民雖至微，而至為可畏，王當不敢緩於敬德用顧畏于民之畟險可也。（頁 96）《錢、江》譯為：啊！王雖然年輕，天子責任重大啊！要能夠很好地和諧老百姓。現在可喜的是：王不敢遲緩營建洛邑，顧忌畏懼殷民難於治理；王來卜問上帝，在洛邑親自治理天下。（頁 331）

第三、「畟，當作喦，多言也」、「休，美，那就好了」，屈氏主張此說。屈氏譯為：唉！王雖然年紀小，但究竟是天子。要能使小百姓們融洽，那就好了。王（作事）不要敢於遲緩，要顧怨畏懼百姓們的言論。王來卜問上帝，用來治理中原。（頁 119）

在斷句上，筆者認為《錢、江》主張上讀，如：「今休：王不敢後，用顧畏於民畟；王來紹上帝，自服於土中。」是也。因「今休」指可喜的事情，而下兩句排比句，說明兩件可喜的事情。在詮釋方面，「畟」並非「喦」多言之意，應該是「嚴」，山石高峻的樣子。《說文》云：「畟，嶄畟也。」段玉裁注：「嶄畟，……積石高峻貌也。」引申有僭越失序，難治理之意義。所以詮釋取其《錢、江》。

（10）嗚呼！休茲，知恤鮮哉！（《周書‧立政》）

按：「知恤鮮哉」中，主語省略；「知」作動詞；「恤」作賓語；「鮮」作補語，「哉」是句末語氣詞。此段描述周公告誡康叔天命靡常，要用德政才能永保德政。

「恤」有兩種不同的詮釋。

第一、「恤，憂也」，《孔傳》、《孔疏》、《蔡傳》、屈氏，主張此說。《孔傳》詮釋爲：歎此五者立政之本，知憂得其人者少。《孔疏》詮釋爲：「休」，美也。王肅云「此五官美哉」，是「休茲」爲美此五官也。歎其官之美，美官不可不委賢人用之，故歎之。「知憂得其人者少」，下句惟言禹、湯、文、武官得其人，是知憂得人者少也。（頁260）《蔡傳》詮釋爲：周公於是歎息言曰：美矣此官，然知憂恤者，鮮矣言五等官職之美，而知憂其得人者少也。（頁115）屈氏譯爲：唉！好啊，能知道憂慮（國事）就好啊！（頁156）

第二、「恤，愼也」，《錢、江》主張此說。《錢、江》譯爲：唉！美好的時候就知道謹愼的人，很少啊！（頁399）

《錢、江》所主張「恤，愼也」，乃是根據《爾雅·釋詁》云：「溢，愼也」，而恤通溢。筆者認爲「恤」應該是憂心、顧慮的意思。因爲《易經·晉卦》云：「失得勿恤，往吉無不利。」〔註44〕《國語·周語》云：「勤恤民隱而除其害。」〔註45〕故贊成《孔傳》、《孔疏》、《蔡傳》、屈氏之說。

（11）嗚呼！念之哉！伯父、伯兄、仲叔季弟、幼子、童孫，皆聽朕言，庶有格命。（《周書·呂刑》）

按：「念之哉」中，主語省略；「念」作動詞；「之」作代詞；「哉」是句末語氣詞。此段描述穆王告誡王室敬待天命。

「格命」有三種不同的見解。

第一、「格命，至命、至善之命、壽考」，《孔傳》、《孔疏》、《蔡傳》主張此說。《孔傳》詮釋爲：念以伯夷爲法，苗民爲戒。皆石同姓，有父兄弟子孫。列者伯仲叔季，順少長也。舉同姓包異姓，言不殊也。聽從我言，庶幾有至命。《孔疏》詮釋爲：此總告諸侯，不獨告同姓，知「舉同姓包異姓也。格訓至也，言庶幾有至命。至命當謂至善之命，不知是何命也。鄭玄云：格，登也。登命謂壽考者。傳云至命亦謂壽考。（頁299）《蔡傳》詮釋爲：此告同姓諸侯也。格，至也。（頁134）

第二、「格命，大命」，《錢、江》主張此說。《錢、江》譯爲：唉！你們要記住這種教訓啊！伯父、伯兄、仲叔、季弟以及年幼的子孫們，都要聽從

〔註44〕〔清〕阮元刻本：《十三經注疏易經·晉卦》（台北：藝文印書館，1976年），頁88。

〔註45〕〔春秋〕左丘明：《國語·周語》（台北：里仁書局，1980年），頁3。

我的話，就大約可以享有大命了。（頁 463）

　　第三、「格命，神降臨而命令」，屈氏主張此說。屈氏譯爲：唉！你們要考慮考慮呀！伯父、伯兄、仲叔季弟、年輕的兒子、幼稚的孫子，你們這些人都要能聽從我的話，那麼，神靈才可能降臨而命令我們。（頁 180）

　　《經義述聞》認爲「格」通「嘏」，《爾雅》云：「嘏，大也」。故此的「格命」應該是大命，也就是天命。《商書・太甲》云：「天監厥德，用集大命，撫綏萬方。」、陸機〈弔魏武帝文〉云：「當建安之三八，實大命之所艱。」〔註46〕《錢、江》之說較妥。

（12）帝曰：「吁！臣哉鄰哉！鄰哉臣哉！」（《虞夏書・益稷》）

　　按：「臣哉鄰哉！鄰哉臣哉！」是兩句祈使句。第一句「臣哉鄰哉」中，主語「臣哉」，謂語「鄰哉」；第二句「鄰哉臣哉」中，主語「鄰哉」，謂語「臣哉」。都是一個單詞加上一個語氣詞。此段描述舜和禹討論君臣之道。

　　「鄰」有兩種不同的詮釋。

　　第一、「鄰，近也」，《孔傳》、《孔疏》主張此說。《孔傳》詮釋爲：言君臣道近，相須而成。《孔疏》詮釋爲：《周禮》曰：五家爲鄰，取相近之義，故鄰爲近也。禹言君當好善，帝言須得臣力，再言鄰哉，言君臣之道當相須而成。（頁 67）

　　第二、「鄰，親近的大臣」，《錢、江》、屈氏主張此說。《錢、江》譯爲：舜帝說：「唉！你就是我最親近的人！我最親近的人就是你！」（頁 65）屈氏譯爲：「啊！臣子就是（鄰人）親近的人，鄰人就是臣子」（頁 27）

　　第三、「鄰，左右輔弼」，《蔡傳》主張此說。《蔡傳》詮釋爲：臣以人言，鄰以職言，帝深感上文弼直之語，故曰吁，臣哉鄰哉，鄰哉臣哉，反復歎詠，以見弼直之義，如此其重而不可忽，禹即俞而然之也。（頁 18）

　　就語法來看，「臣哉鄰哉！鄰哉臣哉！」中「臣」、「鄰」並列，「臣」既然是名詞，「鄰」也應該爲名詞，不是第一個《孔傳》、《孔疏》形容詞「近」的意思。所以《蔡傳》、《錢、江》、屈氏所說的「親近的大臣」、「左右輔弼」都可以通。

　　另外，本段「臣哉鄰哉！鄰哉臣哉！」重複吟詠，故鄭玄云：「臣哉，汝

〔註46〕〔梁〕蕭統編，〔唐〕李善注：《文選》（台北：文津出版，1987 年），頁2598。

當爲我鄰哉！鄰哉，汝當爲我臣哉！反覆言此，欲其志心入禹。」

3. 來

《說文》曰：「來，周所受瑞麥來麰也。二麥一夆，象芒朿之形。」

（1）王曰：「吁！來！有邦有土，告爾祥刑。在今爾安百姓，何擇，非人？何敬，非刑？何度，非及？（《周書・呂刑》）

按：「來」中，主語省略；「來」是單詞，作謂語，是動詞非主謂句。此段描述穆王告誡諸侯大臣施行善刑的方法。

「非人」有兩種不同的詮釋，《孔疏》與《蔡傳》都沒有提及。

第一、「非人，指吉人」，主張此說的有《孔傳》、《錢、江》。《孔傳》詮釋爲：吁，歎也。有國土諸侯，告汝以善用刑之道。在今爾安百姓兆民之道，當何所擇？非惟吉人乎？當何所敬？非惟五刑乎？當何所度？非惟及世輕重所宜乎？（頁300）《錢、江》譯爲：王說：「嗯！過來吧！諸侯國君和各位大臣，我告訴你們善刑。如今你們安定百姓，應該選什麼呢？不是吉人嗎？要謹慎地對待什麼？不正是刑罰嗎？要考慮什麼？不就是判斷公正適宜嗎？」（頁467）

第二、「非人，指官員」，主張此說的有屈氏。屈氏譯爲：唉！過來！你們這些有國家有土地的人們，（我來）告訴你們良善的刑法。現在你們來安定民眾，要選擇什麼呢，不是（好的）官員嗎？要謹慎什麼呢，不是刑法嗎？要計畫什麼呢，不是適宜（的事情）嗎？（頁181）

筆者認爲，《史記・周本紀》云：「何擇非其人，何敬非其刑，何居非其宜歟？」〔註47〕又《蔡傳》說：「『曰何』、『曰非』，問答以發其意，以明三者之決不可不盡心也。」，既然是指三者，所以「非人」應該指「官員」，屈氏之說較妥。

（二）表示祈使的動詞

表示祈使的動詞有「可、祈」，沒有「願、幸、乞」。

1. 祈

祈有兩種意思。第一、向上天、鬼神禱求。例如，《詩經・甫田》云：「以

〔註47〕〔漢〕司馬遷：《史記・周本紀》（台北：鼎文書局，1981年），頁138。

祈甘雨。」〔註48〕亦泛指請求。又例如，《南史‧劉峻傳》云：「聞有異書，必往祈借。」〔註49〕第二、報告。例如，《詩經‧行葦》云：「以祈黃耇。」〔註50〕

（1）王其德之用，祈天永命。（《周書‧召誥》）

按：「祈天永命」中，「祈」是單詞，作動詞；「天」是單詞，作賓語；「永命」是短語，作補語。此段描述召公告誡成王施行德政。

「永命」有三種不同的詮釋。

第一、「永命，長命歷年」，《孔傳》、《孔疏》、《蔡傳》主張此說。《孔傳》詮釋爲：言王當其德之用，求天長命以歷年。《孔疏》詮釋爲：其德之用，言爲行當用德，用德與疾敬德爲一事也。故上傳云王其當疾行敬德，則此文是也。（頁223）《蔡傳》詮釋爲：王其疾敬德容可緩乎？王其德之用，而祈天以歷年也。（頁97）

第二、「永命，長久的福命」，《錢、江》主張此說。《錢、江》譯爲：王該用美德，向上帝祈求長久的福命。（頁334）

第三、「永命，悠久的國運」，屈氏主張此說。屈氏譯爲：王能照著美德去做，那才能向老天祈求悠久的國運。（頁122）

「永命」一詞，共出現三次，都是在《周書‧召誥》裡。另外兩次是：「欲王以小民受天永命」（《周書‧召誥》）「惟恭奉幣、用供王，能祈天永命。」」（《周書‧召誥》）。故此「永命」都是祈求國運昌隆。

（2）我非敢勤，惟恭奉幣、用供王，能祈天永命。（《周書‧召誥》）

按：「能祈天永命」中，「能」作副詞；「祈」是單詞，作動詞；「天」是單詞，作賓語；「永命」是短語，作補語。此段描述召公擁戴成王的誠意。

此段在「我非敢勤」，各家詮釋不同。

第一、「勤，獨勤」，《孔傳》、《孔疏》主張此說。《孔傳》詮釋爲：言我非敢獨勤而已，惟恭敬奉其幣帛，用供待王，能求天長命。將以慶王多福，必上下勤恤，乃與小民受天永命。《孔疏》詮釋爲：我非敢勤，召公自道，言我非敢獨勤而已。（頁224）

〔註48〕〔清〕阮元刻本：《十三經注疏詩經‧甫田》（台北：藝文印書館，1955年），頁460。

〔註49〕〔唐〕李延壽：《南史‧劉峻傳》（台北：鼎文書局，1976），頁1219。

〔註50〕〔清〕阮元刻本：《十三經注疏詩經‧行葦》（台北：藝文印書館，1955年），頁587。

第二、「勤，以此爲勤」，《蔡傳》主張此說。《蔡傳》詮釋爲：我非敢以此爲勤，惟恭奉幣帛，用供王能祈天永命而已，蓋奉幣之禮，臣職之所當恭，而祈天之實，則在王之所自盡也。（頁97）

第三、「勤，慰勞」，《錢、江》主張此說。《錢、江》譯爲：我不敢慰勞王，只想恭敬地奉上玉帛，以獻給王善於祈求上帝賜給永久的福命。（頁335）

第四、「勤，勤勞」，屈氏主張此說。屈氏譯爲：我自己並沒有什麼勤勞，我只有恭敬地奉著玉器綢子等供給王，而祈求老天賜予我們永久的命運。（頁122）

釋詁》云：「勤，勞也」，所以此句應該是指不敢陳其勤苦。所以《孔傳》、《孔疏》的「獨勤」，以及屈氏的「勤勞」，意思都可通。

2. 可

《說文》曰：「可，從口丂，丂亦聲。凡可之屬皆從可。」「可」有很多意思，第一、許可。例如，《左傳・桓十六年》曰：「壽子告之，使行，不可。」〔註51〕第二、可以。例如，《詩經・黃鳥》曰：「如可贖兮，人百其身。」〔註52〕第三、大約。例如，《史記・高帝紀》曰：「可四千餘人。」〔註53〕第四、豈，哪。例如，岑參《北庭》詩曰：「可知年四十，猶自未封侯。」〔註54〕

（1）皋陶曰：「朕言惠可底行。」禹曰：「俞，乃言底可績。」（《虞夏書・皋陶謨》）

按：「朕言惠可底行」中，「朕言」是偏正短語，作主語；「惠」是單詞，作副詞；「可」是單詞，作動詞；「底行」作主要動詞。

此段在「朕言惠可底行」詮釋，應該是用「？」還是「。」

第一、如：「朕言惠可底行？」，《錢、江》主張此說。《錢、江》譯爲：皋陶問：「我的話可以得到實行嗎？」禹說：「當然！你的話是可以得到實行並且獲得成功的。」（頁59）

第二、「朕言惠可底行。」《孔傳》、《蔡傳》、屈氏主張此說。《孔傳》詮

〔註51〕〔清〕阮元刻本：《十三經注疏左傳・桓十六年》（台北：藝文印書館，1955年），頁128。
〔註52〕〔清〕阮元刻本：《十三經注疏詩經・黃鳥》（台北：藝文印書館，1955年），頁242。
〔註53〕〔漢〕司馬遷：《史記・高帝紀》（台北：鼎文書局，1981年），頁358。
〔註54〕〔清〕乾隆編：《全唐詩》（北京：中華書局，1985年），6冊200卷，頁2090。

釋爲：其所陳九德以下之言，順於古道，可致行。然其所陳，從而美之曰：用汝言，致可以立功。（頁 63）《蔡傳》詮釋爲：皋陶謂我所言順於理，可致之於行，禹然其言，以爲致之於行信，可有功，皋陶謙辭我未有所知，言不敢計功也。（頁 17）屈氏譯爲：皋陶說：「我的話都合理，可以去推行。」禹說：「是的，你的話可以建立功績。」（頁 24）

筆者認爲，因爲是對話，皋陶問禹，所以是「朕言惠可底行」詮釋，應該是「？」，屬於疑問句。

（2）敬哉！天畏棐忱，民情大可見。（《周書‧康誥》）

按：「民情大可見」中，「民情」是短語，作賓語，賓語前置；「大」是單詞，作副詞；「可見」，作動詞。此段描述天命無常，不可專信天命而忽略人事。

「賓語」＋「主語」＋「動詞」，把「賓語」放在「主語」前，著重在「賓語」。又例如：「百姓難保」（《周書‧康誥》）

此段句讀的不同，諸家詮釋也有不同見解。

首先，在句讀方面，有兩種不同的句讀。第一、「小人難保」上讀，如，「敬哉！天畏棐忱，民情大可見，小人難保」，《孔傳》、《蔡傳》、《錢、江》主張此說。第二、「小人難保」下讀，如，「敬哉！天畏棐忱，民情大可見」，屈氏主張此說。

其次，在詮釋方面，「棐、忱」有兩種不同詮釋。

第一、「棐，輔助；忱，誠信」，《孔傳》、《蔡傳》、《錢、江》主張此說。《孔傳》詮釋爲：天德可畏，以其輔誠。人情大可見，以小人難安。（頁 202）《蔡傳》詮釋爲：天命不常，雖甚可畏，然誠則輔之，民情好惡雖大可見，而小民至爲難保，汝往之國所以治之者非他，惟盡汝心無自安而好逸豫乃其所以治民也。（頁 87）《錢、江》譯爲：要謹慎啊！上天輔助誠信的人，民情大致可以看出，百姓難於安定。（頁 298）

第二、「棐，匪；忱，信賴」，屈氏主張此說。譯文爲：你要要謹慎啊！老天（對殷）的懲罰是不可信賴的（意謂周人還要自己努力），百姓的心情很容易看出。（頁 99）

「棐」即「匪」、「非」，古「棐」「匪」相通。「忱」與「諶」古字相通。故《詩經‧蕩之什》云：「天生烝民，其命匪諶」，〔註55〕「匪諶」就是「棐忱」。

〔註55〕〔清〕阮元刻本：《十三經注疏詩經‧蕩之什》（台北：藝文印書館，1955 年），

所以「棐」是「非」,「不」的意思;「忱」是「信」的意思。故取屈氏說法。

（3）帝曰:「格汝舜!詢事考言,乃言厎可績,三載,汝陟帝位。
（《虞夏書‧舜典》）

按:「乃言厎可績」中,「乃」是連詞;「言」是單詞,作主語;「厎」是
單詞,作肯定副詞;「可」是單詞,作動詞;「績」是單詞,作賓語。《釋言》
云:「格,來」。《釋詁》云:「詢,謀。陟,升」。厎聲近致,故為致也。此段
描述堯讚美舜經過種種的考驗。

在詮釋方面,「格」有兩種不同詮釋。

第一、「格,來」,《孔傳》、《蔡傳》、《錢、江》,主張此說。《孔傳》詮釋為:
堯呼舜曰:「來,汝所謀事,我考汝言。汝言致,可以立功,三年矣。三載考績,
故命使升帝位。」《孔疏》詮釋為:經傳言汝多呼為乃,知乃、汝義同。凡事之
始必先謀之,後為之,堯呼舜曰:來,汝舜。呼使前而與之言也。汝所謀事,我
考汝言。汝所為之事,皆副汝所謀,致可以立功,於今三年矣。從徵得至此為三
年也。君之馭臣,必三年考績。考既有功,故使升帝位,將禪之也。(頁34)《蔡
傳》詮釋為:堯言詢舜所行之事而考其言,則見汝之言,致可有功,於今三年矣,
汝宜升帝位也。讓於德,讓於有德之人也。或曰:謙遜自以其德不足為嗣也。(頁
4)《錢、江》譯為:堯帝說:「來吧!舜啊。我同你謀劃政事,又考察了你的言
論,你提的建議一定可行,已經三年了,現在就請登上帝位吧!」(頁26)

第二、「格,告」,屈氏主張此說。屈氏譯為:告訴你舜!我和你討論政
事而考察你的言論,你的建議都可以建立功業,至今已三年了,你升上帝位
來吧。(頁10)

歷來學者,都將「格」解釋為「來」、「至」,如:《孔傳》、《蔡傳》、《錢、
江》等。但是屈氏則是認為「格」字由「祝禱」之義,引申有「告」的意思,
顧頡剛《尚書校釋譯論》認為,「格」、「告」為雙聲,同屬見紐。所以《湯誓》
云:「格爾眾庶」、《盤庚上》云:「格汝眾」,都是有「告訴」的意思。故「格
汝舜」採取屈氏之說。

（三）表示祈使語氣的副詞「其、尚、必」

祈使語氣的副詞「其、尚、必、宜」,沒有「宜」

1. 其

「其」可以作代詞、副詞、連詞、助詞等。第一、代詞，表第三人稱，他（他們）；表第一人稱，自己；表第二人稱，你；表近指或遠指，這（這些）那（那些）。例如：《虞夏書・皋陶謨》曰：「亦言其人有德。」第二、副詞，表揣測，大概；表祈使，要，一定。例如：《虞夏書・皋陶謨》曰：「帝其念哉！」第三、連詞，表假設，如果。《左傳・僖九年》曰：「其濟，君之靈也。」〔註56〕第四、助詞，之，的。《周書・康誥》曰：「朕其弟，小子封。」

黃六年《漢語文言語法綱要》一書，〔註57〕「其」字是古漢語常用的一個表祈使語氣的助字，必須用在句子中間，句末還可再用其他的助詞。「其」字，類似現代漢語的「應該」、「應當」，是一種敦促勸勉的意義。楊樹達的《高等國文法》一書，定為命令副詞，大概因為它經常在動詞前的原因。呂叔湘《中國文法要略》一書〔註58〕的說法，「其」為表祈使的助詞。相當於「其」字用法的還有「唯」字，此外還有「願」、「幸」、「尚」等，也能表示請求的意思。「其，希望，表示祈使語氣。」

（1）父義和！其歸視爾師，寧爾邦。（《周書・文侯之命》）

按：「其歸視爾師」中，「其」表示祈使語氣；主詞省略，此指晉文侯；「歸」、「視」，作動詞；「爾師」是短語，作賓語。此段描述周文王勉勵晉文侯善待百姓。

在詮釋方面，「師」、「視」有三種不同詮釋。

第一、「師，眾」、「視」沒有詮釋。《孔傳》、《孔疏》、《蔡傳》主張此說。《孔傳》詮釋為：遣令還晉國，其歸視汝眾，安汝國內上下。《孔疏》詮釋為：父義和，其當歸汝晉國，視汝眾民，安汝國內上下。（頁310）《蔡傳》詮釋為：師，眾也。蘇氏曰：予讀文侯篇知東周之不復興也，宗周傾覆禍敗極矣。（頁136）

第二、「視，治理」、「師，臣民」，《錢、江》主張此說。《錢、江》譯為：希望您回去治理您的臣民，安定您的國家。（頁474）

第三、「視，照顧」、「師，民眾」，屈氏主張此說。屈氏譯為：你要回去照顧你的民眾，安定你的國家。（頁186）

〔註56〕〔清〕阮元刻本：《十三經注疏左傳・僖九年》（台北：藝文印書館，1955年），頁219。
〔註57〕同註17，頁202。
〔註58〕呂叔湘：《中國文法要略》（台北：文史哲出版社，1992年9月），頁307。

此段既然是周文王要晉文侯好好善待百姓，所以「視」、「師」的意思，應該以屈氏之說較妥。

（2）其汝克敬以予監於殷喪大否，肆念我天威。（《周書・君奭》）

按：「其汝克敬以予監於殷喪大否」中，「其」表示祈使語氣；「汝」是單詞，作主語；「克」是單詞，作動詞；「敬以予監於殷喪大否」是短語，作賓語。此段描述周公勉勵召公以殷滅亡為鑒。

在詮釋方面，「大否」有四種不同詮釋。

第一、「大否」沒有解釋，《孔傳》、《孔疏》是此說。《孔傳》詮釋為：呼其官而名之，敕使能敬以我言，視於殷喪亡大否。言其大不可不戒。《孔疏》詮釋為：太保奭，其汝必須能敬以我之言，視於殷之喪亡。殷之喪亡，其事甚大，不可不戒慎。以殷喪大之故，當念我天德可畏。言天命無常，無德則去之，甚可畏。（頁249）

第二、「大否，大亂也」，《蔡傳》主張此說。《蔡傳》詮釋為：大否，大亂也。告汝以我之誠。呼其官而名之。言汝能敬以我所言，監視殷之喪亡大亂，可不大念我天威之可畏乎。（頁110）

第三、「大否，禍亂」、「肆，長」，《錢、江》主張此說。《錢、江》譯為：希望您能謹慎地和我一起看到殷國喪亡的大禍，長久使我們顧慮上天的懲罰。（頁378）

第四、「大否，不善」、「肆，語詞」，屈氏主張此說。屈氏譯為：你要能夠謹慎地和我以殷人的滅亡這種大不好的事作為鑒戒，從而顧慮我們也可能遭到的天的懲罰。（頁148）

「否」，陋也。所以「大否」應指「大亂」。從《蔡傳》之說。

（3）其惟王勿以小民淫用非彝，亦敢殄戮用乂民；用乂民，若有功。（《周書・召誥》）

按：「其惟王勿以小民淫用非彝」中，「其」表示祈使語氣；「惟」語助詞；「王」是單詞，作主語；「勿以小民淫用非彝」是短語，作謂語。此段描述召公勉勵成王愛護老百姓。

此段句讀和詮釋諸家都有不同見解。首先，在句讀方面，有三種不同的句讀。

第一、「用乂民」上讀，與上句相連接，「若有功」與另外句子相連接，

如：「其惟王勿以小民淫用非彝，亦敢殄戮用乂民。若有功，……」，《孔傳》、《孔疏》主張此說。

第二、「用乂民」上讀，與上句相連接，「若有功」與此句相連接，如：「其惟王勿以小民淫用非彝，亦敢殄戮用乂民，若有功。」，《蔡傳》、《錢・江》主張此說。

第三、「用乂民」下讀，如：「其惟王勿以小民淫用非彝，亦敢殄戮；用乂民，若有功。」相連接，屈氏主張此說。

其次，在詮釋方面，有三種解釋。

第一、《孔傳》詮釋爲：勿用小民，過用非常，欲其重民秉常，亦當果敢絕刑戮之道，用治民。戒以慎罰。順行禹湯所以成功，則其惟王居位在德之首。（頁 223）

第二、《蔡傳》詮釋爲：刑者，德之反，疾於敬德，則當緩於用刑，勿以小民過用非法之故，亦敢於殄戮用治之也。惟順導民，則可有功，民猶水也，水泛濫橫流，失其性矣，然壅而遏之，則害愈甚，惟順而導之，則可以成功。（頁 97）《錢・江》譯爲：願王不要使老百姓多行違犯的事，也不要用殺戮來治理老百姓，才會有功績。（頁 334）

第三、屈氏譯爲：希望王不要因小百姓們過度地違犯法規就來殺戮他們；這樣來統治民眾，才能有功效。（頁 122）

筆者認爲，第一種詮釋是因爲《孔傳》之所以將「若有功」與另外句子相連接，認爲若有功，必順前世有功者。上文云「相夏」、「相殷」謂禹湯之功，故知此「順行禹湯所有成功」。能順禹湯之功，則惟王居位在德之首。而第二種《蔡傳》、《錢・江》詮釋，是認爲疾於敬德，則當緩於用刑，順而導之，才能有功效。第三種屈氏則是強調不要過分處置，才能有功效。故從屈氏。

2. 尚

《說文》曰：「尚，曾也。庶幾也。從八向聲。」，尚有「動詞、副詞」等用法。首先，在動詞方面：第一、尊崇；崇尚。例如，《莊子・天道》曰：「宗廟尚親。」〔註59〕第二、喜歡；愛好。例如，諸葛亮〈廢李平表〉曰：「平所在治家，尚爲小惠。」〔註60〕第三、勝過，超出。例如，《世說新語・德行》

〔註59〕〔周〕莊周：《莊子・天道》（北京：中華書局，1995 年），頁 468。
〔註60〕〔清〕嚴可均校：《全上古三代秦漢三國六朝文》（北京：中華書局，1958 年），

曰：「荀君清識難尚。」〔註61〕

其次，在副詞方面：第一、表祈使。希望，但願。例如，《左傳·昭五年》曰：「平公之靈，尚輔相餘！」〔註62〕第二、還，猶。例如，《詩經·蕩》曰：「雖無老成人，尚有典刑。」〔註63〕第三、尚且。例如，《史記·廉頗藺相如傳》曰：「庸人尚羞之，況於將相乎！」〔註64〕第四、又，更。例如，《漢書·淮安厲王劉長傳》曰：「宮車一日晏駕，非王尚誰立者？」〔註65〕第五、或許，可能。例如，《禮記·大學》曰：「以能保我子孫黎民，尚亦有利哉。」〔註66〕

（1）爾尚輔予一人，致天之罰，予其大賚汝。（《商書·湯誓》）

按：「爾尚輔予一人」中，「爾」是單詞，作主語；「尚」是副詞表示祈使語氣；「輔」是單詞，作動詞；「予一人」是短語，作賓語。此段說明商湯希望得到大家的輔助。「賚」有賜給、賞賜的意思，例如，《商書·說命》曰：「夢帝賚予良弼。」

在詮釋方面，「尚」有兩種不同詮釋。

第一、「尚，庶幾。賚，與也」，《孔傳》、《蔡傳》主張此說。《孔傳》詮釋爲：汝庶幾輔成我，我大與汝爵賞。（頁108）《蔡傳》此段指言賚，與也。（頁43）

第二、「尚，希望。賚，賞賜」，《錢、江》、屈氏主張此說。《錢、江》譯爲：希望你們輔佐我這個人，實行天帝對夏的懲罰，我將重重地賞賜你們！（頁122）屈氏譯爲：希望你們輔佐著我個人，來推行老天的刑罰，我將要重重賞賜你們。（頁50）

《經傳釋詞》將「尚」歸類爲三種意思：第一、「尚，庶幾也」；第二、「尚，

頁1370。

〔註61〕 余嘉錫撰，周祖謨、余淑宜整理：《世說新語箋疏》（台北：華正書局，1984年），頁6。

〔註62〕 〔清〕阮元刻本：《十三經注疏左傳·昭五年》（台北：藝文印書館，1955年），頁869。

〔註63〕 〔清〕阮元刻本：《十三經注疏詩經·蕩》（台北：藝文印書館，1955年），頁632。

〔註64〕 〔漢〕司馬遷：《史記·廉頗藺相如傳》（台北：鼎文書局，1981年），頁2443。

〔註65〕 〔漢〕班固：《漢書·淮安厲王劉長傳》（台北：鼎文書局，1986年），頁2146。

〔註66〕 〔清〕阮元刻本：《十三經注疏禮記·大學》（台北：藝文印書館，1955年），頁987。

猶也」；第三「尚、曾也」。（見附錄「尚」）但楊樹達《詞詮》云：「尚，假設連詞，若也，與倘同」。「爾尚輔予一人」應該翻譯爲：你們倘若輔助我。

（2）嗚呼！邦伯、師長、百執事之人，尚皆隱哉。（《商書‧盤庚下》）

按：「尚皆隱哉」中，主語省略，指邦伯、師長、百執等人；「尚」是副詞表示祈使語氣；「皆」是單詞，作副詞；「隱哉」，作謂語。此段說明盤庚勸告各類管理事務的官員，應該好好考慮。

在詮釋方面，「隱」有四種不同詮釋。

第一、「隱，隱括」、「尚，庶幾。庶，幸也。幾，冀也。」，《孔傳》、《孔疏》主張此說。《孔傳》詮釋爲：言當庶幾相隱括共爲善政。《孔疏》詮釋爲：《釋言》云：「庶幾，尚也。」反覆相訓，故「尚」爲庶幾。「庶」，幸也。「幾」，冀也。「隱」謂隱審也。幸冀相與隱審檢括，共爲善政，欲其同心共爲善也。（頁134）

第二、「隱，痛也」、「尚，庶幾」，《蔡傳》主張此說。《蔡傳》詮釋爲：盤庚復歎息言爾諸侯公卿，百執事之人，庶幾皆有所隱痛於心哉。（頁58）

第三、「隱，考慮」、「尚，希望」，《錢、江》主張此說。《錢、江》譯爲：啊！各位諸侯、各位官長以及全體官員，希望你們都考慮考慮！（頁189）

第四、「隱，度量」屈氏主張此說。屈氏譯爲：唉！各國的首長，眾官長、以及所有的官員們，可都要度量度量啊。（頁64）

《孔傳》、《孔疏》認爲「隱」是「隱括」，「隱括」是舊語，在何休《公羊序》云：「隱括使就繩墨焉。」屈氏認爲「隱」是「度量」乃是根據《廣雅‧釋詁》曰：「隱，度也。」

（3）惟厥罪無在大，亦無在多，矧曰其尚顯聞於天。（《周書‧康誥》）

按：「矧曰其尚顯聞於天」中，「其」是單詞，作主語；「尚」是副詞，表示祈使語氣；「顯聞」是動詞；「於天」是介賓短語，作賓語。此段說明周公告誡康叔引導殷民的重要性。屈氏認爲「矧，語詞」、《錢、江》認爲「曰，句中語氣助詞，通聿。」

在詮釋方面，本段「矧」、「尚」有兩種不同詮釋。

第一、「矧，況且」、「尚，還」，《孔傳》、《蔡傳》、《錢、江》主張此說。《孔傳》詮釋爲：民之不安，雖小邑少民，猶有罰誅，不在多大，況曰不愼罰，明聞於天者乎？言罪大。（頁205）《蔡傳》詮釋爲：惟民之罪不在大，亦

不在多，苟爲有罪，即在朕躬，況曰今庶羣腥穢之德，其尚顯聞於天乎。（頁89）《錢、江》譯爲：罪過不在於大，也不在於多，都應自責，況且殷民不靜，還被上帝清清楚楚地知道呢。（頁306）

　　第二、「矧，語詞」、「尚，庶幾」，屈氏主張此說。屈氏譯爲：（要知道）罪過不在乎大，也不在乎多；（只要一有罪過），那就會明顯地被老天所聞知。（頁104）屈氏認爲：「尚，庶幾；猶言其將。」，「尚」爲庶幾。「庶」，幸也。「幾」，冀也。

　　「矧」字有三種意思：第一、何況，況且。《詩經·伐木》曰：「相彼鳥矣，猶求友聲；矧伊人矣，不求友生？」〔註67〕第二、亦，也。《周書·康誥》曰：「元惡大憝，矧惟不孝不友。」第三、齒齗。《禮記·曲禮》曰：「笑不至矧」。〔註68〕

　　《經傳釋詞》將「矧」歸類爲三種意思：第一、引《爾雅》曰：「矧、況也」。第二、「矧」猶「亦」也。第三、「矧」猶「又」也。（見附錄「矧」）

（4）爾尚不忌於凶德，亦則以穆穆在乃位，克閱於乃邑謀介。（《周書·多方》）

　　按：「爾尚不忌於凶德」中，「爾」是單詞，作主語；「尚」是副詞，表示祈使語氣；「不」是否定副詞；「忌」是動詞；「於凶德」是介賓短語，作賓語。此段說明周公告誡四方諸侯，消除怨惡之心。《釋訓》云：「穆穆，敬也。」

　　在詮釋方面，「尚、忌、穆穆」有四種不同詮釋。

　　第一、「尚，庶幾。忌，怨忌。穆穆，敬也。」，《孔傳》、《孔疏》主張此說。《孔傳》詮釋爲：汝庶幾不自忌，入於凶德，亦則用敬敬常在汝位。汝能使我閱具於汝邑，而以汝所謀爲大，則汝乃用是洛邑，庶幾長力畋汝田矣。言雖遷徙，而以修善，得反邑裏。《孔疏》詮釋爲：和順爲善德，怨惡爲凶德。「忌」謂自怨忌，上言「自作不和」，是怨忌也。此戒小大正官之人，故云「敬敬常在汝位」。「閱」謂簡閱其事，觀其具足以否，故言「閱具於汝邑」。「介」，大也。以汝所謀爲大，善其治理，聽還本國也。是由在洛邑修善，得反其邑裏。王肅云：「其無成，雖五年亦不得反也。」（頁259）

〔註67〕〔清〕阮元刻本：《十三經注疏詩經·伐木》（台北：藝文印書館，1955年），頁321。

〔註68〕〔清〕阮元刻本：《十三經注疏禮記·曲禮》（台北：藝文印書館，1955年），頁43。

第二、「尚，庶幾。忌，畏也。穆穆，敬也。」，《蔡傳》主張此說。《蔡傳》詮釋爲：忌，畏也。頑民誠可畏矣，然如上文所言，爾多士庶幾不至畏忌頑民凶德，亦則以穆穆和敬，端處爾位，以潛消其悍逆悖戾之氣，又能簡閱爾邑之賢者，以謀其助，則民之頑者且革而化矣，尚何可畏之有哉，成王誘掖商士之善，以化服商民之惡，其轉移感動之機，微矣哉。（頁115）

第三、「尚，或許。忌，教也。穆穆，敬也。」，《錢、江》主張此說。《錢、江》譯爲：你們或許不被壞人引誘，又或用恭恭敬敬的態度居守你們的職位，就能住在你們的城邑裡謀求美好生活。（頁394）

第四、「尚，希望。忌，惡。穆穆，美盛。」，屈氏主張此說。屈氏譯爲：希望你們能厭惡那罪惡的行爲，那才可以優美地守著你們的職位，能夠永久地住在你們的城邑，計劃著輔助（我們周王朝）。（頁154）

由以上可以釐清，《錢、江》不將「尚」解釋爲希望，其餘皆主張「尚，希望」。屈氏將「穆穆」爲「美盛」，其餘皆主張「穆穆，敬也。」

至於「忌」，四家主張都不同，筆者認爲「忌」，應該是「畏」，有恭敬，敬畏的意思。例如，《左傳・昭元年》說：「幼而不忌，不事長也。」〔註69〕即是指「畏」。

（5）尚爾事，有服在大僚。（《周書・多方》）

按：「尚爾事」中，「尚」是副詞，表示祈使語氣；「爾」是單詞，作主語；「事」是單詞，作賓語。此段勉勵各國官員，服從周朝統治。

在詮釋方面，「尚」有三種不同詮釋。

第一、「尚，庶幾」，《孔傳》、《孔疏》、《蔡傳》主張此說。《孔傳》詮釋爲：非但受憐賜，又乃蹈大道在王庭，庶幾修汝事，有所服行在大官。（頁259）《蔡傳》詮釋爲：其庶幾勉爾之事，有服在大僚，不難至也，〈多士〉篇，商民嘗以夏迪簡在王庭，有服在百僚爲言，故此因以勸勵之也。（頁115）

第二、「尚，努力」，《錢、江》主張此說。《錢、江》譯爲：或能努力做好你們的職事，還將讓你們擔任重要官職。（頁395）

第三、「尚，高尚的」，屈氏主張此說。屈氏譯爲：給你們高尚的職務，使你們擁有大的官職。（頁154）

〔註69〕〔清〕阮元刻本：《十三經注疏左傳・昭元年》（台北：藝文印書館，1955年），頁702。

根據語句分析「尚爾事」,「爾事」是短語,作賓語,所以前面需要一個動詞。而只有《錢、江》譯的「努力」爲動詞,句式是「動詞+賓語」。所以採取第二種《錢、江》說法。

(6)爾尚明時朕言,用敬保元子釗,弘濟於艱難。(《周書・顧命》)

按:「爾尚明時朕言」中,「爾」是單詞,作主語;「尚」是副詞,表示祈使語氣;「明」是副詞;「時」是動詞;「朕言」是偏正短語,作賓語。此段說明成王對顧命大臣交代遺言,要保護太子釗。

此段在「爾尚明時朕言」詮釋的不同。

第一、「明,明白;時,是」,《孔傳》、《蔡傳》、屈氏主張此說。《孔傳》詮釋爲:汝當庶幾明是我言。勿忽略,用奉我言,敬安太子釗,釗康王名,大度於艱難,勤德政。(頁 276)《蔡傳》詮釋爲:爾庶幾明是我言,用敬保元子釗,大濟于艱難,曰元子者,正其統也。(頁 124)屈氏譯爲:你們要明白我的這些話,來謹慎地保護太子釗,大大地渡過這艱難(的時期)。(頁 164)

第二、「明,努力;時,接受」,《錢、江》主張此說。《錢、江》譯爲:希望你們能夠盡力接受我的遺囑,認眞地保護我的大兒子姬釗渡過艱難。(頁 425)

《經傳釋詞》引《爾雅》爾雅曰:「時、是也」。(見附錄「時」)「時」,代詞。表近指,這,此。例如:《商書・湯誓》曰:「時日曷喪?」。所以「爾尚明時朕言採取《孔傳》、《蔡傳》、屈氏之說。

(7)雖則云然,尚猷詢茲黃髮,則罔所愆。番番良士,旅力既愆,我尚有之。仡仡勇夫,射御不違,我尚不欲。(《周書・秦誓》)

按:「尚猷詢茲黃髮」中,「尚」表示祈使語氣;「猷」是單詞,作連接副詞;「詢」作動詞;「茲黃髮」是偏正短語,作賓語。此段說明秦穆公反省自己應該任用老臣與勇士,而非親近花言巧語的小人。番番,老貌。仡仡,勇貌。

在詮釋方面,「尚猷」有三種不同詮釋。

第一、「尚猷,庶幾」,《孔傳》、《蔡傳》主張此說。《孔傳》詮釋爲:言前雖則有云然之過,今我庶幾以道謀此黃發賢老,則行事無所過矣。勇武番番之良士,雖眾力已過老,我今庶幾欲有此人而用之。仡仡壯勇之夫,雖射禦不違,我庶幾不欲用。自悔之至。(頁 314〜305)《蔡傳》詮釋爲:雖已云然,然尚謀詢茲黃髮之人,則庶罔有所愆。蓋悔其既往之失,而冀其將來之善也。旅力既

慭之良士。前日所詆墓木既拱者，我猶庶幾得而有之，射御不違之勇夫，前日所誇過門超乘者，我庶幾不欲用之，勇夫我尚不欲，則辯給善巧言，能使君子變易其辭說者，我遑暇多有之哉。良士，謂蹇叔；勇夫，謂三帥。（頁138）

第二、「尚猷，還」，《錢、江》主張此說。《錢、江》譯為：雖說這樣，還是要請教年長的人，才不會失誤。白髮蒼蒼的善良官員，體力已經衰退了，我還能親近他們。那強壯勇猛的武士，射箭和駕車的本領都不錯，我並不太喜愛接近。（頁485）

第三、「尚猷，尚且」，屈氏主張此說。屈氏譯為：雖如此說，我尚且要詢問那老年人，就不會有過錯了。白髮皤皤的優良之士，他的體力已經差了，我尚且親近他。那英勇強壯的武人，射箭和駕車的技術都不錯，我尚且不喜歡他們。（頁188）

《經傳釋詞》將「猶」歸類為四種意思：第一、《禮記·檀弓》注曰：「猶，尚也」。第二、「猶，若也」。第三、「猶，均也」。物相若則均，故「猶」又有「均」義。第四、「猶，可也」。（見附錄「猶」）

根據語法分析「尚猷詢茲黃髮」，「詢」是動詞，「茲黃髮」是賓語，所以可以確定，前面是「副詞」來修飾「動詞」詢字。「尚猷」、「尚猶」、「猶尚」是複音關聯副詞。所以「尚猷」解釋為「還」、「尚且」都可以。

（8）邦之榮懷，亦尚一人之慶。（《周書·秦誓》）

按：「亦尚一人之慶」中，「亦」是單詞，作關係連接詞；「尚」是副詞，表示祈使語氣；「一人之慶」語法結構是：「主語＋之＋謂語」屬於判斷句式短語，「一人」作主語，「慶」作謂語。此段說明穆公認為一位大臣能舉足輕重國家的興盛。如《蔡傳》詮釋為：言國之危殆，繫於所任一人之非，國之榮安，繫於所任一人之是。（頁139）

「慶」有兩種不同詮釋。

第一、「慶，善」，《孔傳》、《錢、江》主張此說。《孔傳》詮釋為：國之光榮，為民所歸，亦庶幾其所任用賢之善也。穆公陳戒，背賢則危，用賢則榮，自誓改前過之意。（頁315）《錢、江》譯為：國家的繁榮安定，也常是由於一人的善良啊！（頁485）

第二、「慶，幸福」屈氏主張此說。屈氏譯為：國家若繁榮安寧，那庶幾乎是我個人的幸福。（頁190）

「慶」歷來有很多種意思：第一、祝賀，慶賀。例如，《晉書·禮志》曰：

「普天同慶」〔註70〕第二、賞賜，獎賞。例如，《禮記‧月令》曰：「行慶施惠。」〔註71〕第三、福。例如，《易經‧坤》曰：「積善之家，必有餘慶。」〔註72〕第四、善。例如，《周書‧呂刑》曰：「一人有慶，兆民賴之。」

對照「邦之榮懷，亦尚一人之慶」上一句是「邦之杌陧，曰由一人」，整句話是「邦之杌陧，曰由一人；邦之榮懷，亦尚一人之慶」。「邦之杌陧」與「邦之榮懷」相對，是說明國家的滅亡，及國家的興盛。語法結構是「主語＋之＋謂語」屬於判斷句式。「邦之杌陧」是由一人，「邦之榮懷」也是由於一人，所以「亦尚一人之慶」的「之慶」是表示「一人」的屬性。根據《周書‧呂刑》曰：「一人有慶，兆民賴之。」，可以推之「邦之榮懷，亦尚一人之慶」中的「慶」是指善良。從其《孔傳》、《錢、江》之說。

（9）爾尚敬逆天命，以奉我一人。（《周書‧呂刑》）

按：「爾尚敬逆天命」中，「爾」是單詞，作主語；「尚」是副詞，表示祈使語氣；「敬」作副詞；「逆」動詞；「天命」是主謂短語，作賓語。此段說明穆王告誡王室成員敬待天命。「逆」，迎也。

本段「奉」諸家有三種不同詮釋。

第一、「奉，承」，《蔡傳》主張此說。《蔡傳》詮釋為：爾當敬逆天命，以承我一人。（頁134）

第二、「奉，輔助」，《錢、江》主張此說。《錢、江》譯為：你們可要恭敬地接受天命，來輔助我！（頁463）

第三、「奉，擁護」，屈氏主張此說。屈氏譯為：你們可要謹慎地迎接天的命令，來擁護我個人。（頁180）

「奉」有很多種解釋：第一、捧，持。例如，《左傳‧僖二三年》云：「奉匜沃盥。」〔註73〕第二、賜予。例如，《左傳‧哀二四年》云：「天奉多矣。」〔註74〕第三、接受。例如，《戰國策‧燕》云：「臣雖不佞，數奉教于君子矣。」

〔註70〕〔唐〕房玄齡：《晉書‧禮志》（台北：鼎文書局，1976年），頁669。

〔註71〕〔清〕阮元刻本：《十三經注疏禮記‧月令》（台北：藝文印書館，1955年），頁279。

〔註72〕〔清〕阮元刻本：《十三經注疏易經‧坤》（台北：藝文印書館，1955年），頁19。

〔註73〕〔清〕阮元刻本：《十三經注疏左傳‧僖二三年》（台北：藝文印書館，1955年），頁252。

〔註74〕〔清〕阮元刻本：《十三經注疏左傳‧哀二四年》（台北：藝文印書館，1955

〔註 75〕第四、侍候；事奉。例如，枚乘〈七發〉云：「齊姬奉後。」〔註 76〕第五、擁戴；輔佐。例如，《左傳‧隱三年》云：「請子奉之，以主社稷。」〔註 77〕

雖然《孔傳》、《孔疏》，並沒有對「奉」詮釋。但是根據《孔傳》詮釋說：汝當庶幾敬逆天命，以奉我一人之戒。行事雖見畏，勿自謂可敬畏。雖見美，勿自謂有德美。《孔疏》詮釋爲：上天授人爲主，是下天命也。諸侯上輔天子，是逆天命也，言與天意相迎逆也。「汝當庶幾敬逆天命，以奉我一人之戒」，欲使之順天意而用己命。凡人被人畏，必當自謂己有可畏敬；被人譽，必自謂已實有德美。故戒之，汝等所行事，雖見畏，勿自謂可敬畏；雖見美，勿自謂有德美。教之令謙而不自恃也。（頁 300），我們可以知道《孔疏》「教之令謙而不自恃」，故此解釋應該是第二種《錢、江》說法「奉，輔助」。

（10）勗哉夫子！尚桓桓，如虎、如貔、如熊、如羆，於商郊；弗迓克奔，以役西土。（《周書‧牧誓》）

按：「尚桓桓」中，「尚」是副詞，表示祈使語氣；「桓桓」是疊詞，作謂語。此段希望將士如四獸一樣勇猛。桓桓，武貌。《釋訓》云：「桓桓，威也。」《詩序》云：「桓，武志也。」貔，執夷，虎屬也。《釋獸》云：「貔，白狐。」郭璞曰：「一名執夷，虎豹屬。」《爾雅》云：「羆如熊，黃白文。」

本段「於商郊」諸家詮釋不同。

第一、「在牧野」，《孔傳》主張此說。《孔傳》詮釋爲：四獸皆猛健，欲使士眾法之，奮擊於牧野。商眾能奔來降者，不迎擊之，如此則所以役我西土之義。（頁 159）

第二、「前往商都的郊外」，《錢、江》主張此說。譯爲：努力吧，將士們！希望你們威武雄壯，像虎、貔、熊、羆一樣，前往商都的郊外。（頁 241）

第三、「在商都的郊外」，屈氏主張此說。譯爲：你們要發揮勇武的精神，像虎、貔、熊、羆一般，在這商都的郊外。（頁 73）

《蔡傳》並沒有對「於商郊」詮釋，但是根據《蔡傳》說，虎屬欲將士如四獸之猛，而奮擊于商郊也。……此勉其武勇，而戒其殺降也。（頁 70）說

年），頁 1049。

〔註 75〕〔西漢〕劉向輯錄：《戰國策‧燕》（上海：上海古籍出版社，1978 年），頁 1107。

〔註 76〕〔梁〕蕭統編，〔唐〕李善注：《文選》（台北：文津出版，1987 年），頁 1561。

〔註 77〕〔清〕阮元刻本：《十三經注疏左傳‧隱三年》（台北：藝文印書館，1955 年），頁 52。

明了周朝對這些殷民的仁慈。

根據《周書‧牧誓》一篇，一開始時說「王朝至于商郊牧野，乃誓」，所以「商郊」是個與城相對的地方，但若指出「牧野」，則是明顯說出所在的處所。在此句只言「於商郊」，故翻譯成「在牧野奮擊」、「在商都的郊外」都可。

又，上言「夫子勗哉」，此言「勗哉夫子」，反覆成文，有叮嚀勸勉之意。

（11）爾克永觀省，作稽中德。爾尚克羞饋祀，爾乃自介用逸。（《周書‧酒誥》）

按：「爾尚克羞饋祀」中，「爾」是單詞，作主語；「尚」是副詞，表示祈使語氣；「克」是副詞；「羞」是進貢、進獻的意思，作動詞，《說文》：「羞，進獻也」；「饋」是致贈、贈送的意思，作動詞。「祀」是單詞，作賓語。此段說明周公教導殷商遺民如何有飲酒的機會。

此段「爾乃自介用逸」句讀和詮釋諸家都有不同見解。

首先，在句讀方面，有兩種不同的句讀。第一、「爾乃自介用逸」上讀，如：「爾克永觀省，作稽中德。爾尚克羞饋祀，爾乃自介用逸。」，主張此說有《孔傳》、《孔疏》、《蔡傳》、屈氏。第「爾乃自介用逸」下讀，如：「爾克永觀省，作稽中德，爾尚克羞饋祀。爾乃自介用逸，……」，主張此說有《錢、江》。

其次，在詮釋方面：

第一、《孔傳》並沒有對「逸」詮釋。《孔傳》詮釋為：我大惟教汝曰，汝能長觀省古道，為考中正之德，則君道成矣。能考中德，則汝庶幾能進饋祀於祖考矣。能進饋祀，則汝乃能自大用逸之道。

第二、《孔疏》則是進一步說明，「逸之道」是「飲食醉飽之道」。《孔疏》詮釋為：長省古道，是老成人之德，考其中正，是能大進行，可以惟為君，故云「則君道成矣」。以聖人為能饗帝，孝子為能饗親，考德為君，則人治之，已成民事，可以祭神，故考中德，能進饋祀於祖考。人愛神助，可以無為，故大用逸之道，即上云「飲食醉飽之道」也。（頁208）

第三、「逸，宴樂也。」《蔡傳》詮釋為：言爾能常常反觀內省，使念慮之發，營為之際，悉稽乎中正之德，而無過不及之差，則德全於身，而可以交於神明矣，如是，則庶幾能進饋祀，爾亦可自副而用宴樂也。（頁91）

第四、「逸，行樂飲酒。」《錢、江》譯為：我想告訴你們能夠長久地檢點自己，使自己的言行舉止符合中正的美德，你們還能夠參與國君舉行的祭祀。你們如果自己限制行樂飲酒。（頁311）

第五、「逸，逸樂。」屈氏譯爲：就是說，你們能永遠自我觀察、反省，就能合乎中正的美德了。你們要能奉行祭祀，你們才可以自己祈求著逸樂。（頁 108）

按：聖人之教本欲禁絕其飲酒，但此篇章父母慶可飲酒，克羞耉可飲酒，羞饋祀可飲酒，不禁之禁。孝養、羞耉、饋祀，皆因其良心之發而利導之，如果人人皆能盡此，且爲成有德之士，何必憂心飲酒之事。

3. 必

《說文》云：「必，分極也。从八、弋，弋亦聲。」，「必」有很多意思：第一、一定，必定。《左傳・隱元年》云：「多行不義，必自斃。」〔註78〕第二、必要。例如，左思〈招隱〉：「非必絲與竹，山水有清音。」〔註79〕第三、肯定，斷定。例如，柳宗元〈非國語〉云：「孰能必其君之壽夭？」〔註80〕第四、固執。例如，《論語・子罕》云：「毋意，毋必。」〔註81〕第五、假如。例如，《史記・廉頗、藺相如傳》云：「王必無人，臣願奉璧往使。」〔註82〕第六、繫圭玉的絲帶。例如，《周禮・玉人》云：「天子圭中必。」〔註83〕

（1）夏德若茲，今朕必往。（《商書・湯誓》）

按：「今朕必往」中，「今」是單詞，作時間名詞；「朕」是單詞，作主語；「必」是副詞，表示祈使語氣；「往」是單詞，作謂語。此段說明討罰夏桀的理由。

《孔傳》詮釋爲：凶德如此，我必往誅之。（頁 108）《蔡傳》詮釋爲：桀之惡德如此，今我之所以必往也。桀嘗自言吾有天下，如天之有日，日亡，吾乃亡耳，故民因以日目之。（頁 43）《錢、江》譯爲：夏的品德壞到如此，現在我一定要去討伐他。（頁 121）屈氏譯爲：夏的行爲如此，所以我一定得去征服他。（頁 50）四家無異說。

〔註78〕〔清〕阮元刻本：《十三經注疏左傳・隱元年》（台北：藝文印書館，1955 年），頁 35。

〔註79〕〔梁〕蕭統編，〔唐〕李善注：《文選》（台北：文津出版，1987 年），頁 1028。

〔註80〕〔唐〕柳宗元：《柳宗元全集》（台北：漢京出版社，1982 年 5 月），頁 1274。

〔註81〕〔清〕阮元刻本：《十三經注疏論語・子罕》（台北：藝文印書館，1955 年），頁 77。

〔註82〕〔漢〕司馬遷：《史記・廉頗藺相如傳》（台北：鼎文書局，1981 年），頁 2440。

〔註83〕〔清〕阮元刻本：《十三經注疏周禮・玉人》（台北：藝文印書館，1955 年），頁 624。

二、禁止勸阻句

1. 勿

《說文》曰：「勿，州里所建旗。象其柄，有三游。雜帛，幅半異。所以趣民，故遽，稱勿勿。凡勿之屬皆从勿。」，「勿」有很多意思：第一、無；沒有。例如，《墨子・兼愛》曰：「勿有親戚兄弟之所阿。」〔註84〕第二、表否定，不。例如，《史記・曹相國世家》曰：「守而勿失。」〔註85〕第三、表禁止。莫，不要。例如，《論語・衛靈公》曰：「己所不欲，勿施於人。」〔註86〕

（1）我受天命，丕若有夏歷年，式勿替有殷歷年。（《周書・召誥》）

按：「式勿替有殷歷年」中，主語省略；「式」是單詞，作句首語氣助詞；「勿」是否定副詞，表示祈使語氣；「替」作動詞；「有殷歷年」是短語，作賓語。

此段描述召公告誡成王在執政時，要實行德政，才能有像夏、殷長久國祚。

詮釋方面，關鍵在「式勿替有殷歷年」諸家詮釋不同，「替」有兩種解釋。

第一、「替，廢」，《孔傳》、《孔疏》、屈氏主張此說。《孔傳》詮釋爲：言當君臣勤憂敬德，曰，我受天命，大順有夏之多歷年，勿用廢有殷歷年，庶幾兼之。《孔疏》詮釋爲：王者不獨治，必當以臣助之。上句惟指勸王，故此又言臣助君。「上下」謂君臣，故言當君臣共勤憂敬德，不獨使王勤也。我周家承夏殷之後受天明命，欲其年過二代，既言大順有夏曆年，又言勿廢有殷歷年，庶幾兼彼二代，歷年長久。勤行敬德，即是大順勿廢也。（頁223）屈氏譯爲：那將使我們所接受的天命像夏朝那樣漫長的年代，也不至於捨掉了殷朝那樣漫長的年代。（頁122）

第二、「替，止」，《錢、江》主張此說。《錢、江》譯爲：我們接受的大命會像夏代那樣久遠，不止殷代那樣久遠。（頁334）

「替」有廢棄、代替、衰落、怠惰等意思。雖然《蔡傳》並沒有詮釋「替」字，但從《蔡傳》詮釋爲：其，亦期之辭也。君臣勤勞，期曰我受天命，大

〔註84〕〔周〕墨翟：《墨子・兼愛》（台北：華正書局，1987年），頁115。
〔註85〕〔漢〕司馬遷：《史記・曹相國世家》（台北：鼎文書局，1981年），頁2031。
〔註86〕〔清〕阮元刻本：《十三經注疏論語・衛靈公》（台北：藝文印書館，1955年），頁140。

如有夏歷年，用勿替有殷歷年，欲兼夏殷歷年之永也。(頁 97)可知道周朝「欲兼夏殷歷年之永」，所以這裡「替」應該指「廢棄」。

(2)文子文孫，其勿誤于庶獄、庶慎，惟正是乂之。(《周書‧立政》)

按：「其勿誤于庶獄」中，「其」是代詞，作主語，指文子文孫；「勿」是否定副詞，表示祈使語氣；「誤於庶獄、庶慎」是短語，作謂語。本段告誡成王不要干預訴訟案件。

本段「誤」有三種詮釋。

第一、「誤，失也」，《蔡傳》主張此說。《蔡傳》詮釋爲：文子文孫者，成王，武王之文子，文王之文孫也。成王之時，法度彰，禮樂著，守成尙文，故曰文。誤，失也。有所兼，有所知，不付之有司而以己誤之也。正猶康誥所謂正人，與宮正、酒正之正，指當職者爲言，不以己誤庶獄庶慎，惟當職之，人是治之，下文言其勿誤庶獄，惟有司之牧夫即此意。(頁 118)

第二、「誤，錯誤」，《錢、江》主張此說。《錢、江》譯爲：先王的賢子賢孫，千萬不要在各種獄訟和各種敕戒上面犯錯誤，這些事只讓主管官員去治理。(頁 405)

第三、「誤，顧慮」，屈氏主張此說。屈氏譯爲：你這先王的子孫，可不要顧慮那些訟訴事件，和那些判案子事件，(凡是這些事)，只讓法官去管理好了。(頁 161)

《孔傳》並沒有對「誤」加以解釋，如，《孔傳》詮釋爲：文子文孫，文王之子孫。從今已往，惟以正是之道治眾獄眾慎，其勿誤。(頁 264)一般「誤」有四種解釋，第一、錯誤。例如，朱浮〈爲幽州牧與彭寵書〉曰：「豈不誤哉！」〔註 87〕第二、耽誤。例如，杜甫《奉贈韋左丞丈》詩：「儒冠多誤身。」〔註 88〕第三、迷惑。例如，《史記‧齊太公世家》曰：「詳死以誤管仲。」〔註 89〕第四、偶然。例如，《潛夫論‧愼微》曰：「是爲誤中，未足以存。」〔註 90〕

除了本段「其勿誤于庶獄、庶慎，惟正是乂之」，另外，有相同句式如：

〔註 87〕〔梁〕蕭統編，〔唐〕李善注：《文選》(台北：文津出版，1987 年)，頁 1878。

〔註 88〕〔清〕乾隆編《全唐詩》(北京：中華書局，1985 年)，7 冊 216 卷，頁 2252。

〔註 89〕〔漢〕司馬遷：《史記‧齊太公世家》(台北：鼎文書局，1981 年)，頁 1486。

〔註 90〕〔漢〕王符，〔清〕汪繼培箋，彭鐸校：《潛夫論箋校正》(北京：中華書局，1985 年)，頁 143。

「其勿誤于庶獄，惟有司之牧夫。」，所以應該指處理案件不要有過失，要
小心謹慎。

（3）繼自今立政，其勿以憸人，其惟吉士，用勱相我國家。（《周書·立政》）

按：「其勿以憸人」中，「其」是單詞，作主語，指立政之臣；「勿」是否
定副詞，表示祈使語氣；「以」是作動詞；「憸人」是偏正短語，作賓語。告
誡成王一定要任用好官員。

「勱」有兩種解釋。

第一、「勱，勉」，《孔傳》、《蔡傳》、屈氏主張此說。《孔傳》詮釋爲：立
政之臣，惟其起士，用勉治我國家。（頁265）《蔡傳》詮釋爲：王當繼今以往
立政，勿用憸利小人，其惟用有常吉士，使勉力以輔相我國家也。（頁 118）
屈氏譯爲：從今以後設立官員，可不要用那些陰險諂佞的人，只要用善良的
人，來勉勵地輔助我們的國家。（頁 161）

第二、「勱，努力」，《錢、江》主張此說。《錢、江》譯爲：從今以後設
立官員，千萬不可任用貪利奸佞的小人，應當只用善良賢能的人，來努力治
理我們的國家。（頁 405）

《說文》云：「勵，勉力也」，故贊成《孔傳》、《蔡傳》、屈氏主張「勱，
勉」之說。

（4）雖畏勿畏，雖休勿休。（《周書·呂刑》）

按：「雖畏勿畏」、「雖休勿休」中，兩句的「雖」都是連詞；「勿」是否
定副詞，表示祈使語氣；第一個「畏」是單詞，作主語；第二個「畏」是單
詞，作謂語；第一個「休」是單詞，作主語；第二個「休」是單詞，作謂語。
此段描述穆王告誡王族應該謹慎。

在詮釋方面，「休」諸家詮釋不同。

第一、「休，美」，《孔傳》、《孔疏》主張此說。《孔傳》詮釋爲：汝當庶
幾敬逆天命，以奉我一人之戒。行事雖見畏，勿自謂可敬畏。雖見美，勿自
謂有德美。《孔疏》詮釋爲：凡人被人畏，必當自謂己有可畏敬；被人譽，必
自謂己實有德美。故戒之，汝等所行事，雖見畏，勿自謂可敬畏；雖見美，
勿自謂有德美。教之令謙而不自恃也。（頁 300）

第二、「休，宥之也」，《蔡傳》主張此說。《蔡傳》詮釋爲：畏，威，古

通用，威，辟之也。休，宥之也。我雖以爲辟，爾惟勿辟，我雖以爲宥，爾惟勿宥，惟敬乎五刑之用，以成剛柔正直之德，則君慶於上，民賴於下，而安寧之福，其永久而不替矣。（頁 134）

「宥」，有很多意思。第一、寬仁。《詩經・昊天有成命》曰：「夙夜基命宥密。」〔註 91〕第二、赦免。《易經・解》曰：「君子以赦過宥罪。」〔註 92〕第三、通「囿」。局限。《呂氏春秋・去宥》曰：「夫人有所宥者。」〔註 93〕第四、通「侑」。勸食；陪宴。《周禮・大司樂》曰：「王大食，三宥。」〔註 94〕第五、通「佑」。保佑；輔佐。《漢書・禮樂志》曰：「神若宥之，傳世無疆。」〔註 95〕第六、通「右」。右邊。《荀子・宥坐》曰：「此蓋爲宥坐之器。」〔註 96〕

第三、「休，休息」，《錢、江》主張此說。《錢、江》譯爲：雖然遇到可怕的事也不要可怕，雖然可以休息了也不要休息。（頁 463）

第四、「休，喜悅」，屈氏主張此說。屈氏譯爲：雖然遇到可怕的事你們也不要害怕，雖然遇到可喜的事你們也不要喜悅。（頁 180）

「休」有很多意思。第一、休息。第二、止，停。第三、美好。第四、喜悅。第五、讚賞。「雖畏勿畏，雖休勿休」中，語法格式是「雖 A 勿 A，雖 B 勿 B」，「畏」與「休」意思相對，所以這邊應該指的是「喜悅」。

（5）又惟殷之迪諸臣惟工，乃湎於酒，勿庸殺之，姑惟教之有斯明享。（《周書・酒誥》）

按：「勿庸殺之」中，主語省略；「勿」是否定副詞，表示祈使語氣；「庸」，用，動詞；「殺之」是短語，作賓語。此段描述周公對於飲酒法令的處置。

此段句讀和詮釋諸家都有不同見解。

〔註 91〕　〔清〕阮元刻本：《十三經注疏詩經・昊天有成命》（台北：藝文印書館，1955年），頁 712。

〔註 92〕　〔清〕阮元刻本：《十三經注疏易經・解》（台北：藝文印書館，1955 年），頁 14。

〔註 93〕　〔周〕呂不韋輯、陳奇猷校《呂氏春秋・去宥》（台北：華正書局，1985 年），頁 1014。

〔註 94〕　〔清〕阮元刻本：《十三經注疏周禮・大司樂》（台北：藝文印書館，1955 年），頁 342。

〔註 95〕　〔漢〕班固：《漢書・禮樂志》（台北：鼎文書局，1986 年），頁 1055。

〔註 96〕　〔周〕荀況：《荀子・宥坐》（台北：學生書局，1981 年，6 月），頁 639。

首先，在句讀方面，有兩種不同的句讀。第一、「有斯明享」上讀，與上文相連接，如：「勿庸殺之，姑惟教之有斯明享」，主張此說有《孔傳》、《孔疏》、屈氏。第二、「有斯明享」下讀，如：「勿庸殺之，姑惟教之」相連接，主張此說有《蔡傳》、《錢、江》。

其次，在詮釋方面，有兩種解釋。

第一、《孔傳》詮釋爲：又惟殷家蹈惡俗諸臣，惟眾官化紂日久，乃沈湎於酒，勿用法殺之。以其漸染惡俗，故必三申法令，且惟教之，則汝有此明訓以享國。《孔疏》詮釋爲：言「諸臣」，謂尊者，及其下列職眾官，不可用法殺之，明法有張弛。此由殷之諸臣，漸染紂之惡俗日久，故不可即殺。其衛國之民，先非紂之舊臣，乃群聚飲酒，恐增長昏亂，故擇罪重者殺之。據意不同，故殺否有異。（頁 211）屈氏譯爲：要是殷國的臣僕和官員們，竟然沈醉於酒，那就不用殺他們，只姑且教導他們在祭祀時（喝酒）。（頁 112）

第二、《蔡傳》詮釋爲：殷受導迪爲惡之者臣百工，雖湎于酒，未能遽革，而非羣聚爲姦惡者，無庸殺之，且惟教之。（頁 93）《錢、江》譯爲：假如是殷商的舊臣百官沉溺在酒中，不用殺他們，暫且先教育他們。（頁 316）

按，筆者認爲在句讀上，採取《蔡傳》、《錢、江》「有斯明享」下讀說法，「勿庸殺之，姑惟教之」不與「有斯明享」相連接。一者、「勿庸殺之，姑惟教之」並列，省略主語，「殺」、「教」是並列動詞，「之」是代詞，作賓語，指那些沉溺在酒中的舊臣。二者、「有斯明享」是當下文的主語，如「有斯明享，乃不用我教辭，惟我一人弗恤，弗蠲乃事，時同于殺」。

2. 無

古字「毋」通「無」。《說文》曰：「毋，止之也。从女，有奸之者。凡毋之屬皆从毋。」

（1）嗚呼！封，敬哉！無作怨，勿用非謀非彝蔽時忱，丕則敏德。（《周書・康誥》）

按：「無作怨」中，主語省略，「無」是否定副詞；「作」是動詞；「怨」作賓語。此段描述周公告誡康叔以德服民。

此段句讀和詮釋諸家都有不同見解。

首先，在句讀方面，有兩種不同的句讀。第一、「丕則敏德」上讀，如：「勿用非謀非彝蔽時忱，丕則敏德」，《孔傳》、《孔疏》、屈氏主張此說。第二、

「丕則敏德」下讀，與另外句子「丕則敏德，用康乃心，顧乃德，遠乃猷，裕乃以」相連接，《蔡傳》、《錢、江》主張此說。

其次，在詮釋方面，「忱」有兩種解釋。

第一、「忱，誠也」，《孔傳》、《孔疏》、《蔡傳》、《錢、江》主張此說。《孔傳》詮釋為：言當修己以敬，無為可怨之事，勿用非善謀、非常法。斷行是誠道，大法敏德，信則人任焉，敏則有功。《孔疏》詮釋為：以誠在於心，故決斷行之，亦心誠而行敏，為見事之速，事有善而須德法，故云「大法敏德」也。正以此二者，以「信則人任焉，敏則有功」故也。《論語》文。（頁206）《蔡傳》詮釋為：此欲其不用罰而用德也。歎息言汝敬哉，毋作可怨之事，勿用非善之謀，非常之法，惟斷以是誠。大法古人之敏德，用以安汝之心，省汝之德，遠汝之謀，寬裕不迫，以待民之自安，若是則不汝瑕疵而棄絕矣。（頁90）《錢、江》譯為：唉！封，要謹慎啊！不要製造怨恨，不要使用不好的計謀，不要採取不合法的措施，蔽塞你的誠心。（頁306）

第二、「忱，實情」，屈氏主張此說。屈氏譯為：唉！封。你要謹慎啊！不要製造怨恨，不要採用不完善的計謀和不適當的法規，以致蔽塞了這些（吏民的）真實情形，那麼（大家）就可以敏捷地進入了美德的境界。（頁105）

在句讀上，為什麼《錢、江》句讀時候主張「丕則敏德」下讀呢？筆者認為，乃是因為受到王引之的影響。《經傳釋詞》說：「丕則，猶言於是」於是，因此的意思，是連詞，可以連接兩個句子。所以在句讀時下讀「丕則敏德」較妥。故筆者贊成第二種句讀法。

在詮釋上，筆者認為「忱」，「誠也」較妥。因為《詩經‧大明》云：「天難忱斯，不易維王。」〔註97〕《毛亨傳》云：「忱，信也。」，「忱」有相信、信任的意思。所以從《錢、江》之譯。

第三節 今文《尚書》祈使句之用語與特點

一、由人名或稱呼構成的祈使句

今文《尚書》名詞作小句的直接構件，分析如下：

〔註97〕〔清〕阮元刻本：《十三經注疏詩經‧大明》（台北：藝文印書館，1955年），頁540。

君奭！	例　證	篇　名	次數
君奭！	（1）周公若曰：君奭！弗弔，天降喪于殷，殷既墜厥命，我有周既受。 （2）公曰：君奭！我聞在昔，成湯既受命，時則有若伊尹，格于皇天。 （3）公曰：君奭！天壽平格，保乂有殷；有殷嗣，天滅威。 （4）公曰：君奭！在昔，上帝割申勸寧王之德，其集大命于厥躬。	《周書・君奭》	4次

君！	例　證	篇　名	次數
君！	（1）嗚呼！君！已曰時我，我亦不敢寧于上帝命，弗永遠念天威，越我民。 （2）嗚呼！君！肆其監于茲。我受命無疆惟休，亦大惟艱。 （3）君！告汝朕允。 （4）君！予不惠若茲多誥。 （5）嗚呼！君！惟乃知民德，亦罔不能厥初，惟其終。	《周書・君奭》	5次

四岳！	例　證	篇　名	次數
四岳！	（1）帝曰：咨！四岳！湯湯洪水方割，蕩蕩懷山襄陵，浩浩滔天。 （2）帝曰：咨！四岳！朕在位七十載，汝能庸命，巽朕位？	《虞夏書・堯典》	4次
	（3）舜曰：「咨！四岳！有能奮庸，熙帝之載，使宅百揆，亮采惠疇？」 （4）帝曰：「咨，四岳！有能典朕三禮？」	《虞夏書・舜典》	

封！	例　證	篇　名	次數
封！	（1）封！爽惟民，迪吉康。 （2）封！予惟不可不監，告汝德之說，于罰之行。 （3）封，敬哉！無作怨，勿用非謀非彝蔽時忱，丕則敏德。	《周書・康誥》	4次
	（4）封！以厥庶民暨厥臣達大家，以厥臣達王，惟邦君。	《周書・梓材》	

公！	例　證	篇　名	次數
公！	（1）王拜手稽首曰：公！不敢不敬天之休，來相宅，其作周匹休。 （2）王若曰：公！明保予沖子。 （3）王曰：公！予小子其退即辟于周，命公後。	《周書・洛誥》	3 次

父義和！	例　證	篇　名	次數
父義和！	（1）父義和！丕顯文武，克慎明德。 （2）父義和！汝克昭乃顯祖。 （3）父義和！其歸視爾師，寧爾邦。	《周書・文侯之命》	3 次

爾殷多士	例　證	篇　名	次數
爾殷多士	（1）爾殷多士！今惟我周王，丕靈承帝事。 （2）告爾多士。予惟時其遷居西爾。 （3）告爾殷多士！今予惟不爾殺，予惟時命有申。	《周書・多士》	3 次

禹！	例　證	篇　名	次數
禹！	（1）帝曰：「俞咨！禹，汝平水土；惟時懋哉！」	《虞夏書・舜典》	2 次
	（2）帝曰：「來，禹！汝亦昌言。」	《虞夏書・益稷》	

帝！	例　證	篇　名	次數
帝！	（1）禹拜曰：「都，帝！予何言？予思日孜孜。」 （2）禹曰：俞哉，帝！光天之下，至于海隅蒼生，萬邦黎獻，共惟帝臣。	《虞夏書・益稷》	2 次

其　他	例　證	篇　名	次數
太史！	周公若曰：太史！司寇蘇公。	《周書・立政》	1 次
我士！	公曰：嗟！我士！聽無譁！予誓告汝群言之首。	《周書・秦誓》	1 次
伯	帝曰：俞咨！伯，汝作秩宗。	《虞夏書・舜典》	1 次
伯夷	僉曰：「伯夷。」	《虞夏書・舜典》	1 次

小子封	嗚呼！小子封。恫瘝乃身，敬哉！	《周書·康誥》	1次
皋陶！	帝曰：皋陶！蠻夷猾夏，寇賊姦宄。	《虞夏書·舜典》	1次
棄！	帝曰：棄！黎民阻飢。	《虞夏書·舜典》	1次
龍	帝曰：龍，朕堲讒說殄行，震驚朕師。	《虞夏書·舜典》	1次
夔	帝曰：夔，命汝典樂，教冑子。	《虞夏書·舜典》	1次
天子！	天子！天既訖我殷命	《商書·西伯戡黎》	1次
王子！	王子！天毒降災荒殷邦，方興沈酗于酒。	《商書·微子》	1次
箕子	嗚呼！箕子。惟天陰騭下民，相協厥居，我不知其彝倫攸敘。	《周書·洪範》	1次
侯、甸、男、衛	庶邦侯、甸、男、衛！	《周書·顧命》	1次
嗣孫！	嗚呼！嗣孫！今往何監，非德？	《周書·呂刑》	1次

「君」共 5 見、「君奭！」共 4 見、「四岳！」共 4 見、「封！」共 4 見、「公！」共 3 見、「爾殷多士」共 3 見、「父義和」共 3 見、「帝！」共 2 見、「禹！」共 2 見。其他「太史！」、「我士！」、「伯」、「伯夷」、「小子封」、「皋陶！」、「棄！」、「龍」、「夔」、「天子！」各 1 見。

二、由事件構成的祈使句

由事件構成的祈使句，例如：「割殷！」(《周書·多士》)、「無違！」(《周書·多士》)、「昔之人，無聞知！」(《周書·無逸》)、「惟截截善諞言，俾君子易辭，我皇多有之！」(《周書·秦誓》)、「爾所弗勖，其于爾躬有戮！」(《周書·牧誓》)。

三、由數量短語構成的祈使句

由數量短語構成的祈使句，並不多。例如：「三載！汝陟帝位。」(《虞夏書·舜典》)

四、由主謂倒裝祈使句

「主語」、「謂語」相倒裝，有的有用祈使語氣詞，有的不用祈使語氣詞。使用祈使語氣詞，例如：「達于上下，敬哉有土！」(《虞夏書·皋陶謨》)、「往

哉生生！今予將試以汝遷，永建乃家。」（《商書・盤庚中》）等。不用祈使語氣詞，例如：「勗哉夫子！尚桓桓，如虎、如貔、如熊、如羆，于商郊；」（《周書・牧誓》）、「勗哉夫子！爾所弗勗，其于爾躬有戮！」（《周書・牧誓》）、「吁！來！有邦有土，告爾祥刑。」（《周書・呂刑》）、「肆汝小子封，在茲東土。」（《周書・康誥》）

第五章　今文《尚書》疑問句類型析論

第一節　疑問句之義界、句式與用詞

一、疑問句之義界

　　疑問句又稱「詢問句」、「問句」。王力的《古代漢語》「古漢語通論（十）疑問句‧疑問詞」〔註1〕一節中指出，在古代漢語裡，句子須有疑問詞的幫助，方能發出疑問。疑問句有時候用疑問代詞，有時候用疑問語氣詞，有時候是二者都用。呂冀平《漢語語法基礎》一書以為，〔註2〕一個句子，只要它的目的是向別人提出一個問題，它的作用就是表示疑問。這樣的句子叫作疑問句。疑問句的句尾語調一般上揚，書面上用問號「？」來表示。王海棻《古代漢語簡明讀本》一書認為，〔註3〕對人、事、物提出問題，帶有疑問語氣的句子稱疑問句。楊伯俊、何樂士《古漢語語法及其發展》一書，〔註4〕則以疑問句是對問句的總括。

　　疑問的含義及特點是什麼？王向清〈疑問：馮契認識論的重要範疇〉一

〔註1〕　王力：《古代漢語》（北京：中華書局，2004 年 11 月），頁 271。
〔註2〕　呂冀平：《漢語語法基礎》（北京：商務印書館，2000 年 1 月），頁 356。
〔註3〕　王海棻：《古代漢語簡明讀本》（北京：社會科學文獻出版，2000 年 4 月），頁 146。
〔註4〕　楊伯峻、何樂士：《古漢語語法及其發展》（北京：語文出版，2003 年 1 月），頁 863～893。

文說，〔註5〕疑問的含義就是有疑義而發問。當人們意識到主客觀之間存在矛盾時，必然會因疑義而發問。而疑問的兩大特徵：一是心理狀態上的疑難、驚訝。二是認識論上的知與無知的矛盾意識。

關於疑問程度的研究，于康〈漢語「是非問句」與日語「肯否性問句」的比較〉一文表示，〔註6〕疑問表現可分爲「問的表現」和「疑的表現」兩大類。「問的表現」是言語主體將疑問點向言語對象提出，並要求對方就此進行回答的一種表現；「疑的表現」是言語主體就某一問題的起因、理由、狀況等，在心裏進行猜度而不能確定時的一種表現。

徐傑、張林林〈疑問程度與疑問句式〉一文，〔註7〕則將把疑問程度予以量化，分爲四級，參數分別爲 100%，80%，60%和 40%，主要考察問句類型與疑問程度的關係。結果有兩種：一、疑問程度越低，其表達形式越靈活，可選用的疑問句式越多；疑問程度越高，其表達形式受到的限制就越多，可選用的疑問句式就越少。二、高程度的典型句式的應用範圍最廣泛，而低程度疑問的典型句式只能表達低程度的疑問。黃國營則把疑問句程度定爲五級，信與疑是兩種互相消長的因素，信增一分，疑就減一分；反之，疑增一分，信就減一分。因此信爲 1 分時，疑爲 0 分；信爲 3/4 時，疑爲 1/4；信爲 1/2 時，疑爲 1/2；信爲 1/4 時，疑爲 3/4；信爲 0 時，疑就爲 1。〔註8〕

〔註5〕 王向清：〈疑問：馮契認識論的重要範疇〉，《湘潭師範學院學報》第 23 卷第 6 期（2001 年 11 月），頁 10～13。疑問從兩方面來說：一是從主觀意識方面來說，發現疑問的人心中感到有種疑難；二是從認識論來說，疑問作爲認識活動的環節，無論是學生在學習過程中向老師提出的比較簡單的問題，還是屈原在〈天問〉中提出的關於宇宙人生問題等等。在馮契看來，疑問就是由於人們意識到主客觀之間的矛盾而提出的問題。他認爲，實踐經驗和邏輯思維，事實和理論常常存在著矛盾，這種矛盾主要體現在以下幾個方面：一是新的事實和原有的概念的矛盾，即原有的概念不能解釋經驗提供的新事實；二是假說和事實的不一致，即難以找到驗証假說的經驗事實；三是不同的觀點學說之間的矛盾；四是在事實方面存在眞象和假像的不一致。【馮契：《邏輯思維的辯証法》（上海：華東師範大學出版，1996 年）。】

〔註6〕 于康：〈漢語「是非問句」與日語「肯否性問句」的比較〉，《世界漢語教學》第 2 期（總第 32 期）（1995 年），頁 43～49。當「疑的表現」出現在對話中時，以表露心中疑慮的方式向對方設問，主觀性強，語氣婉轉。

〔註7〕 徐杰、張林林：〈疑問程度與疑問句式〉，《江西師大學報》（1985 年 2 月）。

〔註8〕 黃國營：〈「嗎」字句用法初探〉，《語言研究》（1986 年 2 月）。黃國營認爲，「SQO 眞的機率爲 0 有疑而問」、「SQ1/4 眞的機率爲 1/4 表示懷疑和猜測」、「SQ1/2 眞的機率爲 1/2 眞正疑問句」、「SQ3/4 眞的機率爲 3/4 表示懷疑和猜測」、「SQ1 眞的機率爲 1 有疑而問」。

二、疑問句之句式

王力《古代漢語》一書從功能特點上，將疑問詞分爲兩類：一類是疑問代詞，一類是語氣詞。王海棻《古代漢語簡明讀本》一書，〔註9〕將疑問句分爲疑問語氣詞、疑問代詞，所示如下表：

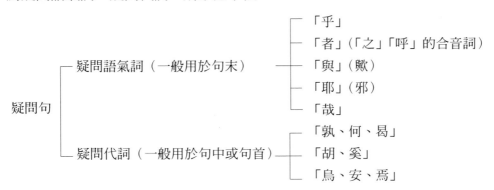

第一、就疑問代詞而言：

王力《漢語語法史》一書說，〔註10〕疑問代詞自古就分爲指人和指物兩種，而且大致可以分爲三系：指人、指物、指處所。張文國、張能甫《古漢語語法學》一書，〔註11〕也分古代漢語的疑問代語爲指人、指事物和指處所三類。黃六年《漢語文言語法綱要》一書主張，〔註12〕疑問代詞主要有問人和問事的兩類，問原因和問情狀的都屬於問事的範圍。

第二、就疑問語氣詞而言：

馬建忠《馬氏文通》一書，〔註13〕按助字所傳語氣把句子分爲兩大類：傳信、傳疑。傳疑內部又分爲三種：一則，有疑而用以設問者，如「或曰：『管仲儉乎？』」；一則，無疑用以詠嘆者，如，「一之謂甚，其可再乎！」；一則，不疑而用以詠嘆者。而繼承了馬建忠學說的黎錦熙《新著國語文法》一書，〔註14〕仍以助詞爲綱，把疑問句放在「語氣─助詞細目」中去論述，疑問句分爲「表然否的疑問」，「助抉擇或尋求的疑問」，以及「無疑而反詰語氣」。

〔註9〕 同註3，頁146。
〔註10〕 王力：《漢語語法史》（北京：商務印書館，2003年6月），頁76。
〔註11〕 張文國、張能甫：《古漢語語法學》（成都：巴蜀書社出版，2003年3月），頁142。
〔註12〕 黃六年：《漢語文言語法綱要》（台北：華正書局，2000年8月），頁112。
〔註13〕 〔清〕馬建忠：《馬氏文通》（台北：世界書局，1989年11月），頁460。
〔註14〕 黎錦熙：《新著國語文法》（北京：商務印書館，1992年6月），頁241。

　　呂叔湘《中國文法要略》一書，〔註15〕開始了對疑問句進行比較細緻而深入的研究，把「詢問、反詰、測度」總稱爲疑問語氣。疑問句爲分兩大類：特指問句、是非問句（包括抉擇問句）。並提出了一系列很有價值的課題，包括疑問點，疑問程度，疑問句的區別與聯繫，行程與功能的錯綜變化等等。李佐豐《上古語法研究》一書，〔註16〕常見的疑問句可以分爲三類：一類是有疑而問的詢問句，另一類是無疑而問的反問句，第三類是半疑半問的測問句。詢問句是最常見的疑問句，又分爲三類：是非問、選擇問和特指問。

　　疑問句的系統，呂淑湘《語法研究入門》一書，〔註17〕將疑問句的分類歸爲四類。圖表分析如下：

代　　　表	疑　問　句　系　統	分　　類　　依　　據
呂淑湘爲代表	「疑問句派生系統」	是根據疑問句內部小類的的派生關係來分類
朱德熙爲代表	「疑問句轉換系統」	是根據疑問句與敍述句之間的轉換關係來分類
林浴文爲代表	「疑問句結構系統」	是根據問句的結構形式特點來分類
範繼淹爲代表	「疑問句功能系統」	是根據疑問句的交際功能，即說話人的意圖和聽話人的回答來分類

　　（一）呂淑湘認爲「疑問句派生系統」中，特指疑與是非疑是疑問句中的兩種基本類型，而正反疑和選擇疑是以是非疑句派生出來的，因爲他們分別是由「兩個是非疑合并而成」。疑問句派生系統的內部關係如下：

　　（二）朱德熙爲代表「疑問句轉換系統」，他認爲只要把相應的敍述句裡代入疑問詞語，加上疑問句調，就變成了「特指問句」，把敍述句的位元與部

〔註15〕呂叔湘：《中國文法要略》（台北：文史哲出版，1992 年 9 月），頁 285～301。
〔註16〕李佐豐：《上古語法研究》（北京：北京廣播學院出版，2004 年 8 月），頁 61。
〔註17〕呂淑湘：《語法研究入門》（北京：商務印書館，2003 年 6 月），頁 538～540。

分換成幷列的幾項，再加上疑問句調，就變成了「選擇問句」。可以把三類疑問句都看成是由敍述句轉換出來的句式。同時，把反覆問句看成是一種特殊的選擇問句。疑問句的轉換關係如下：

（三）根據問句的結構形式特點來分類，可稱爲「疑問句結構系統」，這以林浴文爲代表。林氏指出疑問句結構形式上的特點有四項：（1）疑問代詞，（2）（是）A 還是 B」的選擇形式，（3）「X 不 X」的正反並列形式，（4）語氣詞與句調。而疑問句內部的對立，正建立在這四項形式上對立的基礎上。疑問句結構系統的內部如下：

（四）是根據疑問句的交際功能，即說話人的意圖和聽話人的回答來分類，可稱爲「疑問句功能系統」，這可以範繼淹爲代表。他認爲：除特指問句之外，其他的疑問句都是一種選擇關係，因此，是非問句式選擇問句的一種特殊形式。他的出發點事語意理解，對人工智能、中文信息處理和機器翻譯等更具有實用價值。疑問句功能系統的內部如下：

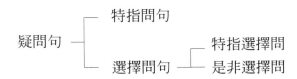

三、疑問句之用詞

王力《古代漢語》一書，〔註18〕將疑問詞分「疑問代詞」和「疑問語氣詞」兩類。第一類是疑問代詞，包括「誰、孰、何、安、惡、焉、胡、奚、曷」等；第二類是語氣詞，包括「乎、諸、與（歟）、邪（耶）、哉」等。王力《漢語史稿》第三章第三十六節中，〔註19〕以為「何、奚、胡、惡、安」的本職是疑問代詞，當其詢問原因或表示疑問語氣「怎麼」時是作為狀語使用，而非疑問副詞。指問人物，疑問代詞有「誰、孰」。指問方式，情狀常用「如之何、何、何如、如何」等疑問代詞。指問原因，疑問代詞常用「何、何為、奚、何獨」等。指問時間，數量常用「幾、幾何」等。

楊樹達《高等國文法》一書中，〔註20〕認為疑問反詰副詞包括「何、奚、胡、惡、安」等詞；劉景農《漢語文言語法》一書，〔註21〕關於詢問的語氣，可分為「然否問句」和「特指問句」。然否問句的語氣詞，在文言裡主要用「乎」，其次用「歟」和「耶」；特指問句的語氣詞，先秦時期一般用「也」，「哉」有時也可用。其他如「選擇問句」「反復問句」的形式，也都接近然否問句；選擇問句的語氣詞，「乎」、「歟」、「耶」和「也」都可（以用「乎」較多），而反復問句一般不用語氣詞，若用時也以「乎」為常見。

第二節　今文《尚書》疑問句詮釋舉隅

楊伯俊、何樂士《古漢語語法及其發展》一書，〔註22〕將疑問句分為三大類：詢問句、反詰句、測度問句。

詢問句又可分為特指問句、是非問句、選擇問句、反覆問句、比較問句五種。以下分別說明其特點：

第一、特指問句的主要標誌是疑問代詞，句末配合文義用語詞的情況不很普遍，有時句末用部分語氣詞，如「乎」、「者」、「也」等。

第二、是非問句的特點是：一、句中一般都沒有疑問詞；二、句末大都有語氣詞；三、下文大都有表示肯定或否定的問答。

〔註18〕同註1，頁274～282。
〔註19〕王力：《漢語史稿》（北京：中華書局，2003年6月），頁277～296。
〔註20〕楊樹達：《高等國文法》（台北：鼎文書局，1972年8月），頁313～315。
〔註21〕劉景農：《漢語文言語法》（北京：中華書局，2003年10月），頁330。
〔註22〕同註4，頁863～893。

　　第三、選擇問句又分為範圍選擇問句、分項選擇問句。範圍選擇問句的特點是：一、句首有供選擇的範圍；二、句中一定有疑問詞代表提問的內容。分項選擇問句的特點是：一、是把兩種或兩種以上的情形列出來，問這一種還是那一種；二、絕大都數都在句尾有語氣詞，配合文義表示疑問；三、並列句中常有選擇的連詞連接；四、有時在句首還有語氣副詞「其」等。

　　第四、反覆問句的特點是：句中必有否定副詞「不」、「未」、「非」、「否」、「無」、「毋」等。它的位置有二：一是在句中、一是在句末。

　　第五、比較問句的特點是：詢問兩者相比怎麼樣，兩者間常用「何如」、「何與」、「孰與」等詞組，這類句式句末大都不帶語氣詞。

　　反詰句的特點有四：一、是用反問句的形式來表示確定的意思。二、常常用復句的最後一個分句的結束語，加強說話人語義重點。三、謂語中心詞前面有反詰的副詞「豈」、「寧」、「庸」，以及助動詞「敢」、「能」、「肯」等組成的固定詞組。

　　測度問句主要造句標誌有二：一、謂語前帶有表示測度語氣的副詞，如「其」、「無乃」、「得無」、「殆」、「庶」；二、句末有語氣詞「乎」、「與」、「邪」、「也」。

　　黃六年《漢語文言語法綱要》一書，〔註 23〕疑問句可分為是非問、特指問、選擇問三種。劉景農《漢語文言語法》一書，〔註 24〕疑問句是總名，細分可有幾種情形。凡有疑即問的，可叫「詢問句」；雖問非疑的，可叫「反詰句」；半疑半問的，可叫「測度句」。

　　齊正喜〈古代漢語疑問句中的有關問題〉一文，〔註 25〕還提出從音節上進行分類，古代漢語疑問詞語有單音節、雙音節和多音節三類。從詞義和結構的結合上分類，古代漢語疑問詞語有單個的疑問代詞、疑問副詞、表示疑問的數詞、否定副詞、表示否定的動詞以及用於選擇詢問的連詞等；雙音節的複合疑問詞語，用於選擇詢問的雙音節連詞、短語、固定格式等。

　　蔣重母〈《孟子》疑問句研究〉一文，〔註 26〕疑問句可分成兩大類反問句

〔註 23〕同註 12，頁 194。

〔註 24〕同註 21，頁 330。

〔註 25〕齊正喜：〈古代漢語疑問句中的有關問題〉，《北京政法職業學院學報》2 期（1995年），頁 32～37。

〔註 26〕蔣重母：〈《孟子》疑問句研究〉，《天中學刊》第 16 卷第 4 期（2001 年 8 月），頁 65～67。

和詢問句，反問句可以分爲二類：否定性的反問句、肯定性的反問句；詢問句可以分爲三類：然否問句、特指問句和選擇問句。白振有〈《列子》疑問代詞討論〉一文，〔註27〕依據詢問功能進行分類，漢語的疑問代詞可以分爲事物疑問代詞、人物疑問代詞、方式情狀疑問代詞、原因目的疑問代詞、時間疑問代詞、處所疑問代詞、數量疑問的代詞七類。曹小雲〈《論衡》疑問句式研究〉一文，〔註28〕選擇問、反復問及設問三種句式進行了探討。學者都各有其分法，也各有其理論依據。筆者將《尚書》疑問句分爲詢問句、反問句、測度問句三大類。

一、詢問句

詢問句是眞正的疑問句，是有疑而問。它要求對提出的問題作出回答，詢問句的下文一般都有答話，沒有答話的往往另有原因。《尚書》的詢問句又可分爲特指問、是非問、選擇問三小類。

（一）特指問句

朱德熙《語法講義》一書，〔註29〕特指問句要給原問句裡的疑問詞代入具體的「值」作爲回答。呂冀平《漢語語法基礎》一書，〔註30〕特指問是把疑問的部分用疑問代詞向對方提出，要求對方按照疑問代詞所指的問題來回答。黃六年《漢語文言語法綱要》一書，〔註31〕特指問句，是指著某一點發問，可以問人、問事物、問情狀、問原因和目的。這類句裡面都有疑問代詞，一般可以不必疑問助詞的幫助。

王海棻《古代漢語簡明讀本》一書，〔註32〕疑問代詞多用於特定指問句，所謂特指問句，即對事情的某個方面—有關的人、事物、時間、處所、原因、方法等的詢問。特指問句句尾也可用疑問語氣詞，但多數不用。長期以來，一直認爲「惟」、「孰」用來問人；「何」、「曷」、「胡」、「奚」用來問事物；「惡」、

〔註27〕白振有：〈《列子》疑問代詞討論〉，《延安大學學報》第 23 卷第 2 期（2001年 6 月），頁 82～85。
〔註28〕曹小雲：〈《論衡》疑問句式研究〉，《安徽師範大學學報》第 28 卷第 2 期（2000年 5 月），頁 245～248。
〔註29〕朱德熙：《語法講義》（北京：商務印書館，2004 年 8 月），頁 203。
〔註30〕同註 2，頁 356。
〔註31〕同註 12，頁 194。
〔註32〕同註 3，頁 149。

「焉」用來問處所等等。關於是非問句末帶著「否」的形式，先秦時代也已出現。以下《尚書》分五個小節說明。

1. 詢問人

（1）誰

《說文》：「誰，何也。從言隹聲。」第一、代詞，表疑問，什麼人。例如，《史記・高祖本紀》云：「令誰代之？」〔註33〕第二、助詞，無義。例如，《詩經・墓門》云：「誰昔然矣。」〔註34〕黃六年《漢語文言語法綱要》一書，〔註35〕疑問代詞問人的有「誰」、「孰」等字，問事的有「何」、「奚」等字。問人的「孰」，可兼用於問事。李生信〈古今漢語疑問代詞的發展與變化〉一文，〔註36〕從時間上看，「誰」比「孰」出現的要早一些。《尚書》中就有「誰敢不讓」的句子，《詩經》中多次用到了「誰」。《尚書》中並沒有見到「孰」，《詩經》上中也很少見到「孰」。

A. 惟帝時舉，敷納以言，明庶以功，車服以庸。誰敢不讓，敢不敬應？（《虞夏書・益稷》）

按：「誰敢不讓」中，「誰」是疑問代詞，作主語；「敢」是表敬副詞；「不」是否定副詞；「讓」是動詞，作謂語。此段說明舉賢用人之法。

此段「惟帝時舉」句讀和詮釋諸家都有不同見解。

首先，在句讀方面，有兩種不同的句讀。第一、「惟帝時舉」上讀，如：「共惟帝臣，惟帝時舉。敷納以言，明庶以功，車服以庸。誰敢不讓，敢不敬應？」，《孔傳》、《孔疏》、《蔡傳》、《錢、江》主張此說。第二、「惟帝時舉」下讀，如：「惟帝時舉，敷納以言，明庶以功，車服以庸。誰敢不讓，敢不敬應？」，屈氏主張此說。

其次，在詮釋方面「惟帝時舉」、「明庶以功」諸家詮釋不同：

第一、「惟帝時舉，帝舉是而用之」、「明庶以功，明之皆以功大小為差」，《孔傳》主張此說。《孔傳》詮釋為：萬國眾賢共為帝臣，帝舉是而用之，使

〔註33〕〔漢〕司馬遷：《史記・高祖紀》（台北：鼎文書局，1981年），頁391

〔註34〕〔清〕阮元刻本：《十三經注疏詩經・墓門》（台北：藝文印書館，1955年），頁253。

〔註35〕同註12，頁112。

〔註36〕李生信：〈古今漢語疑問代詞的發展與變化〉，《固原師專學報》總第20卷第71期（1999年），頁64～66。

陳布其言，明之皆以功大小爲差，以車服旌其能用之。上惟賢是用，則下皆敬應上命而讓善。（頁70）

　　第二、「惟帝時舉，惟帝時舉而用之爾」、「明庶者，明其衆庶也」，《蔡傳》主張此說。《蔡傳》詮釋爲：禹雖兪帝之言，而有未盡然之意，謂庶頑讒説，加之以威，不若明之以德使帝德光輝達於天下，海隅蒼生之地莫不昭灼，德之遠著如此，則萬邦黎民之賢，孰不感慕興起，而皆有帝臣之願，惟帝時舉而用之爾，敷納以言而觀其蘊，明庶以功而考其成，旌能命德以厚其報，如此，則誰敢不讓，善敢不精白一心，敬應其上，而庶頑讒説，豈足慮乎？（頁19）

　　第三、「時舉，善於舉用。」、「明庶以功，明確地考察他們的事迹」，《錢、江》主張此說。《錢、江》譯爲：舜帝您要善於舉用他們。廣泛地采納他們的意見，明確地考察他們的事迹，賞賜車馬衣服作爲酬勞。如果這樣，誰敢不讓賢，誰敢不恭敬地聽從您的命令？（頁66）《錢、江》認爲《詩經・小雅》：「爾酒既旨，爾殽既時」〔註37〕《毛傳》：「時，善也。」，「庶，考察。」

　　第四、「時舉，隨時舉用」、「明庶以功，按照功勞來提拔眾人」，屈氏主張此說。屈氏譯爲：天子要隨時舉用他們，普遍地採納他們的言論，按照功勞來提拔眾人，而且賞賜他們車子衣服以備享用。這樣，誰敢不謙讓？誰敢不恭敬地響應天子的號召呢？（頁29）屈氏認爲：「時，隨時。」，「庶，眾人。」

　　就句讀方面，筆者採取屈氏第二種「惟帝時舉」下讀，如：「惟帝時舉，敷納以言，明庶以功，車服以庸。誰敢不讓，敢不敬應？」因爲就語法分析而言，「敷」、「明」是動詞，前面必須有主語，所以「惟帝時舉」應該下讀，「帝」當作「敷」、「明」的主語。故屈氏主張較妥。

　　又，《舜典》云：「敷奏以言，明試以功」，《虞夏書・益稷》云：「敷納以言，明庶以功」，《舜典》用「奏、試」二字與此《虞夏書・益稷》用「納、庶」不同。乃因《舜典》是諸侯見其國君，奏言試功，故言「奏、試」；《虞夏書・益稷》謂方始擢用，故言「納、庶」。

（2）疇

　　《説文》：「疇，耕治之田也。从田，象耕屈之形。」、《爾雅・釋詁》云：「疇，誰也。」〔註38〕「疇」有很多解釋：例如，第一、田界。例如，左思〈蜀都賦〉

〔註37〕〔清〕阮元刻本：《十三經注疏詩經・小雅》（台北：藝文印書館，1955年），頁482。

〔註38〕〔清〕阮元刻本：《十三經注疏爾雅・釋詁》（台北：藝文印書館，1955年），

云：「瓜疇芋區。」〔註39〕第二、類，同類。例如，班彪〈王命論〉云：「燕雀之疇。」〔註40〕第三、匹敵，齊等。例如，左思〈魏都賦〉云：「廣成之傳無以疇。」〔註41〕第四、同，一齊。例如，《荀子·勸學》云：「草木疇生。」〔註42〕第五、保，保有。例如，《荀子·正論》云：「故至賢疇四海，湯武是也。」〔註43〕第六、誰。例如，張衡〈思玄賦〉云：「疇可與乎比伉？」〔註44〕

A. 矧惟若疇：圻父薄違，農父若保，宏父定辟，矧汝剛制于酒。（《周書·酒誥》）

按：「矧惟若疇」中，「矧」是連接詞；「惟」是語助詞；「若疇」是疑問代詞。此段說明周公告誡封，一定要強制身邊的三種大臣戒酒。

「圻父」、「農父」、「宏父」到底是什麼官職，是什麼職事？各家說法不同。如：《孔傳》詮釋為：司馬、司徒、司空，列國諸侯三卿，慎擇其人而任之，則君道定，況汝剛斷於酒乎？（頁210）《蔡傳》詮釋為：圻父農父宏父，固欲知所謹矣，況汝之身，所以為一國之視效者，可不謹於酒乎？故曰，矧汝剛制于酒，剛制，亦劫愍之意，剛用力以制之也。（頁92）《錢、江》譯為：還有你的三卿，討伐叛亂的圻父，順保百姓的農父，制定法規的宏父：「你們都要強行戒酒！」（頁316）屈氏譯為：還有這類官員們：如圻父迫擊叛逆，農父善保百姓，宏父制定法規，還有你都要堅強地控制著自己喝酒。（頁112）以下表格列之。

	圻　　父	農　　父	宏　　父
《孔傳》	司馬	司徒	司空
《蔡傳》	政官，司馬也。主封圻。	教官，司徒也。主農。	事官，司空也，主廓地。
《錢、江》	討伐叛亂的圻父	順保百姓的農父	制定法規的宏父
屈　氏	圻父迫擊叛逆	農父善保百姓	宏父制定法規

從以上得知，圻父主管政事之事，農父主管教化之事，宏父主管工程之事。

頁 20。

〔註39〕　〔清〕嚴可均校：《全上古三代秦漢三國六朝文》（北京：中華書局，1958 年），頁 1882。

〔註40〕　〔清〕嚴可均校：《全上古三代秦漢三國六朝文》（北京：中華書局，1958 年），頁 600。

〔註41〕　〔梁〕蕭統編，〔唐〕李善注：《文選》（台北：文津出版，1987 年），頁 278。

〔註42〕　〔周〕荀況：《荀子·勸學》（台北：學生書局，1981 年），頁 5。

〔註43〕　〔周〕荀況：《荀子·正論》（台北：學生書局，1981 年），頁 389。

〔註44〕　〔梁〕蕭統編，〔唐〕李善注：《文選》（台北：文津出版，1987 年），頁 655。

B. 帝曰：「疇咨若時登庸？」……帝曰：「疇咨若予采？」（《虞夏書·堯典》）

按：「疇咨若時登庸？」中，「疇」疑問代詞；「咨」語助詞；「若」動詞；「時」是指示代詞，此的意思；「登庸」是動詞。第二句「疇咨若予采？」中，「疇」疑問代詞；「咨」語助詞；「若」動詞；「予」是第一稱代詞；「采」是動詞。

此段說明堯廣徵眾人的意見，選拔各類官員。《釋詁》：「疇，誰」。

本段「登庸」有兩種詮釋。

第一、「登庸，登用」，《孔傳》、《孔疏》、《蔡傳》、《錢、江》主張此說。《孔傳》詮釋為：庸，用也。誰能咸熙庶績，順是事者，將登用之。采，事也。複求誰能順我事者。《孔疏》詮釋為：此言「誰能咸熙庶績，順是事者，將登用之」，蓋求卿士用任也。《釋詁》云：「采，事。」上已求順時，不得其人，故複求順我事者。順時順事其義一也。（頁 26）《蔡傳》詮釋為：此下至鯀績用弗成，皆為禪舜張本也。疇，誰。咨，訪問也。若，順。庸，用也。堯言誰為我訪問能順時為治之人，而登用之乎。……采，事也。（頁 3）《錢、江》譯為：堯帝說：「啊！誰能順應天時被提升任用呢？」……堯帝說：「誰善於處理政務呢？」（頁 20）《尚書易解》：采，事也，指政事。

第二、「登，成。庸，功業」，屈氏主張此說。屈氏譯為：天子說：「誰能順應天時成就功業呢？」……天子說：「誰能順利地成就我的事業呢？」（頁 6）

「庸」，歷來有很多解釋。第一、採用、任用。例如，韓愈〈進學解〉云：「名一藝者無不庸」〔註45〕第二、功勞。例如，《國語·晉語》云：「無功庸者，不敢居高位」〔註46〕第三、勞役。例如，《詩經·兔爰》云：「我生之初，尚無庸。」〔註47〕第四、平常；平庸。例如，《荀子·不苟》云：「庸言必信之。」〔註48〕第五、豈。《左傳·莊十四年》：「子儀在位，十四年矣；而謀召君者，庸非二乎？」〔註49〕

《孔傳》、《孔疏》、《蔡傳》、《錢、江》將「登庸」解釋為「登用」，是「任

〔註45〕 〔清〕董誥編：《全唐文》（北京：中華書局，1983 年），頁 5646。
〔註46〕 〔春秋〕左丘明：《國語·晉語》（台北：里仁書局，1980 年），頁 442。
〔註47〕 〔清〕阮元刻本：《十三經注疏詩經·兔爰》（台北：藝文印書館，1955 年），頁 151。
〔註48〕 〔周〕荀況：《荀子·不苟》（台北：學生書局，1981 年），頁 51。
〔註49〕 〔清〕阮元刻本：《十三經注疏左傳·莊十四年》（台北：藝文印書館，1955 年），頁 155。

用」的意思，「登庸」是一個複詞，作動詞。屈氏將「庸」解釋爲「功業」，是「功績」的意思，「庸」是一個單詞，作名詞。從「疇咨若時登庸？」和「疇咨若予采？」的語法中來看，「采」應該對應的是一個動詞，故採取《孔傳》、《孔疏》、《蔡傳》、《錢、江》之說。

另外，「登」在今文《尚書》中，共出現三次，其他兩次：「盤庚乃登進厥民」（《商書・盤庚中》）、「祀登聞于天」（《周書・酒誥》），都沒有與「庸」連用。「庸」是否可以解釋爲「用」？在今文《尚書》中，「用」字在今文《尚書》中，出現次數很多，大都也當動詞「王用丕欽」（《商書・盤庚上》）、「我用沈酗于酒」（《商書・微子》）、「勿用非謀非彝蔽時忱」（《周書・康誥》）、「勿用不行」（《周書・呂刑》）。「勿用」也就是「勿庸」，所以今古文《尚書》有記載，「勿庸以次汝封」（《周書・康誥》）、「勿庸殺之」（《周書・酒誥》）、「弗詢之謀勿庸」（《虞夏書・大禹謨》），所以「庸」可以解釋爲「用」，故採用《孔傳》、《孔疏》、《蔡傳》、《錢、江》說法。

C. 舜曰：「咨！四岳！有能奮庸，熙帝之載，使宅百揆，亮采惠疇？」（《虞夏書・舜典》）

按：「亮采惠疇？」中，主語省略；「亮」作動詞；「采」是名詞，作賓語；「惠」是助詞，「疇」是疑問代詞。載，事。疇，類也。此段是舜帝問四方諸侯誰可以勝任此官職？

本段「庸」、「熙」、「亮」、「惠」歷來諸家詮釋不同。

第一、「庸，功。熙，廣。亮，信。惠，順。」《孔傳》詮釋爲：訪群臣有能起發其功，廣堯之事者。求其人使居百揆之官，信立其功，順其事者誰乎？（頁44）

第二、「庸，事功。熙，廣。亮，明。惠，順。」《蔡傳》詮釋爲：舜言有能奮起事功，以廣帝堯之事者，使居百揆之位，以明亮庶事，而順成庶類也。（頁8）

第三、「庸，用。熙，廣。亮，輔導。惠，助詞。」《錢、江》譯爲：舜帝說：「啊！四方諸侯的君長！有誰能奮發努力、發揚光大堯帝的事業，身居百揆之官輔佐政事呢？」（頁32）

第四、「庸，事功。熙，興。亮，輔導。惠，助詞。」屈氏譯爲：舜說：「喂！四位諸侯之長。有人能奮勉地工作，而振興堯帝的事業，可以使他處在官位，按照類別去輔導各種事務嗎？」（頁15）

「庸」在此句也是有兩種說法，一種解釋爲「用」，作動詞；一種是解釋爲「功業」、「功績」、「功勞」，作名詞。「有能奮庸」中，「奮」是個動詞，後面應該接名詞，所以這裡「庸」解釋爲「功業」、「功績」較妥。

「亮」，歷來有很多解釋。第一、輔佐。例如，《周書・畢命》云：「弼亮四世。」第二、相信。例如，《舊唐書・裴延齡傳》云：「或恐未亮斯言，請以一事爲證。」〔註50〕第三、明白，瞭解。例如，何晏〈景福殿賦〉云：「睹農人之耘耔，亮稼穡之艱難。」〔註51〕第四、明亮；明顯。例如，《南史・齊高帝紀》云：「正情與皦日同亮。」〔註52〕

「亮」在此句也是有三種說法，一、《孔傳》認爲是「亮，信」；二、《蔡傳》認爲是「亮，明。」；三、《錢、江》、屈氏認爲是「亮，輔導。」「亮」後面是「釆」字，是名詞，作賓語。前面「亮」應該是個動詞。而「信」、「明」、「輔導」都可以當動詞，似乎解釋都妥。但是根據今文《尚書》其他文句，「亮」字共出現四次，而「亮釆」一詞出現兩次，如「日宣三德，夙夜浚明有家；日嚴祗敬六德，亮釆有邦。翕受敷施，九德咸事；俊乂在官，百僚師師，百工惟時。」（《虞夏書・皋陶謨》），此段《虞夏書・皋陶謨》內容是在說明，「三德」與「六德」合起來九德，在下位者應該努力去實行，「浚明有家」對照的是「亮釆有邦」，所以「亮釆」解釋爲「輔佐」較妥。

D. 帝曰：「疇若予工？」……帝曰：「疇若予上下草木鳥獸？」（《虞夏書・舜典》）

按：第一句「疇若予工？」中，「疇若」是疑問代詞，「予」是第一人稱代詞，作主語；「工」是單詞，作謂語。第二句「疇若予上下草木鳥獸？」中，「疇若」是疑問代詞，「予」是第一人稱代詞，作主語；「上下草木鳥獸」是短語，作謂語。本段說明舜與大臣商議國事，選拔任命各類官員。

本段「工」歷來有三種詮釋。

第一、「工，百工」，《孔傳》、《蔡傳》主張此說。《孔傳》詮釋爲：問：「誰能順我百工事者？」朝臣舉垂。垂，臣名。……上謂山，下謂澤，順謂施其政教，取之有時，用之有節。言伯益能之。（頁 45）《蔡傳》詮釋爲：若，順其理而治之也。帝問誰能順治於百工之事者。（頁 9）

〔註50〕〔後晉〕劉昫：《舊唐書・裴延齡傳》（台北：鼎文書局，1976 年），頁 3726。

〔註51〕〔梁〕蕭統編，〔唐〕李善注：《文選》（台北：文津出版，1987 年），頁 535。

〔註52〕〔唐〕李延壽：《南史・齊高帝紀》（台北：鼎文書局，1976），頁 105。

第二、「工，掌管百工的官」，《錢、江》主張此說。《錢、江》譯爲：舜帝說：「誰善於擔任掌管我們百工的官？」……舜帝說：「誰能替我掌管山丘草澤的草木鳥獸呢？」（頁35）

第三、「工，工業」，屈氏主張此說。屈氏譯爲：天子說：「誰能順利地成就我的工業？」天子說：「誰能順利地管理我的丘陵原隰的草木鳥獸呢？」（頁17）

「工」，歷來有很多解釋。第一、工匠。例如，《左傳·閔二年》云：「通商，惠工。」〔註53〕第二、官吏。例如，《詩經·臣工》云：「嗟嗟臣工，敬爾在公。」〔註54〕第三、特指女工。例如，《漢書·揚雄傳》云：「使農不輟耰，工不下機。」〔註55〕第四、事，職事。例如，《虞夏書·皋陶謨》云：「天工人其代之。」第五、擅長。例如，《南史·沈約傳》：「任彥昇工於筆。」〔註56〕第六、技藝。例如，《戰國策·秦》云：「貞女工巧，天下願以爲妃」〔註57〕第七、通「功」，成效。例如，《韓非子·五蠹》云：「此言多資之易爲工也」〔註58〕

在今文《尚書》中，「工」單字出現一次，「監我士、師、工」（《周書·洛誥》）。根據《曲禮》記載，有所謂的「六工」，例如：土工，金工，石工，木工，獸工，草工。而《周禮》也有攻木之工，攻金之工，攻皮之工，設色之工，搏埴之工。所以這裡「工」應該是指「官員」。「百工」一詞，在今文《尚書》中出現五次，如「予齊百工」（《周書·洛誥》）、「允釐百工」（《虞夏書·堯典》）、「百僚師師，百工惟時」（《虞夏書·皋陶謨》）、「侯甸男邦采衛，百工播民」（《周書·康誥》）、「百工熙哉」（《虞夏書·益稷》），所以這裡「工」應該是指「百工的官」。

2. 詢問事物

（1）何

《說文》：「何，儋也。從人可聲。」本義是擔荷，其後多轉爲疑問詞、感

〔註53〕〔清〕阮元刻本：《十三經注疏左傳·閔二年》（台北：藝文印書館，1955年），頁194。

〔註54〕〔清〕阮元刻本：《十三經注疏詩經·臣工》（台北：藝文印書館，1955年），頁721。

〔註55〕〔漢〕班固：《漢書·揚雄傳》（台北：鼎文書局，1986年），頁3563。

〔註56〕〔唐〕李延壽：《南史·沈約傳》（台北：鼎文書局，1976），頁1413。

〔註57〕〔西漢〕劉向集錄：《戰國策·秦》（上海：上海古籍出版社，1978年），頁295。

〔註58〕〔周〕韓非，〔清〕吳鼐校：《韓非子·五蠹》（台北：成文出版社，1980年），頁1068

歎詞。第一、疑問代詞。（1）什麼。例如，《墨子‧公輸》云：「宋何罪之有？」〔註59〕（2）誰。例如，《公羊傳‧莊二二年》云：「文姜者何？」〔註60〕（3）哪裡。例如，《孟子‧梁惠王》云：「牛何之？」〔註51〕（4）爲什麼。例如，《論語‧先進》云：「夫子何哂由也？」〔註52〕第二、副詞。（1）表反問，豈。例如，《論語‧公冶長》云：「賜也何敢望回？」〔註53〕（2）表感歎，多麼。例如，〈古詩十九首〉云：「明月何皎皎！」〔註54〕第三、連詞，何況。例如，《史記‧田叔傳》云：「將軍尙不知人，何乃家監也！」〔註55〕

A. 皋陶曰：「都！亦行有九德；亦言其人有德，乃言曰：載采采。」
   禹曰：「何？」（《虞夏書‧皋陶謨》）

按：「何？」中，單詞使用，詢問句人以外的事，也常不用語氣詞。本段問什麼叫九德？

本段「載」、「采采」歷來有三種詮釋。

第一、「載，行」、「采采，某事某事以爲驗」，《孔傳》、《蔡傳》主張此說。《孔傳》詮釋爲：言人性行有九德，以考察眞僞則可知。稱其人有德，必言其所行某事某事以爲驗。問九德品例。（頁60）《蔡傳》詮釋爲：亦，總也。亦行有九德者，總言德之見於行者，其凡有九也。亦言其人有德者，總言其人之有德也。載，行，采，事也。總言其人有德，必言其行某事某事爲可信驗也。禹曰何者，問其九德之目也。（頁16）

第二、「載，無意義」、「采采，其所作爲」，《錢、江》主張此說。《錢、江》譯爲：皋陶說：「啊！人的行爲要有九種美德。如果說某人有德，就應說明其所作爲。」禹問：「什麼叫九德呢？」（頁56）

第三、「載，在」、「采采，某事某事」，屈氏主張此說。屈氏譯爲：皋陶

〔註59〕〔周〕墨翟：《墨子‧公輸》（台北：華正書局，1987年），頁445。
〔註60〕〔清〕阮元刻本：《十三經注疏公羊傳‧莊二二年》（台北：藝文印書館，1955年），頁98。
〔註51〕〔清〕阮元刻本：《十三經注疏孟子‧梁惠王》（台北：藝文印書館，1955年），頁21。
〔註52〕〔清〕阮元刻本：《十三經注疏論語‧先進》（台北：藝文印書館，1955年），頁100。
〔註53〕〔清〕阮元刻本：《十三經注疏論語‧公冶長》（台北：藝文印書館，1955年），頁42。
〔註54〕〔梁〕蕭統編，〔唐〕李善注：《文選》（台北：文津出版，1987年），頁1350。
〔註55〕〔漢〕司馬遷：《史記‧田叔傳》（台北：鼎文書局，1981年），頁2780。

說：「啊！人的行為有九種美德；要說那個人有美德，就要說明在某事某事。」禹說：「什麼叫做九德？」（頁 23）

「載」有很多意思：第一、當名詞，為「年」的意思，如《虞夏書‧禹貢》：「作十有三載」。第二、當動詞，為「運載」的意思，如《漢書‧鄒陽傳》：「載呂尚歸。」〔註 56〕的意思；第三、當助詞，無意義，如《詩經‧小宛》：「載飛載鳴。」〔註 57〕

「采采」第一個「采」，動詞，從事。第二個「采」，名詞，事情。如同「乃罔畏畏」（《商書‧微子》），「畏畏」第一個「畏」，動詞，害怕。第二個「畏」，名詞，害怕的事情。所以前面不需要再一個實詞。在此句有人主張「載，行」、「載，在」，都是當動詞用都不妥，故採取《錢、江》「載，無意義。」之看法。

3. 詢問情狀

（1）何

A. 禹拜曰：「都，帝！予何言？予思日孜孜。」（《虞夏書‧益稷》）

按：「予何言？」中，「予」是單詞，作主語；「何」是疑問代詞；「言」是動詞，作謂語。本段說明禹陳述自己的想法。

「思」有三種詮釋。

第一、「思，思惟」，《孔疏》、《蔡傳》主張此說。《孔傳》詮釋為：拜而歎，辭不言，欲使帝重皋陶所陳。言己思日孜孜不怠，奉承臣功而已。《孔疏》詮釋為：既已拜而歎，必有所美，復辭而不言，是知欲使帝重皋陶所陳，言己無以加也。王肅云：「帝在上，皋陶陳謀於下，已備矣，我復何所言乎」是也。既無所言，故言己思惟日孜孜不敢怠惰，奉成臣職而已。（頁 66）《蔡傳》：孜孜者，勉力不怠之謂。禹拜而歎美，謂皋陶之謨至矣，我更何所言，惟思日勉勉以務事功而已。（頁 17）

第二、「思，想」，《錢、江》譯為：啊！君王，我說什麼呢？我只想每天努力工作罷了。（頁 62）

第三、「思，是」屈氏譯為：啊！天子，我有什麼話說？我只是整天勤勉不倦地工作就是了。（頁 25）

〔註 56〕〔漢〕班固：《漢書‧鄒陽傳》（台北：鼎文書局，1986 年），頁 2351。
〔註 57〕〔清〕阮元刻本：《十三經注疏詩經‧小宛》（台北：藝文印書館，1955 年），頁 412。

「予思日孜孜」的語法是，「予」是第一人稱代詞，「日」是賓語，「孜孜」是補語，所以「思」應該是動詞。「思」可以解釋爲「考慮、思考」，如《論語・爲政》：「學而不思則罔。」〔註58〕也可以解釋爲「想念、懷念」，如《詩經・關雎》：「寤寐思服。」〔註59〕所以在此句「予思日孜孜」應該是日夜思考。

B. 乃既先惡于民，乃奉其恫，汝悔身何及！《商書・盤庚上》

按：「汝悔身何及」中，「汝」是單詞，作主語；「悔」，作動詞；「身」，作賓語；「何」是疑問代詞；「及」是動詞。《釋言》云：「恫，痛」。盤庚責備官員，苦痛乃是自己招來，後悔來不及了。

本段重點在「乃既先惡于民」詮釋的不同。

第一、「不欲徙，先惡于民」，《孔傳》詮釋爲：群臣不欲徙，是先惡於民。恫，痛也。不徙則禍毒在汝身，徙奉持所痛而悔之，則於身無所及。《孔疏》詮釋爲：群臣是民之師長，當倡民爲善，群臣亦不欲徙，是乃先惡於民也。（頁128）

第二、「傲上，惡之先」，《蔡傳》詮釋爲：先惡，謂惡之先也。奉，承。恫，痛。……此章反復辯論申言傲上之害。（頁54）

第三、「引導人們做壞事」，《錢、江》譯爲：你們已經引導人們做壞事，才遭受痛苦，你們自己後悔又怎麼來得及？（頁175）

第四、「先爲民眾所討厭」，屈氏譯爲：你們已經先爲民眾所討厭，才遭受到那種痛苦，你們自己後悔怎麼還來得及！（頁55）

《孔傳》是認爲官員不遷徙，故先惡於民；《蔡傳》認爲惡之先是因爲「傲上」；《錢、江》是認爲引導人們做壞事；屈氏是認爲先爲民眾所討厭。筆者認爲，《盤庚》既然是爲了遷徙之事而記載，所以此應該是周公對百官不遷徙之事而所感發，故取其《孔傳》之說。

（2）如 何

A. 禹曰：「俞，如何？」（《虞夏書・皋陶謨》）

按：「如何」是合義複詞。此段皋陶與禹討論如何實行德政。皋陶回答：

〔註58〕〔清〕阮元刻本：《十三經注疏論語・爲政》（台北：藝文印書館，1955年），頁18。

〔註59〕〔清〕阮元刻本：《十三經注疏詩經・關雎》（台北：藝文印書館，1955年），頁21。

「愼厥身修，思永。惇敍九族，庶明勵翼，邇可遠、在茲。」

《孔傳》詮釋爲：然其言問所以行。（頁59）《蔡傳》詮釋爲：稽古之下。即記皋陶之言者，謂考古皋陶之言如此也。皋陶言爲君而信蹈其德。則臣之所謀者無不明，所弼者無不諧也。俞，如何者，禹然其言，而復問其詳也。（頁15）《錢、江》譯爲：禹說：「好啊！怎樣實行呢？」（頁54）屈氏譯爲：禹說：「唔，到底怎樣呢？」（頁21）本段無異說。

B. 帝曰：「俞，予聞。如何？」《虞夏書・堯典》

按：「如何」是合義複詞。此段堯帝問舜的德行如何。四岳回答：「嶽曰：瞽子，父頑，母嚚，象傲，克諧以孝。」

《孔傳》詮釋爲：俞，然也。然其所舉，言我亦聞之其德行如何。（頁28）《蔡傳》詮釋爲：俞，應許之辭語。聞者，我亦嘗聞是人也。如何者，復問，其德之詳也。（頁3）《錢、江》譯爲：堯帝說：「是的，我也曾經聽說過，這個人怎麼樣呢？」（頁22）屈氏譯爲：天子說：「唔，我曾聽說；他到底怎樣？」（頁9）本段無異說。

C. 皋陶曰：「吁！如何？」《虞夏書・益稷》

按：「如何」是合義複詞。此段說明皋陶問禹處理哪些事情。禹回答：「洪水滔天，浩浩懷山襄陵；下民昏墊。予乘四載，隨山刊木。暨益奏庶鮮食。予決九川，距四海；濬畎澮，距川。暨稷播奏庶艱食；鮮食，懋遷有無化居。烝民乃粒，萬邦作乂。」

《孔傳》詮釋爲：皋陶曰：問所以孜孜之事。（頁66）《蔡傳》詮釋爲：如何者，皋陶問其孜孜者何如也。（頁17）《錢、江》譯爲：皋陶說：「嗯！究竟怎麼樣呢？」（頁62）屈氏譯爲：皋陶說：「啊！究竟怎樣呢？」（頁25）本段無異說。

（3）如　台

吳瓊〈試論「惡、安、焉」的演變和「那（哪）」的產生〉一文，[註60]就整體而言，上古前期出現了一種大致的分化趨勢，單音節疑問代詞「何、胡、遐」等主要用於詢問事理，雙音節疑問代詞「如何、如台、若之何」等則主要用於詢問方式和性狀。

〔註60〕 吳瓊：〈試論「惡、安、焉」的演變和「那（哪）」的產生〉，《語言研究》特刊（2002年），頁60～64。

A. 今汝其曰：『夏罪其如台？』夏王率遏眾力，率割夏邑，有眾率怠弗協。（《尚書・湯誓》）

按：「夏罪其如台？」中，「夏」是單詞，作主語；「罪」是動詞；「其如台？」作謂語；「其」是句中語詞，無意義；「如台」是疑問合義複詞。此段描述成湯說明夏王的罪行的情形。如台，如何也。

此段「有眾率怠弗協」句讀和詮釋諸家有不同見解。

首先，在句讀方面，有兩種不同的句讀。第一、「有眾率怠弗協」上讀，如：「今汝其曰：『夏罪其如台？』夏王率遏眾力，率割夏邑，有眾率怠弗協。」，主張此說有《蔡傳》、屈氏。第二、「有眾率怠弗協」下讀，如：「今汝其曰：『夏罪其如台？』夏王率遏眾力，率割夏邑。」，主張此說有《孔傳》、《孔疏》、《錢、江》。

其次，在詮釋方面「率割夏邑」、「有眾率怠弗協」諸家詮釋不同：

第一、「割，割剝、剝削。協，友好。」《孔傳》、《蔡傳》、《錢、江》主張此說。《孔傳》詮釋為：今汝其複言桀惡，其亦如我所聞之言。言桀君臣相率為勞役之事以絕眾力，謂廢農功。相率割剝夏之邑居，謂征賦重。（頁108）《蔡傳》詮釋為：遏，絕也。割，剝割夏邑之割。湯又舉商眾言桀雖暴虐，其如我何，湯又應之曰。夏王率為重役以窮民力，嚴刑以殘民生，民厭夏德，亦率皆怠於奉上，不和於國，疾視其君。（頁43）《錢、江》譯為：現在你們大概會問：「夏的罪行究竟怎麼樣呢？」夏王耗盡了民力，剝削夏國的人民。民眾怠慢不恭，對他不友好。

第二、「割，損害。協，和洽。」屈氏主張此說。屈氏譯為：現在你們要說：「夏朝的罪惡是怎樣的呢？」夏王竭盡了民眾的力量，損害了夏國，民眾因而都怠慢不恭，跟他不和洽。（頁50）

在句讀方面，根據《正義》曰：「上既馭之非道，下亦不供其命。故眾下相率為怠惰，不與上和合，不肯每事順從。」但是筆者不贊同《孔傳》、《孔疏》「有眾率怠弗協」下讀的情形。就語法分析而言，此句「夏王率遏眾力，率割夏邑，有眾率怠弗協」中，「率遏眾力」、「率割夏邑」、「率怠弗協」三句並列，都是由語助詞「率」字引領，「遏」、「遏」、「怠」都是動詞，「眾力」、「夏邑」、「弗協」是賓語。所以三句式是「主語1＋語助詞＋動詞1＋賓語1，（主語1）＋語助詞＋動詞2＋賓語2；主語3＋語助詞＋動詞3＋賓語3。」所以在詮釋方面，《廣雅》云：「割，害也。」故取其屈氏「割，損害。」之說。

B. 不能胥匡以生，卜稽，曰其如台？先王有服，恪謹天命。（《商書‧盤庚上》）

按：「曰其如台？」中，主語省略；「曰」是發語詞；「其如台」是短語，作謂語；「如台」是疑問合義複詞。此段說明盤庚向民眾說明占卜仍然不能長久保有安寧，大家應該團結互相合作。

「匡」、「服」有三種詮釋。

第一、「胥匡，相匡。」、「有服，有所服行。」《孔傳》主張此說。《孔傳》詮釋為：言民不能相匡以生，則當卜稽於龜以徙，曰：「其如我所行。」先王有所服行，敬謹天命，如此尚不常安，有可遷輒遷。（頁126～127）

第二、「胥匡，相救助。」、「有服，有事也。」《蔡傳》、《錢、江》主張此說。《蔡傳》詮釋為：民適不幸蕩析離居，不能相救以生，稽之於卜，亦曰此地無若我何，言耿不可居，決當遷也。先王有事，恪謹天命，不敢違越，先王猶不敢常安，不常其邑，於今五遷厥邦矣。（頁53）《錢、江》譯為：如果我們不能互相救助，只是稽考占卜，將會怎麼樣呢？先王有事，都恭敬謹慎地遵從天命。（頁172）

第三、「胥匡，互相輔助。」、「有服，有所作為。」屈氏主張此說。屈氏譯為：你們不能互相協助著生活，試去卜問你們這種行為的結果會如何呢？（以前）先王只要有所作為，都敬謹地遵從老天的命令。（頁52）

「胥」是「相」的意思；「匡」有「匡助」、「輔助」的意思；所以「胥匡」《孔傳》詮釋為「相匡」；《蔡傳》、《錢、江》詮釋為「相救助」；屈氏詮釋為「互相輔助」都可以。

「先王有服」語句，「先王」是主詞，「有」是動詞，「服」應該是當名詞。「有服」《孔傳》詮釋為「有所服行」，屈氏詮釋為「有所作為」，都是當動詞用，故取其《蔡傳》、《錢、江》「有服，有事也」之說。

C. 天既孚命正厥德，乃曰：『其如台？』（《商書‧高宗肜日》）

按：「其如台？」中，主語省略；「其如台」是短語，作謂語；「如台」是合義複詞。藉由祭祀告誡新君祖庚，希望他繼承高宗的美德。「如台」是如何的意思，「其」是指老天。

「孚」有四種不同詮釋：

第一、「孚，信、信行賞罰」，《孔傳》、《孔疏》主張此說。《孔傳》詮釋為：天已信命正其德，謂有永有不永。祖己恐王未受其言，故乃復曰，天道

其如其所言。《孔疏》詮釋爲：言天自信命，賞有義，罰無義，此事必信也。天自正其德，福善禍淫，其德必不差也。（頁 143）《孔疏》又云：天既信行賞罰之命，正其馭民之德。

第二、「孚，符信」，《蔡傳》主張此說。《蔡傳》詮釋爲：孚命者，以妖孽爲符信而譴告之也。言民不順德不服罪，天既以妖孽爲符信而譴告之，欲其恐懼修省以正德，民乃曰，孽祥，其如我何，則天必誅絕之矣。（頁 62）

第三、「孚，給予」，《錢、江》主張此說。《錢、江》譯爲：老天已經發出命令糾正他們不好的品德，他們却說：「要怎麼樣呢？」（頁 208）

第四、「孚，降與」，屈氏主張此說。屈氏譯爲：老天既然給與命令來糾正他們的行爲，他們竟然說：「天還能把我怎麼樣呢？」（頁 65）

就語法考探「天既孚命正厥德」，「天」是名詞，作主語；「既」是連詞；「命」是名詞，作賓語；「正厥德」，作補語。所以「孚」應該是動詞。故《孔傳》、《孔疏》將「孚命」解釋爲「信命」、「信行賞罰之命」，《蔡傳》將「孚命」解釋爲「符信」，都是將「孚」作爲名詞，未妥。《錢、江》解釋爲「給予」，及屈氏解釋爲「降與」，都是作爲動詞，較妥。

（4）曷

《說文》：「曷，何也。從曰匃聲。」，「曷」有很多意思：第一、何，什麼。例如，《史記・封禪書》云：「鼎曷爲出哉？」。〔註61〕第二、何故，爲什麼。例如，《商書・盤庚中》云：「曷虐朕民？」第三、何時。例如，《左傳・昭元年》云：「吾子其曷歸？」〔註62〕第四、何不。例如，《詩經・有杕之杜》云：「中心好之，曷飲食之？」〔註63〕第五、豈，難道。例如，《荀子・強國》云：「曷若是而可以持國乎？」〔註64〕

左松超《文言語法綱要》一書，〔註65〕「曷」在古書裡通常假作「害」，常用來詢問人、事物、原因、時間等，可以做賓語、狀語，作主語和定語比較少。「曷」用作賓語，多詢問人與事，表示反詰，可語譯爲「誰」、「什麼」。「曷」

〔註61〕〔漢〕司馬遷：《史記・封禪書》（台北：鼎文書局，1981 年），頁 1392。
〔註62〕〔清〕阮元刻本：《十三經注疏左傳・昭元年》（台北：藝文印書館，1955 年），頁 703。
〔註63〕〔清〕阮元刻本：《十三經注疏詩經・有杕之杜》（台北：藝文印書館，1955 年），頁 226。
〔註64〕〔周〕荀況：《荀子・強國》（台北：學生書局，1981 年，6 月），頁 347。
〔註65〕左松超：《文言語法綱要》（台北：五南出版社，2003 年 8 月），頁 58。

又常做爲介詞「爲」的前置賓語，組成介賓結構「曷＋爲」，在古書中常用來作爲狀語，詢問原因可譯作「爲什麼」。「曷」用作狀語，多用來詢問時間，表示「何時」，可譯作「什麼時候」；有時也可以詢問原因，可譯作「怎麼」。

A. 曰：『時日曷喪？予及汝皆亡！』夏德若茲，今朕必往。（《商書・湯誓》）

按：「時日曷喪？」中，「時日」是短語，作主語；「喪」是單詞，作動詞；「曷」是疑問單詞。此段說明商湯討伐夏桀的原因。

本段「曷喪」有三種詮釋。

第一、「曷喪，何時喪？何時喪亡？」，《孔傳》、《孔疏》主張此說。《孔傳》詮釋爲：眾下相率爲怠惰，不與上和合。比桀於日，曰：「是日何時喪？我與汝俱亡！」欲殺身以喪桀。凶德如此，我必往誅之。《孔疏》詮釋爲：比桀於日，曰：「是日何時喪亡？」欲令早喪桀命也。「我與汝俱亡」者，民相謂之辭，言並欲殺身以喪桀也。所以比桀於日者，以日無喪之理，猶云桀不可喪，言喪之難也。不避其難，與汝俱亡，欲殺身以喪桀，疾之甚也。（頁108）

第二、「曷喪，何時亡？」，《蔡傳》、屈氏主張此說。《蔡傳》詮釋爲：疾視其君，指日而曰，是日何時而亡乎，若亡，則吾寧與之俱亡。蓋苦桀之虐，而欲其亡之甚也。桀之惡德如此，今我之所以必往也。桀嘗自言吾有天下，如天之有日。日亡，吾乃亡耳，故民因以日目之。（頁43）屈氏譯爲：都說：「這個太陽什麼時候才會滅亡呢？我情願跟你共同滅亡！」夏的行爲如此，所以我一定得去征服他。（頁50）

第三、「曷喪，何時消失？」，《錢、江》主張此說。《錢、江》譯爲：這個太陽什麼時候消失呢？我們願意同你一起滅亡。夏的品德壞到如此，現在我一定要去討伐他。（頁121）

「時日曷喪？予及汝皆亡！」，「喪」與「亡」相對，所以「曷喪」《孔傳》、《孔疏》解釋爲「何時喪？」、「何時喪亡？」，以及《蔡傳》、屈氏解釋爲「何時亡？」都妥，《錢、江》解釋爲「何時消失？」與下文語義難相連接。

B. 王其效邦君、越御事，厥命曷以？「引養引恬」。（《周書・梓材》）

按：「厥命曷以？」中，「厥命」是短語，作主語；「曷以」是疑問詞，作謂語。此段說明周公闡述治理殷商，四項政策之一的安撫百姓。

此段重點在「引養引恬」詮釋的不同，歷來有四種詮釋。

第一、「引養引恬：長養民，長安民」，《孔傳》主張此說。《孔傳》詮釋為：王者其效實國君，及於御治事者，知其教命所施何用，不可不勤。能長養民，長安民，用古王道如此，監無所複罪，當務之。（頁212）

第二、「引養引恬：生養安全之地」，《蔡傳》主張此說。《蔡傳》詮釋為：且王所以責效邦君御事者，其命何以哉，亦惟欲其引披斯民於生養安全之地而已，自古王者之命監若此，汝今為監，其無所用乎刑辟以牂虐人可也。（頁93）

第三、「引養引恬：不停地教導百姓，不斷地安撫百姓」，《錢、江》主張此說。《錢、江》譯為：王者教育諸侯和諸侯國的官員，他的誥命怎麼呢？就是要不停地教導百姓，要不斷地安撫百姓。（頁320）

第四、「引養引恬：永久保養，永久安寧」，屈氏主張此說。屈氏譯為：君王要教導這些國君們，以及眾官員們，他們怎麼才能永久保養永久安寧的道理。（頁114）

根據《釋詁》云：「引，長也」，所以在此「長」當副詞，「永久地」的意思；《說文》云：「恬，安也」，所以治理殷商的方法就是「養民」、「安民」，「養」「恬」動詞要當名詞用。

（5）曷 敢

A. 肆予曷敢不越卬敉寧王大命？（《周書·大誥》）

按：「肆予曷敢不越卬敉寧王大命？」中，「肆」是發語詞；「予」是單詞，作主語；「曷敢」疑問詞；「不」作否定副詞；「越」是連詞；「卬」是第一人稱代詞；「敉」當動詞；「寧王大命」是作賓語。此段是周公勸說將捍衛王室當作自己的責任。

此段重點在「敉」詮釋的不同，歷來有四種詮釋。

第一、「敉，撫循」，《孔傳》主張此說。《孔傳》詮釋為：作室農人，猶惡棄基，故我何敢不於今日撫循文王大命以征逆乎？（頁193）

第二、「敉，撫存」，《蔡傳》主張此說。《蔡傳》詮釋為：故我何敢不及我身之存，以撫存武王之大命乎？（頁84）

第三、「敉，完成」，《錢、江》主張此說。《錢、江》譯為：所以我怎敢不在我自己身上完成文王偉大的使命呢？（頁286）

第四、「敉，撫定」，屈氏主張此說。屈氏譯為：所以我怎麼敢不在我這

時來安定當年文王所受的國運？（頁 94）

依據語法檢視，「不」作否定副詞，「寧王大命」是作賓語，中間必須要有動詞。而「越卬敉」中，「卬」是第一人稱代詞，「越卬」是「及身」的意思，故「敉」確定當動詞用。而《孔傳》、《蔡傳》、《錢、江》、屈氏四家，都是將「敉」作動詞用，只是詮釋不同。《孔傳》將「敉」解釋爲「撫循」，《蔡傳》將「敉」解釋爲「撫存。」根據顧頡剛考證「敉」是作「撫」。而屈萬里在《尚書今註今譯》「敉」解釋爲「撫定」，卻在《尚書集釋》一書提出，「敉」讀爲「彌」，「彌」，終也，有完成的意思。〔註 66〕

B. 若穡夫，予曷敢不終朕畝？天亦惟休于前寧人，予曷其極卜？ （《周書·大誥》）

按：「予曷敢不終朕畝？」中，「予」是單詞，作主語；「曷敢」是疑問詞；「不」是否定副詞；「終」，作動詞；「朕畝」是短語，作賓語。此段是說明周公以農夫爲喻，並遵從吉占東征。

此段重點在「休」詮釋的不同，歷來有三種詮釋。

第一、「休，美」，《孔傳》、《蔡傳》主張此說。《孔傳》詮釋爲：稼穡之夫，除草養苗。我長念天亡殷惡主，亦猶是矣。我何敢不順天，終竟我墾畝乎？言當滅殷。天亦惟美於文王受命，我何其極卜法，敢不於從？言必從也。（頁 194）《蔡傳》詮釋爲：天之喪殷，若農夫之去草，必絕其根本，我何敢不終我之田畝乎，我之所以終畝者，是天亦惟欲休美於前寧人也。（頁 85）

第二、「休，嘉惠」，《錢、江》主張此說。《錢、江》譯爲：好像農夫一樣，我怎敢不完成我的田畝的工作呢？上帝也想嘉惠我們先輩先王，我們怎麼還再三占卜呢？（頁 288）

第三、「休，造福」，屈氏主張此說。屈氏譯爲：好像農夫一樣，我怎麼敢不完成我這塊田地的工作呢？老天是造福給我們祖先的，我怎麼還要屢次占卜呢？（頁 95）

「天亦惟休于前寧人」，「惟」當動詞，「于前寧人」當補語，中間應該是謂語。而「美」是形容詞，「造福」是動詞，「嘉惠」是名詞。故「休」應該名詞的「嘉惠」較妥。句式是「主語＋連詞＋動詞＋賓語＋補語」。

〔註 66〕屈萬里：《尚書集釋》（台北：聯經出版，1983 年 2 月），頁 137。

（6）曷其奈何

A. 嗚呼！曷其奈何弗敬！天既遐終大邦殷之命。（《周書·召誥》）

按：「曷其奈何弗敬！」中，「曷其奈何」是合義複詞，作主語；「弗」是否定副詞；「敬」是單詞，作謂語。此段是說明召公分析當時的隱憂。

此段重點在「遐」詮釋的不同，有兩種詮釋。

第一、「遐，遠」，《孔傳》、《蔡傳》、《錢、江》主張此說。《孔傳》詮釋為：何其奈何不憂敬之？欲其行敬。言天已遠終殷命，此殷多先智王，精神在天不能救者，以紂不行敬故。（頁 220）《蔡傳》詮釋為：曷，何也。其，語辭。今王受命，固有無窮之美，然亦有無窮之憂，於是歡息言王曷其奈何弗敬乎？蓋深言不可以弗敬也。………天既欲遠絕大邦殷之命矣。（頁 95～96）《錢、江》譯為：唉！怎麼能夠不謹慎啊？上帝早想結束大國殷的福命。（頁 329）

第二、「遐，已」，屈氏主張此說。屈氏譯為：唉！怎麼能不謹慎呀！老天既已結束了大殷國的命運。（頁 117～118）

「天既遐終大邦殷之命」中，「天」是名詞當主語；「既」是連詞；「終」是動詞；「大邦」、「殷」是同位短語，「大邦殷之命」當賓語。所以「遐」應該是副詞，修飾動詞。

屈氏主張「遐」是「已」的意思，乃是根據「遐」古與「瑕、假」互通。而《孔傳》、《蔡傳》、《錢、江》主張「遐」字有「遠」的意思。

「遐」一般有「遠」、「長久」的解釋。例如，《史記·司馬相如傳》曰：「遐哉邈乎！」〔註67〕、《北史·斛律金傳》曰：「終享遐年。」，〔註68〕一個是指距離長、距離遠；另一個是指時間久。而「遠」也有距離長、時間久的意思。例如，《左傳·襄二五年》曰：「行而不遠。」〔註69〕、《戰國策·趙》曰：「近者禍及身，遠者及其子孫。」〔註70〕所以此句「天既遐終大邦殷之命」取其「遠」的意思。

〔註67〕〔漢〕司馬遷：《史記·司馬相如傳》（台北：鼎文書局，1981 年），頁 3064。

〔註68〕〔唐〕李延壽：《北史·斛律金傳》（台北：鼎文書局，1976），頁 229。

〔註69〕〔清〕阮元刻本：《十三經注疏左傳·襄二五年》（台北：藝文印書館，1955 年），頁 622。

〔註70〕〔西漢〕劉向集錄：《戰國策·趙》（上海：上海古籍出版社，1978 年），頁 769。

4. 詢問原因

（1）何

A. 能哲而惠，何憂乎驩兜？何遷乎有苗？何畏乎巧言令色孔壬？（《虞夏書・皋陶謨》）

按：「何憂乎驩兜？」、「何遷乎有苗？」、「何畏乎巧言令色孔壬？」中，「何」是疑問代詞，作主語；「憂」、「遷」、「畏」，作動詞；「驩兜」是專有名詞、「有苗」是複詞、「巧言令色孔壬」是短語，作賓語。詮釋見「第四章今文《尚書》祈使句」（頁 160）。

（2）曷

A. 汝曷弗告朕，而胥動以浮言，恐沈于眾？（《商書・盤庚上》）

按：「汝曷弗告朕」中，「汝」是單詞，作主語；「曷」是疑問單詞；「弗」是否定副詞；「告」作動詞；「朕」是第一人稱代詞，作謂語。此段描述盤庚責備官員謠言惑眾。《尚書易解》：曷，何也。（頁 116）

此段重點在「沈」詮釋的不同，歷來有兩種詮釋。

第一、「沈，沉溺」，《孔傳》、《蔡傳》主張此說。《孔傳》詮釋為：曷，何也。責其不以情告上，而相恐欲以浮言，不徙，恐汝沉溺於眾，有禍害。（頁 129）《蔡傳》詮釋為：恐，謂恐動之以禍患。沈，謂沈陷之於罪惡。不可嚮邇，其猶可撲滅者言其勢焰雖盛，而殄滅之不難也。（頁 54）

第二、「沈，煽惑」，《錢、江》、屈氏主張此說。《錢、江》譯為：你們為什麼不親自告訴我，卻用些無稽之談互相鼓勵，恐嚇煽惑民眾呢？（頁 175）屈氏譯為：你們為什麼事前不告訴我，卻用謠言互相鼓動，來死嚇民眾。（頁 55）

《孔傳》、《蔡傳》將「沈」解釋為「沈溺，」「沈」又有沈沒、落下、降落、沈重、低沈、陰沈等意思。而《錢、江》、屈氏卻是認為「沈」是「煽惑」的意思，乃是根據黃式三說「沈」通「扰」，《說文》：「扰，深擊也。从手尤聲。讀若告言不正曰扰」的說法。根據上下文的意思，前面有「浮言」，故此「沈」應該指「煽惑」的意思。

B. 汝曷弗念我古后之聞？承汝俾汝，惟喜康共；（《商書・盤庚中》）

按：「汝曷弗念我古后之聞？」中，「汝」是單詞，作主語；「曷」是疑問單詞；「弗」是否定副詞；「念」作動詞；「我古后之聞」是短語，作賓語。此

段說明遷都都是考慮臣民的利益。

此段重點在「聞」、「俾」詮釋的不同，歷來有三種詮釋。

第一、「聞，遷事。俾，使。」，《孔傳》、《蔡傳》主張此說。《孔傳》詮釋為：古后先王之聞，謂遷事。今我法先王惟民之承，故承汝使汝徙，惟與汝共喜安，非謂汝有惡徙汝，令比近於殃罰。（頁131）《蔡傳》詮釋為：先王以天降大虐，不敢安居其所興作，視民利當遷而已。爾民何不念我以所聞先王之事，凡我所以敬汝使汝者惟喜與汝同安爾，非為汝有罪，比於罰而讁遷汝也。（頁55）

第二、「聞，傳聞。俾，順從。」，《錢、江》主張此說。《錢、江》譯為：你們為什麼不想想我們先王的這些傳聞呢？我是順從你們喜歡安樂和穩定的想法。（頁180）

第三、「聞，恤問。俾，益。」，屈氏主張此說。屈氏譯為：你們何以不去想想我們的先王對於民眾的憐恤慰問（的情形）呢？（先王）保護你們、為你們謀利益，是要和你們共享安樂。（頁58）

「承」有很多意思：第一、順承。例如，《晉書・孝友傳序》曰：「柔色承顏」；〔註71〕第二、承接，接受。例如，《新唐書・李嶠傳》曰：「非州縣承辦不能濟」；〔註72〕第三、順從。例如，《詩經・抑》曰：「萬民靡不承」〔註73〕第四、繼承，接續。例如，《易經・師》曰：「開國承家」；〔註74〕第五、次序，例如，《左傳・昭十三年》曰：「子產爭承」。〔註75〕「俾」有很多意思：第一、使。《詩經・蕩》：「俾晝作夜」；〔註76〕第二、以為。《詩經・桑柔》：「自獨俾臧。」〔註77〕第三、「俾」通「比」，順從。《禮記・樂記》：「克順克俾」。〔註78〕

〔註71〕〔唐〕房玄齡：《晉書・孝友傳序》（台北：鼎文書局，1976年），頁2273。

〔註72〕〔北宋〕歐陽修、宋祈：《新唐書・李嶠傳》（台北：鼎文書局，1976年），頁4368。

〔註73〕〔清〕阮元刻本：《十三經注疏詩經・抑》（台北：藝文印書館，1955年），頁641。

〔註74〕〔清〕阮元刻本：《十三經注疏易經・師》（台北：藝文印書館，1955年），頁36。

〔註75〕〔清〕阮元刻本：《十三經注疏左傳・昭十三年》（台北：藝文印書館，1955年），頁812。

〔註76〕〔清〕阮元刻本：《十三經注疏詩經・蕩》（台北：藝文印書館，1955年），頁632。

〔註77〕〔清〕阮元刻本：《十三經注疏詩經・桑柔》（台北：藝文印書館，1955年），頁644。

〔註78〕〔清〕阮元刻本：《十三經注疏禮記・樂記》（台北：藝文印書館，1955年），

　　「承汝俾汝」語法是「動詞1＋賓語＋動詞2＋賓語」，是兩個並列的動賓短語結構。雖然「俾」有「使」的意思，但「承」與「俾」並列，意思也應該是相同，所以取其第二種《錢、江》說法「俾」是「順從」的意思。

C. 不其或稽，自怒曷瘳？汝不謀長，以思乃災；(《商書·盤庚中》)

　　按：「自怒曷瘳？」中，「自」是單詞，作主語；「怒」作動詞；「曷」是疑問單詞；「瘳」是單詞，作賓語。此段盤庚勸說民眾服從遷徙之令。瘳，疾也。

　　此段重點在「稽」的詮釋不同，有三種說法。

　　第一、「稽，稽察。」《蔡傳》詮釋為：爾民而罔或稽察焉，是雖怨疾忿怒，何損於困苦乎？汝不為長久之謀，以思其不遷之災，是汝大以憂而自勸也。（頁56）

　　第二、「稽，同，協同。」《錢、江》譯為：不能協同一致，只是自己怨怒，又有什麼好處呢？你們不作長久打算，不想想災害，對於災患已經很習慣了。（頁182）

　　第三、「稽，考察。」屈氏譯為：你們自己不來檢討一下，（將來）自己怨恨自己，那怎麼還會好了呢？（頁59）

　　「不其或稽」是標準的否定句賓語前置的情形，「不」是否定詞；「其」是代詞，這個的意思；「或」是副詞，修是後面動詞；「稽」是動詞。句式是：「否定詞＋賓語＋副詞＋動詞」，意思是「不考察這個」。

D. 『曷不暨朕幼孫有比！』(《商書·盤庚中》)

　　按：「曷不暨朕幼孫有比！」中，「曷」是疑問代詞，作主語；「不」是否定副詞；「暨」作動詞；「朕幼孫有比」是短語，作賓語。此段盤庚以先王的意志告誡人民。

　　此段重點在「幼孫」、「比」的詮釋不同，有兩種說法。

　　第一、「幼孫，指盤庚」、「比，同心」，《孔傳》、《孔疏》主張此說。《孔傳》詮釋為：幼孫，盤庚自謂。比，同心。《孔疏》詮釋為：何故不與我幼孫盤庚有相親比同心徙乎？

　　第二、「幼孫，盤庚」、「比，同事」，《蔡傳》主張此說。《蔡傳》詮釋為：幼孫，盤庚自稱之詞。比，同事也。（頁56）

　　第三、「幼孫，小孫子」、「比，親近」，《錢、江》主張此說。《錢、江》

　　頁685。

譯爲：爲什麼不同我的幼孫親近友好？（頁 184）屈氏譯爲：「爲什麼不和我的小孫子相親近呢！」（頁 60）

　　就語法分析「朕幼孫有比」而言，「朕」與「幼孫」是同位語，「朕」指的是盤庚，所以「幼孫」也是指盤庚，並非小孫子。「有比」雖然可以解釋爲「親近」的意思，但是根據前文「暨予一人猷同心，先后丕降與汝罪疾」，指的是和我一人同心，後文「故有爽德，自上其罰汝，汝罔能迪」，「爽德」表示違背道德不能同心，所以採取《孔傳》、《孔疏》之說。

E. 『曷震動萬民以遷？』（《商書·盤庚下》）

　　按：「曷震動萬民以遷？」中，「曷」是疑問代詞，作主語；「震動」作動詞；「萬民」是短語，作賓語；「以遷」，作補語。此段說明盤庚爲什麼要遷都的原因。

　　《孔傳》詮釋爲：言皆不明己本心。《孔疏》詮釋爲：言我徙以爲民立中，汝等不明我心，乃謂我何故震動萬民以爲此遷。我以此遷之故，上天將複我高祖成湯之德，治理於我家。我當與厚敬之臣，奉承民命，用是長居於此新邑。以此須遷之故，我童蒙之人，非敢廢其詢謀。……我徙本意如此耳。（頁134）《蔡傳》詮釋爲：今耿爲河水圮壞，沈溺墊隘，民用蕩析離居，無有定止，將陷於凶德而莫之救，爾謂我何故震動萬民以遷也。（頁 57）《錢、江》譯爲：你們問我爲什麼要驚動眾人遷居？（頁 188）屈氏譯爲：爲什麼驚動民眾來遷徙呢？（頁 63）

　　「震動」一詞，《孔疏》、《蔡傳》都沒有另有他解，也是用「震動」一詞，但「震動」現在用於事物，沒有用在人身上。《錢、江》、屈氏翻譯爲「驚動」，表示人的心理狀態，較妥。

F. 天亦惟用勤毖我民，若有疾，予曷敢不于前寧人攸受休畢？（《周書·大誥》）

　　按：「予曷敢不于前寧人攸受休畢？」中，「予」是單詞，作主語；「曷敢」是疑問詞；「不」是否定副詞；「于」作動詞；「前寧人攸受休畢」是短語，作賓語。此段描述文王稟受天命，舊臣共同完成文王事業。

　　毖，有多種意思。第一、謹愼。例如，《詩經·桑柔》云：「爲謀爲毖」；〔註79〕第二、勞心。例如，《周書·大誥》云：「無毖于恤」；第三、告誡。例

〔註79〕〔清〕阮元刻本：《十三經注疏詩經·桑柔》（台北：藝文印書館，1955 年），頁 644。

如，《周書・酒誥》云：「汝典聽朕毖」第四、慰勞。例如，《周書・洛誥》云：「伻來毖殷」。「毖」，屈氏解釋爲「慰勞」。《錢、江》解釋爲「勤勞」。

「畢」，有兩種詮釋。

第一、「畢，終畢，完成」，《孔傳》、《孔疏》、《蔡傳》、屈氏主張此說。《孔傳》詮釋爲：天亦勞愼我民欲安之，如人有疾，欲已去之。詮釋爲：天欲安民，我何敢不於前文王所受美命終畢之？《孔疏》詮釋爲：如疾，欲已去之，言天急於民至甚也。天意惟言當終文王之業，須征逆亂之賊，周公重兵愼戰，叮嚀以勸民耳。（頁 193）《蔡傳》詮釋爲：勤毖我民，若有疾者，四國勤毖我民，如人有疾必速攻治之。我曷其不於前寧人所受休美而畢之乎？（頁 84）《胡氏尚書詳解》：「畢，終之」。屈氏譯爲：老天是愛惜、慰勞我們民眾的，就像民眾生了病一樣（因人們對病人最同情）；我怎麼敢不將祖先們所接受的福祥（國運）完成呢？（頁 94）屈氏將「休」解釋爲「福祥」。

第二、「畢，攘除疾疫」，《錢、江》」主張此說。《錢、江》譯爲：老天或許也要使我們的臣民勤勞，好像有疾病，我們怎敢不去好好攘除文王所受的疫病呢？（頁 286）《錢、江》將「休」解釋爲「善」。

考探「予曷敢不于前寧人攸受休畢」之前文，有「予不敢不極卒寧王圖事」、「予曷其不于前寧人圖功攸終」之文句。「卒」指完成，「攸終」指所終。此句與上文「畢」相對應，應該解釋爲「終了，完成。」故取其《孔傳》、《孔疏》、《蔡傳》、屈氏之說。

G.　「今我曷敢多誥？我惟大降爾四國民命，爾曷不忱裕之于爾多方？爾曷不夾介乂我周王，享天之命？今爾尚宅爾宅，畋爾田，爾曷不惠王熙天之命？（《周書・多方》）

按：「今我曷敢多誥？」中，「今」是時間名詞；「我」是單詞，作主語；「曷敢」是疑問詞；「多」是形容詞；「誥」，作動詞。

「爾曷不忱裕之于爾多方？」、「爾曷不夾介乂我周王」、「爾曷不惠王熙天之命？」中，用連續三次「爾曷不」的問句。此三句的「爾」是單詞，作主語；「曷不忱裕之于爾多方？」、「曷不夾介乂我周王」、「曷不惠王熙天之命？」是短語，作謂語。本段譴責不安天命的諸侯。

此段重點在「忱裕」、「夾」、「乂」、「介」的詮釋不同。

第一、「忱裕，誠信行寬裕」、「夾，近也」、「介，大」、「乂，治」，《孔傳》主張此說。《孔傳》詮釋爲：今我何敢多誥汝而已，我惟大下汝四國民命。謂

誅管、蔡、商、奄之君。汝何不以誠信行寬裕之道於汝眾方？汝何不近大見治於我周王，以享天之命，而爲不安乎？今汝殷之諸侯皆尚得居汝常居，臣民皆尚得畋汝故田，汝何不順從王政，廣天之命，而自懷疑乎？（頁258）

第二、「忱裕，誠信寬裕」、「夾，輔」、「介，助」，《蔡傳》主張此說。《蔡傳》詮釋爲：言今我何敢如此多誥，我惟大降宥爾四國民命，舉其宥過之恩，而責其遷善之實也。夾，夾輔之夾。介，賓介之介。爾何不誠信寬裕於爾之多方，乎爾何不夾輔介助我周王享天之命乎，爾之叛亂，據法定罪，則瀦其宅，收其田，可也，今爾猶得居爾宅，耕爾田，爾何不順我王室，各守爾典以廣天命乎。（頁114）

第三、「忱裕，告導」、「夾介，大」，《錢、江》主張此說。《錢、江》譯爲：現在我怎麼敢多說。我只是普遍發布一每命令給你們各國臣民。你們爲什麼不告導各國臣民？你們爲什麼不大助我周王共享天命呢？現在你們還居住你們原來的住宅，整治你們原來的田地，你們爲什麼不順從周王宣揚的上帝的大命呢？（頁392）

第四、「忱裕，道告」、「夾，輔」、「乂，安」，屈氏主張此說。屈氏譯爲：現在我哪裡敢（嘮嘮叨叨地）多勸告你們？我啊（已經）大大地發布過一個命令給你們四方的民眾了，你們爲什麼不告訴你們眾國家（的民眾）？你們爲什麼不輔助、安定我們周王，來享受老天所賜的命運？現在你們還住在你們的佐宅，還治理著你們的田地，你們爲什麼不順從王朝來發揚光大老天所給的命運？（頁153）

「裕」有幾種意思。第一、充裕，豐富。例如，《詩經·角弓》曰：「綽綽有裕」；〔註80〕第二、使富足。例如，《荀子·富國》曰：「節用裕民」；〔註81〕第三、道，指治國的道理。例如，《商書·仲虺之誥》曰：「垂裕後昆」；第四、指導，教導。例如，《周書·洛誥》曰：「彼裕我民，無遠用戾。」

《孔傳》、《蔡傳》解釋「忱裕」爲「誠信行寬裕」、「誠信寬裕」的意思，乃是將「忱」解釋爲信實，「裕」爲寬裕。而《錢、江》、屈氏解釋「忱裕」爲「告導、道告」乃是根據《方言》說，「裕，道也」。

「乂」有幾種意思：第一、治理。例如，《大戴禮記·曾子立事》曰：「戰

〔註80〕〔清〕阮元刻本：《十三經注疏詩經·角弓》（台北：藝文印書館，1955年），頁499。

〔註81〕〔周〕荀況：《荀子·富國》（台北：學生書局，1981年6月），頁114。

戰唯恐不能乂」；〔註82〕第二、安定。例如，《史記・孝武本紀》曰：「漢興已六十餘歲矣，天下乂安」。〔註83〕

　　「夾」有幾種意思：第一、在左右扶持。例如，《禮記・檀弓》曰：「使吾二婢子夾我」；〔註84〕第二、輔佐。例如，《史記・魯周公世家》曰：「周公把大鉞，召公把小鉞，以夾武王」。〔註85〕

　　顧頡剛《尚書校釋議論》乃根據眾家文字是釋義解說，認爲「忱裕」就是「由裕」、「猶裕」，也就是勸道的意思；「夾」是近的意思；「介」是善的意思；「乂」是治理的意思。〔註86〕

（3）割

　　《說文》云：「割，剝也。從刀害聲。」，「割」有很多意思：第一、宰，殺。例如，《論語・陽貨》云：「割雞焉用牛刀？」〔註87〕第二、奪取。例如，《後漢書・韋彪傳》云：「貪吏割其財。」〔註88〕第三、割讓；捨棄。例如，《韓非子・五蠹》云：「割地而朝者三十有六國。」〔註89〕第四、通「害」。禍害；爲害。例如，《虞夏書・堯典》云：「湯湯洪水方割。」

A. 君奭！在昔，上帝割申勸寧王之德，其集大命于厥躬？（《周書・君奭》）

　　按：「上帝割申勸寧王之德」中，「上帝」是複詞，作主語；「割」作疑問詞，「申勸」，作動詞；「寧王之德」是短語，作謂語。此段周公對召公說明降大命於文王身上的原因。

　　此段重點在「勸」、「割」的詮釋不同，有三種說法。

〔註82〕〔漢〕戴德：《大戴禮記・曾子立事》（台北：台灣商務印書館，1989 年 5 月），頁 166。

〔註83〕〔漢〕司馬遷：《史記・孝武本紀》（台北：鼎文書局，1981 年），頁 452。

〔註84〕〔清〕阮元刻本：《十三經注疏禮記・檀弓》（台北：藝文印書館，1955 年），頁 187。

〔註85〕〔漢〕司馬遷：《史記・魯周公世家》（台北：鼎文書局，1981 年），頁 1515。

〔註86〕顧頡剛、劉起釪：《尚書校釋議論》（北京：中華書局，2005 年 4 月），頁 1635～1634。

〔註87〕〔清〕阮元刻本：《十三經注疏論語・陽貨》（台北：藝文印書館，1955 年），頁 154。

〔註88〕〔南宋〕范曄：《後漢書・韋彪傳》（台北：鼎文書局，1981 年），頁 918。

〔註89〕〔周〕韓非、〔清〕吳鼐校：《韓非子・五蠹》（台北：成文出版社，1980 年），頁 1042。

第一、「勸，勉」、「割，絕斷」，《孔傳》、《孔疏》主張此說。《孔傳》詮釋爲：在昔上天，割制其義，重勸文王之德，故能成其大命於其身。謂勤德以受命。《孔疏》詮釋爲：文王去此未久，但欲遠本天意，故云「在昔上天」，作久遠言之。「割制」謂切割絕斷之意，故云「割制其義」。「重勸文王之德」者，文王既已有德，上天佑助而重勸勉，文王順天之意，故其能成大命於其身。王謂勤行德義，以受天命。（頁 247）

第二、「勸，勉也」、「割，何也」，《蔡傳》、《錢、江》主張此說。《蔡傳》詮釋爲：申，重。勸，勉也。在昔上帝降割于殷，申勸武王之德，而集大命於其身，使有天下也。（頁 108）《錢、江》譯爲：君奭！過去上帝爲什麼一再嘉勉文王的品德，降下大命在他身上呢？（頁 375）

第三、「勸，觀也」、「割，蓋也」，屈氏主張此說。屈氏譯爲：君奭！在以往的時候，上帝大概是重複地觀察文王的品德，於是就把國運降到他身上了。（頁 145）

《尚書易解》：「割，當讀爲害，何也。」言在昔上帝爲何重勉文王之德，降下大命於其身乎？問辭。（頁 247）筆者也認爲在此，「割」是「何也」。

從「我后不恤我眾，舍我穡事，而割正夏」（《商書·湯誓》）詮釋分析中，知道「割＋國名」、「割＋家」、「割（害）＋百姓（萬民）」都當動詞用，後面接名詞，句式是：「動詞＋名詞」。（詳見第四章「不」字），那什麼時候當疑問代詞呢？有兩點可以證明：

第一、對事情提出疑問時候，有問號「？」。例如，「王害不違卜？」（《周書·大誥》），就是問王爲什麼不違背龜卜？

第二、從語法中證明，「割」置於主語和動詞之間。如，「上帝割申勸寧王之德，其集大命于厥躬？」中，「上帝」是主語，「申勸」是動詞，中間不可能需要再加一個動詞「殘害」的「割」。同理，「王害不違卜？」中，「王」是主語，「違」是動詞，前面再加個否定詞「不」，因此「主語」和「否定詞＋動詞」中間也不需要一個動詞，故在此當疑問詞。

5. 詢問方法

（1）何

A. 今爾何監，非時伯夷播刑之迪？其今爾何懲？惟時苗民，匪察于獄之麗。（《周書·呂刑》）

按：「今爾何監」、「其今爾何懲」中，「今」是時間名詞；「爾」是單詞，作主語；「何」是疑問代詞；「監」、「懲」是動詞，作謂語。此段說明刑罰應該效法伯夷之道，而以苗民濫刑為戒。

「麗」有四種詮釋。

第一、「麗，刑罰」，《孔傳》、《孔疏》主張此說。《孔傳》詮釋為：言當視是伯夷布刑之道而法之。其今汝何懲戒乎？所懲戒惟是苗民非察於獄之施刑，以取滅亡。《孔疏》詮釋為：伯夷典禮，皋陶主刑，刑禮相成以為治。不使視皋陶而令視伯夷者，欲其先禮而後刑。道之以禮，禮不從乃刑之，則刑亦伯夷之所布，故令視伯夷布刑之道而法之。惟是苗民非察於獄之施刑以取滅亡也，言其正謂察於獄之施刑不當於罪以取滅亡。（頁299）

第二、「麗，附也」，《蔡傳》主張此說。《蔡傳》詮釋為：今爾何所監懲，所當監者非伯夷乎？所當懲者，非有苗乎？伯夷布刑以啟迪斯民，捨皋陶而言伯夷者，探本之論也。「麗，附也。」苗民不察於獄辭之所麗。（頁134）

第三、「麗，施行」，《錢、江》主張此說。《錢、江》譯為：現在你們效法什麼呢？難道不是這伯夷施施行刑罰的道理嗎？現在你們要用什麼作懲戒呢？就是苗民不詳察獄事的施行。（頁462）

第四、「麗，法也」，屈氏主張此說。屈氏譯為：現在你們要何所取法呢？那不就是伯夷所傳布下來的刑法的道理嗎？現在你們要以什麼作為懲戒呢？就是這些苗民不能詳察於判案子的刑罰。（頁179）

「伯夷道之以禮，齊之以刑。」意思是說先以禮引導，若不行則是用刑法來治理。故從《孔傳》、《孔疏》之說。

B. 在今爾安百姓，何擇非人？何敬非刑？何度非及？（《周書·呂刑》）

按：「何擇非人？」、「何敬非刑？」、「何度非及？」中，「何」是疑問代詞；「擇」、「敬」、「度」作動詞；「非」是單詞，作判斷詞；「人」、「刑」、「及」是單詞，作謂語。此段描述穆王告誡大臣施行善刑方法。

「及」有兩種詮釋。

第一、「及，適宜」。《史記》作「宜」，合宜公正。《孔傳》詮釋為：在今爾安百姓兆民之道，當何所擇？非惟吉人乎？當何所敬？非惟五刑乎？當何所度？非惟及世輕重所宜乎？《孔疏》詮釋為：以論刑事，而言度所及，知所度者，度及世之用刑輕重所宜。王肅云：「度，謀也。非當與主獄者謀慮刑

事，度世輕重所宜也。」（頁 300）《錢、江》譯爲：如今你們安定百姓，應該選擇什麼呢？不是吉人嗎？要謹愼地對待什麼？不正是刑罰嗎？要考慮什麼？不就是判斷公正適宜嗎？（頁 467）屈氏譯爲：現在你們安定民眾，要選什麼呢，不是好的官員嗎？要謹愼什麼呢，不是刑法嗎？要計畫什麼呢，不是適宜的事情嗎？（頁 181）從其屈氏。

第二、「及，逮也」。《蔡傳》詮釋爲：漢世詔獄所逮，有至數萬人者，審度其所當逮者，而後可逮之也。日何日非，問答以發其意，以明三者之決不可不盡心也。（頁 135）

就語法分析而言，「何擇非人？」、「何敬非刑？」、「何度非及？」是並列句。所以「非＋人」、「非＋刑」、「非及」中，「人」、「刑」、「及」應該是相同詞性，屬於名詞。故第二種《蔡傳》說法「及」，「逮也」不採取。

又，「人」在這裡，《孔傳》、《錢、江》指的是「吉人」；屈氏指的是「好的官員」。「刑」，《孔傳》指的是「五刑」；《錢、江》、屈氏指的是「刑法」。雖然各家「人」、「刑」說法不同，但都當名詞用。

但「宜」字，《孔傳》、《錢、江》、屈氏雖都解釋爲「適宜」，但有當動詞，有當名詞。《孔疏》解釋爲「所宜」、《錢、江》解釋爲「判斷公正適宜」、屈氏解釋爲「適宜的事情」，故應該採取屈氏解釋較妥。

C. 今往何監，非德？于民之中，尚明聽之哉！（《周書・呂刑》）

按：「今往何監」中，「今」是時間副詞；主語省略；「往」作動詞；「何」是疑問代詞；「監」作賓語。此段描述穆王說明監督辦案的依據。詮釋見「第四章今文《尚書》祈使句」，頁 166。

（2）如 台

A.大命不摯，今王其如台。（《商書・西伯戡黎》）

按：「今王其如台？」中，「今」是時間名詞；「王」是單詞，作主語；「其」語助詞，無意義；「如台」是疑問合義複詞。此段說明祖伊警告商紂國家危在旦夕。

《孔傳》詮釋爲：摯，至也。民無不欲王之亡，言：「天何不下罪誅之？有大命宜王者，何以不至？」王之凶害，其如我所言。（頁 145）《蔡傳》詮釋爲：日，天何不降威於殷，而受大命者何，不至乎今王其無如我何，言紂不復能君長我也。（頁 62）《錢、江》譯爲：老天懲罰的命令還沒有降下來，現在大王打算怎麼辦呢？（頁 213）屈氏譯爲：老天的命令不降下來，對於現在

的王怎麼辦呢！（頁 67）諸家詮釋無異說。上章言天棄殷，此章言民棄殷，祖伊之言，可謂痛切。

（3）何　其

A. 今爾無指告予，顛隮若之何其？（《商書·微子》）

按：「顛隮若之何其？」中，「顛」、「隮」兩動詞，構成並列短語；「若之何」是疑問詞；「其」是語末助詞。此段說微子跟父師、少師詢問，殷商將亡，而自己去留的意見。

「顛隮」諸家有三種詮釋。

第一、「顛隮，顛隕隮墮」。《孔傳》詮釋為：汝無指意告我殷邦顛隕齊墜，如之何其救之？《孔疏》詮釋為：「無指意告我者」，謂無指殷亡之事告我，言殷將隕墜，欲留我救之。「顛」謂從上而隕，「隮」謂墜於溝壑，皆滅亡之意也。（頁 146）《蔡傳》詮釋為：今爾無所指示，告我以顛隕隮墮之事，將若之何哉，蓋微子憂危之甚，特更端以問救亂之策，言我而不言紂者，亦上章我用沈酗之義。（頁 63）

第二、「顛隮，滅亡。」《錢、江》譯為：現在你們如果不指點我，殷商就會滅亡，怎麼辦啊？（頁 216）

第三、「顛隮，仆倒墜落」屈氏譯為：現在你們若不指點我，將來要是仆倒墜落了，那怎麼辦呢？（頁 69）

「顛」、「隮」都有墜落、跌落的意思。例如，《楚辭·離騷》云：「厥首用夫顛隕」〔註 90〕這裡將「顛隮」詮釋為「顛隕隮墮」、「滅亡」、「仆倒墜落」意思都可。

（4）害

《說文》：「害，傷也。從宀從口。宀、口，言從家起也。丰聲。」，「害」有很多意思：第一、傷害，危害。例如，《詩經·大田》云：「無害我田稺。」〔註 91〕第二、殺害。例如，《後漢書·陳蕃傳》云：「執蕃送黃門北寺獄……即日害之。」〔註 92〕第三、怕，擔心。例如，《禮記·哀公問》云：「仁義在

〔註 90〕〔宋〕洪興祖撰：《楚辭補注》（台北：天工書局，1989 年），頁 22。

〔註 91〕〔清〕阮元刻本：《十三經注疏詩經·大田》（台北：藝文印書館，1955 年），頁 466。

〔註 92〕〔南宋〕范曄：《後漢書·陳蕃傳》（台北：鼎文書局，1981 年），頁 2170。

己,不害不知。」〔註93〕第四、災難。例如,《詩經・閟宮》云:「無災無害。」
〔註94〕第五、弊,壞處。例如,《楚辭・離騷》云:「莫好脩之害也。」〔註95〕
第六、通「曷」。(1)什麼。例如,《詩經・葛覃》云:「害澣害否?」〔註96〕
(2)為什麼。例如,《周書・大誥》云:「王害不違卜?」(3)何不。例如,
《孟子・梁惠王》云:「時日害喪?」〔註97〕第八、通「遏」。阻止。例如,《淮
南子・覽冥訓》云:「天下誰敢害吾意者!」〔註98〕

A. 越予小子,考翼,不可征;王害不違卜?(《周書・大誥》)

按:「王害不違卜?」中,「王」是單詞,作主語;「害」是疑問詞;「不」
是否定副詞;「違」作動詞;「卜」作賓語。此段說明各官員對周公提出反對
征伐。「越」,發語詞。害,何,為什麼。

「翼」諸家有三種詮釋。

第一、「翼,敬也」,《孔傳》、屈氏主張此說。《孔傳》詮釋為:於我小
子先卜敬成周道,若謂今四國不可征,則王室有害,故宜從卜。(頁192)屈
氏譯為:我們這些年輕人,應該孝敬,不可去征伐他們;王何不違背龜卜?
(頁92)

第二、「翼,父老敬事者」,《蔡傳》主張此說。《蔡傳》詮釋為:此舉邦
君御事不欲征,欲王違卜之言也。害,曷也。越我小子與父老敬事者,皆謂
不可征,王曷不違卜而勿征乎。(頁83)

第三、「翼,或也」,《錢、江》主張此說。《錢、江》譯為:我們這些年
輕人考慮,或者不可征伐,大王為什麼不違背龜卜呢?(頁284)根據《尚書
易解》:「當讀為意,猶或也。」

「翼」一般都解釋為「羽翼」,例如:《莊子・齊物論》云:「吾待蛇蚹蜩

〔註93〕〔清〕阮元刻本:《十三經注疏禮記・哀公問》(台北:藝文印書館,1955年),頁466。

〔註94〕〔清〕阮元刻本:《十三經注疏詩經・閟宮》(台北:藝文印書館,1955年),頁767。

〔註95〕〔宋〕洪興祖撰:《楚辭補注》(台北:天工書局,1989年),頁40。

〔註96〕〔清〕阮元刻本:《十三經注疏詩經・葛覃》(台北:藝文印書館,1955年),頁20。

〔註97〕〔清〕阮元刻本:《十三經注疏孟子・梁惠王》(台北:藝文印書館,1955年),頁9。

〔註98〕〔漢〕劉安、〔漢〕高誘注:《淮南子・覽冥》(台北:台灣中華書局,1981年),頁192。

翼邪？」。〔註99〕另外，還有其他意思：第一、法則。《後漢書・班彪傳》，云：「降承龍翼」；〔註100〕第二、輔助。王融〈敬重正法篇頌〉云：「翼善開賢敷教義。」；〔註101〕第三、敬，恭敬。《詩經・六月》云：「有嚴有翼」。〔註102〕

　　顧頡剛贊成于省吾《尚書新證》的說法，認爲西周金文中，「孝」字原當爲「考」。故「考」爲「孝」，「翼」爲「敬」，「考翼」就是孝敬的意思，故從其《孔傳》、屈氏之說。

（二）是非問句

　　朱德熙《語法講義》一書認爲，〔註103〕問句結構不同，回答的方式也不同。是非問句可以用「是的」、「對」等回答，表示同意，也可以用「不是」、「不對」，表示否定。特指問句和選擇問句都不能用「是的」、「不是」等回答。呂冀平《漢語語法基礎》一書，〔註104〕以爲是非問句是把一件事情說出來，要求對方對這件事表示肯定（「是」）或否定（「不是」）。由於這種性質，所以這種疑問句的結構跟一般的陳述句相同。它們的區別是語調，通過語調來表示疑問。孫良明《古代漢語語法變化研究》一書認爲，〔註105〕是非問句是問是不是，要求肯定或否定的答覆；是非問句不用疑問代詞。原文隱含是非問義，注文給以明確的形式標誌。

1. 句中一般沒有疑問詞

　　是非問句的句式與陳述句基本上是相同的，它與陳述句的區別是：陳述句的語調是下抑調，是非問句的語調是上揚調。〔註106〕〈疑問句、句型初探〉一文，疑問句用陳述句帶上疑問語調構成。是非問句要求對提出的問題作出肯定或否定的回答。這種肯定或否定的回答，一般都是針對句子中謂語的動

〔註99〕　〔周〕莊周：《莊子・齊物論》（北京：中華書局，1995 年），頁 108。

〔註100〕　〔南宋〕范曄：《後漢書・班彪傳》（台北：鼎文書局，1981 年），頁 1376。

〔註101〕　〔清〕嚴可均校：《全上古三代秦漢三國六朝文》（北京：中華書局，1958 年），頁 2862。

〔註102〕　〔清〕阮元刻本：《十三經注疏詩經・六月》（台北：藝文印書館，1955 年），頁 353。

〔註103〕　同註 29，頁 203。

〔註104〕　同註 2，頁 356。

〔註105〕　孫良明：《古代漢語語法變化研究》（語文出版社，1994 年 2 月），頁 151。

〔註106〕　李秀：〈試論現代漢語的疑問句式〉，《內蒙古師大學報》（哲學社會科學版）第 6 期（1999 年），頁 60～63。

詞或形容詞作出相應的回答。回答的方式可以用「是、有、不是、沒有」或勢態語如點頭、搖頭、擺手等，在口頭語言中，還可以兩者同時用。在語調上表現爲高升調「／」。〔註107〕

（1）我生不有命在天？（《尚書・西伯戡黎》）

按：「我生不有命在天？」中，「我生」是偏正短語，作主語；「不」是否定副詞；「有」作動詞；「命」是賓語；「在天」是介賓短語，作補語。此段說明紂說明自己的命運是由上天所決定。而祖伊反曰：「嗚呼！乃罪多參在上，乃能責命于天！殷之即喪，指乃功；不無戮于爾邦。」

按，四家無有太大異說。《孔傳》詮釋爲：言我生有壽命在天，民之所言，豈能害我。逐惡之辭。（頁145）《蔡傳》詮釋爲：紂嘆息謂民雖欲亡我，我之生，獨不有命在天乎。（頁63）《錢、江》譯爲：我的一生不是由天命決定的嗎？（頁213）屈氏譯爲：我生活在世不是有命運在天上嗎？（頁67）

2. 句末大都有語氣詞

今文《尚書》是非問句除了語調外，是非問句句末有用語氣詞來幫助表達疑問。今文《尚書》句尾用語氣詞「乎」的是非問句共有2例。古漢語中，句尾的「諸」相當於「之乎」，今文《尚書》中句尾用並沒有用「諸」的問句。例如：

（1）能哲而惠，何憂乎驩兜？何遷乎有苗？何畏乎巧言令色孔壬？」（《虞夏書・皋陶謨》）

詮釋見「第四章今文《尚書》祈使句」頁160。

（2）帝曰：「疇咨若時登庸？」放齊曰：「胤子朱啟明。」帝曰：「吁！嚚訟，可乎？」《虞夏書・堯典》「詮釋見本章特指問句——人」。

另外，句尾用語氣詞「與」、「耳」、「也」的是非問句，也沒有出現。

3. 下文大都有表示肯定或否定的回答

（1）我有大事，休？朕卜並吉。（《大誥》）

按：「朕卜並吉」中，「朕」是單詞，作主語；「卜」作動詞；「並」作副

〔註107〕齊正喜：〈疑問句、句型初探〉，《北京政法職業學院學報》1期（1994年），頁39～42。

詞;「吉」作賓語。此段說明占卜吉祥,周公勸大家順天意。

「休」有兩種詮釋。

第一、「休,美也」,《孔傳》、《孔疏》、《蔡傳》主張此說。《孔傳》詮釋為:大事,戎事也。人謀既從,卜又並吉,所以為美。《孔疏》詮釋為:人謀既從,我卜又並休,是其休也。言往必克敵安民之意,告眾使知也。(頁 191)《蔡傳》詮釋為:大事,戎事。《左傳》云:國之大事,在祀與戎。休,美也。言知我有戎事休美者,以朕卜三龜而並吉也。(頁 83)

第二、「休,吉也」,《錢、江》、屈氏主張此說。《錢、江》譯為:我國將有戰事,會吉利嗎?我的卜兆全都吉利。(頁 282)屈譯為:現在我有了這件大事(戰爭),這大事是吉祥的,我占卜的結果通通是吉祥的。(頁 91)

根據王肅的說法:「何以言美?以三龜一習吉,是言并吉,證其休也。」所以主張《孔傳》、《孔疏》、《蔡傳》說法無誤。

二、反問句

孫良明《古代漢語語法變化研究》一書認為,〔註108〕反詰問句的特別是用肯定形式表現否定的內容,用否定形式表現肯定的內容。原文隱含反詰問義,注文給以形式標誌,於句首加入疑問語氣詞「豈」。馬漢麟《古代漢語講義》一書則說,〔註109〕反問句在形式上和疑問句沒什麼不同,它只是用疑問的形式來表示肯定或否定,字面上是肯定的,意思上就是否定的;字面上是否定的,意思上就是肯定的。一個意思用反問句來說,遠比一般的肯定或否定更有力量。反問語氣是表示說話人對一件事情無疑而問、明知故問的語氣。

反問和詢問不同,它並不等待對方回答,而只是用問句的方式來表示否定或肯定。反問句中沒有否定的字眼,這句話的用意就是否定;反問句中有否定的字眼,這句話的用意就是肯定,不直說而用反問,為的是加重語氣,更有力量。古代漢語常用的表示反問的語氣詞有「哉」、「乎」、「邪」,常用的表示反問的語氣副詞有「豈」(其)「獨」、「焉」。

劉景農《漢語文言語法》一書以為,〔註110〕反詰詞雖然采用疑問的形式,

〔註108〕同註 115,頁 154。
〔註109〕馬漢麟:《古代漢語講義》(天津:天津古籍出版社,2004 年 2 月),頁 69～138。
〔註110〕同註 21,頁 337。

但作用不在表疑問，而在對原意的否定。因此句中的動詞前邊有否定詞的，意思是肯定；沒有否定詞的，意思卻是否定。所用的語氣詞，以「哉」為普通，「乎」「歟」「耶」等也常用。

1. 語氣副詞表示反詰句

（1）予迓續乃命于天，予豈汝威？（《商書‧盤庚中》）

按：「予豈汝威？」中，「予」是單詞，作主語；「豈」是疑問詞；「汝威」是短語，作謂語。此段是說明遷徙是為了保護百姓，並不是懲罰。

「迓」有三種詮釋。

第一、「迓，迎」，《孔傳》、《孔疏》、《蔡傳》主張此說。《孔傳》詮釋為：迓，迎也。言我徙，欲迎續汝命於天，豈以威脅汝乎？用奉畜養汝眾。《孔疏》詮釋為：《釋詁》：「迓，迎」文。不遷必將死矣，天欲遷以延命。天意向汝，我欲迎之。天斷汝命，我欲續之。我今徙者，欲迎續汝命於天，豈以威脅汝乎？遷都惟用奉養汝群臣民耳。（頁131）《蔡傳》詮釋為：我之所以遷都者，正以迎續汝命于天，予豈以威脅汝哉，用以奉養汝眾而已。（頁56）

第二、「迓，御，使」，《錢、江》主張此說。《錢、江》譯為：我要使老天讓你們的生命延續下去，我哪裡是威脅你們啊！（頁375）《錢、江》認為《匡謬正俗》作「御」。《廣雅‧釋詁》：「御，使也。」

第三、「迓，御，用」，屈氏主張此說。屈氏譯為：我因而延續你們在天上的命運，我哪裡是來懲罰你們？（頁60）屈氏認為《匡謬正俗》作「御」。「御，用；因而。」

《錢、江》、屈氏都是根據《匡謬正俗》，把「迓」作「御」，但是兩人又對「御」的解釋不同。《錢、江》解釋為「使」是動詞，屈氏解釋為「因而」是連詞。而《孔傳》、《孔疏》、《蔡傳》將「迓」解釋為「迎」，有迎接的意思。在今文《尚書》中，「迓」共出現 4 次，另外是：「在後之侗，敬迓天威，嗣守文武大訓」（《周書‧顧命》）「弗迓克奔，以役西土。」（《周書‧牧誓》）「旁作穆穆，迓衡不迷文武勤教」（《周書‧洛誥》），「迓」解釋為「迎」較妥。故此句取其《孔傳》、《孔疏》、《蔡傳》之說。

（2）乃罪多，參在上，乃能責命于天？（《商書‧西伯戡黎》）

按：「乃能責命于天？」中，「乃」是關係連接詞；「能」是副詞；「責」作

動詞；「命」作賓語；「于天」是介詞短語，作補語。此段是說明祖伊認爲紂王自己過失很多，不能怪罪於天命。《尚書易解》：乃能之乃，猶寧也。（頁 116）

「參」有三種詮釋。

第一、「參，參列」，《孔傳》、《蔡傳》主張此說。《孔傳》詮釋爲：言汝罪惡衆多，參列於上天，天誅罰汝，汝能責命於天，拒天誅乎？（頁 145）《蔡傳》詮釋爲：紂既無改過之意，祖伊退而言曰，爾罪衆多參列在上，乃能責其命於天邪。呂氏曰，責命於天，惟與天同德者方可。（頁 63）

第二、「參，懶惰懈怠」，《錢、江》主張此說。《錢、江》譯爲：你的過失太多，又懶惰懈怠、高高在上，難道還能祈求老天的庇祐嗎？（頁 213）

第三、「參，擺列」，屈氏主張此說。屈氏譯爲：你的罪惡許許多多都擺列在天上，竟然還能責備天希望老天給你好命運！（頁 67）

「參」有很多意思。第一、不齊貌、錯落貌，例如，《詩經·關雎》云：「參差荇菜」。〔註111〕第二、參與、參加，例如，《荀子·強國》云：「與之參國政」。〔註112〕三、檢驗、查察。《魏書·律曆志》云：「參候是非」。〔註113〕第三、齊、同，例如，《莊子·在宥》云：「吾與日月參光」。〔註114〕第四、商量，例如，《後漢書·郎顗傳》云：「每有選用，輒參之掾屬」。〔註115〕第五、配合，例如，《國語·越語》云：「人事必將與天地相參」。〔註116〕

《錢、江》將「參」解釋爲懶惰懈怠，乃是認爲「參」作「厽」，《說文》云：「人厽，垂貌。從人，厽聲。一曰懶懈。」而《孔傳》、《蔡傳》、屈氏是將參」解釋爲「參列」、「擺列」。「在上」是介賓短語，前面應該是放動詞，所以贊成《孔傳》、《蔡傳》、屈氏之說。

（3）相時憸民，猶胥顧于箴言，其發有逸口？（《商書·盤庚上》）

按：「其發有逸口」中，主語省略；「其」是語氣副詞，指何況；「發」是動詞；「有逸口」是短語，作賓語。此段盤庚責備官員謠言惑眾。

〔註111〕〔清〕阮元刻本：《十三經注疏詩經·關雎》（台北：藝文印書館，1955 年），頁 1。

〔註112〕〔周〕荀況：《荀子·強國》（台北：學生書局，1981 年，6 月），頁 347。

〔註113〕〔北齊〕魏收、〔清〕謝啓昆：《魏書·律曆志》（台北：鼎文書局，1975 年），頁 2660。

〔註114〕〔周〕莊周：《莊子·在宥》（北京：中華書局，1995 年），頁 380。

〔註115〕〔南宋〕范曄：《後漢書·郎顗傳》（台北：鼎文書局，1981 年），頁 1067。

〔註116〕〔周〕左丘明：《國語·越語》（台北：里仁書局，1980 年），頁 650。

「憸民」有兩種詮釋。

第一、「憸民，小民」，《孔傳》、《孔疏》、《蔡傳》、屈氏主張此說。《孔傳》詮釋為：言憸利小民，尚相顧於箴誨，恐其發動有過口之患，況我制汝死生之命，而汝不相教從我，是不若小民。《孔疏》詮釋為：又責大臣不相教遷徙，是不如小民。我視彼憸利小民，猶尚相顧於箴規之言，恐其發舉有過口之患，故以言相規。（頁 129）《蔡傳》詮釋為：相，視也。憸民，小民也。逸口，過言也。逸口尚可畏，況我制爾生殺之命，可不畏乎？（頁 54）屈氏譯為：看看這些小民，他們還都顧到政府勸戒的話；要是你們發言有所錯誤，何況我掌握著你們或短或長的生命？（頁 55）

第二、「憸民，小人」，《錢、江》主張此說。《錢、江》譯為：看看這些小人吧，他們尚且顧及規勸的話，顧及錯誤言論出自他們的口中，何況我掌握著你們的生死壽命呢？（頁 175）

筆者認為《孔疏》說：「患之小者尚知畏避，況我為天子制汝短長之命？威恩甚大，汝不相教從我，乃是汝不如小民。」表示孔氏認為這些官員不如百姓。但「憸」有奸邪、諂佞的意思。例如，《周書·冏命》云：「爾無昵于憸人。」韓愈〈苦寒詩〉云：「賢能日登禦，黜彼傲與憸」。所以「憸人」就是指奸佞的小人。《周書·立政》云：「國則罔有立政用憸人，不訓于德，是罔顯在厥世」、「繼自今立政，其勿以憸人，其惟吉士，用勱相我國家」，「憸人」與「憸民」是同意思，「憸」當作形容詞修飾後面的名詞，所以「憸民」應該是「小人」的意思，不是「小民」。《孔傳》、《孔疏》、《蔡傳》、屈氏未妥，從其《錢、江》之說。

（4）今惟殷墜厥命，我其可不太監撫于時？（《周書·酒誥》）

按：「我其可不太監撫于時？」中，「我」單詞，作主語；「其」是語氣副詞，指難道；「可」作動詞；「不」作否定副詞；「太」同「大」作副詞；「監撫于時」是短語。此段周公說明歷史教訓，闡述戒酒的重要性。

「厥命」、「時」有三種詮釋。

第一、「厥命，天命」、「時，今時」，《孔疏》、《蔡傳》主張此說。《孔疏》詮釋為：今殷紂無道，墜失其天命，我其可不大視以為戒，撫安天下於今時也？（頁 210）《蔡傳》詮釋為：今殷民自速辜，既墜厥命矣。我其可不以殷民之失為大監戒，以撫安斯時乎？（頁 92）

第二、「厥命，福命」、「時，這事實」，《錢、江》主張此說。《錢、江》

譯爲：現在殷商已喪失了他的福命，我們難道可以不大大地省察這個事實！
（頁 316）

　　第三、「厥命，國運」、「時，這情形」，屈氏主張此說。屈氏譯爲：現在
殷已失掉了他的國運，我們豈可以不大大地察看察看這（情形）嗎！（頁 111）

　　將「厥命」解釋爲「天命」、「福命」、「國運」都大同小異。「時」的解說
差異較大。《孔疏》、《蔡傳》將「時」解釋爲「今時」是當時間名詞；《錢、
江》將「時」解釋爲「這事實」，屈氏將「時」解釋爲「這情形」，都是將「時」
作爲代詞，「此」的意思。從其《錢、江》、屈氏之說。

（5）眇眇予末小子，其能而亂四方，以敬忌天威？（《周書·顧命》）

　　按：「其能而亂四方」中，主語省略；「其」是語氣副詞，指怎麼；「能」
是副詞；「而」作連詞；「亂」作動詞；「四方」是偏正短語，作賓語。此段說
明康王謙稱之詞，接受冊命。

　　「其能而亂四方，以敬忌天威？」此句話句讀有兩種方式，詮釋亦有所別。

　　第一、中有逗號，如：「其能而亂四方，以敬忌天威？」，《孔傳》、《蔡傳》、
屈氏主張此說。《孔傳》詮釋爲：言微微我淺末小子，其能如父祖治四方，以
敬忌天威德乎？謙辭，託不能。（頁 282）《蔡傳》詮釋爲：太史曰：眇眇然予
微末小子，其能如祖父治四方，以敬忌天威乎？謙辭退託於不能也。顧命有
敬迓天威，嗣守文武大訓之語，故太史所告康王所答，皆於是致意焉。（頁 127）
屈氏譯爲：渺小的我這微末的青年人，我怎能治理天下，來敬畏老天（可能
給）的懲罰呢？（頁 170）

　　第二、中沒有逗號，如：「其能而亂四方以敬忌天威？」，《錢、江》主張
此說。《錢、江》譯爲：我這個微不足道的小子，怎麼能使天下和諧治理敬畏
天威呢？（頁 432）

　　「亂」除了是「無條理秩序」、「不安定」，如：「亂兵」、《詩經·序》：「亂
世之音，怨以怒，其政乖。」從古代至今「亂」仍有「治」、「治理」的意思。

2. 疑問代詞表示反詰問

（1）能哲而惠，何患乎驩兜？（《虞夏書·堯典》）

　　詮釋見「第四章今文《尚書》祈使句」。惠仁之愛也。能哲而惠，猶言能
知人而安民也。

（2）天曷不降威？（《商書・西伯戡黎》）

按：「天曷不降威」中，「天」是單詞，作主語；「曷」是指為什麼，何也；「不」是否定副詞；「降」作動詞；「威」作賓語。此段說明祖伊告誡紂王以招天怒，報應很快就到。

此段「天曷不降威」，《蔡傳》並沒有對「降威」解釋，而其他有三種詮釋。

第一、「降威，下罪誅。」《孔傳》詮釋為：天何不下罪誅之？（頁145）；第二、「降威，顯威靈。」《錢、江》譯為：老天為什麼不顯威靈啊？（頁212）；第三「降威，降懲罰。」屈氏譯為：老天為什麼不降給王懲罰呢？（頁67）。「降威」應該是降懲罰較妥，從其屈氏之說。

三、測度問句

馬漢麟《古代漢語講義》一書主張，〔註117〕測度語氣是說話人對一件事情表示將信將疑的語氣，這種語氣介乎直陳和疑問之間，它不要求對方予以証實。古代漢語常用的表示測度的語氣詞有「乎」、「與」、「邪」，常用的表示測度的語氣副詞有「其」、「殆」、「無乃」、「得無」等。在測度句中，語氣副詞和語氣詞經常前後呼應著用。劉景農《漢語文言語法》一書則說，〔註118〕測度句——這種問句是表示半信半疑的。問者對於某一事情已有一種估計，不過有點疑問，希望對方答覆來證實，就常用疑問形式；但也有的把估計的事情直接說出來，無須對方答覆的，也就近似陳述句了。這種句末尾，常用的語氣詞有「乎」、「與」、「耶」，也有用「矣」、「夫」等，都可相當於「罷」。句中的測度詞，最常見的是「其」，相當於「大概」。

（1）父師！少師！我其發出狂？吾家耄，遜于荒？（《商書・微子》）

按：「我其發出狂？」中，「我」單詞，作主語；「其」句中語詞；「發」、「出狂」是連動短語，作謂語。此段說明微子問父師、少師去留問題。

「發」有四種詮釋。

第一、「發，發疾」，《孔傳》主張此說。《孔傳》詮釋為：我念殷亡，發疾生狂，在家耄亂，故欲遜出於荒野。（頁146）

〔註117〕同註119，頁69。

〔註118〕同註21，頁340。

第二、「發，發出」，《蔡傳》主張此說。《蔡傳》詮釋爲：曰者，微子更端之辭也。言紂發出顛狂，暴虐無道，我家老成之人，皆逃遁于荒野，危亡之勢如此，今爾無所指示，告我以顛隮隊墮之事，將若之何哉？

第三、「發，廢棄」，《錢、江》主張此說。《錢、江》譯爲：父師、少師，我將被廢棄而逃亡在外呢？還是住在家中到年老而隱退荒野呢？（頁 216）

第四、「發，出發」，屈氏主張此說。屈氏譯爲：太師、少師，我還是出發到別處去呢？我還是住在家中直到老年、退隱在荒野呢？（頁 69）

《錢、江》將「發」解釋爲「廢」，乃是採取孫詒讓說法「發疑當讀爲廢」。而顧頡剛《尚書校釋譯論》也是認爲「發」應該是「廢」，理由也是孫詒讓《駢枝》據《論語·微子》「廢中權」引鄭本將「廢」作「發」。〔註119〕故「廢棄」而逃出可以備爲一說。

（2）今天其命哲，命吉凶，命歷年。（《周書·召誥》）

按：「今天其命哲」中，「今」時間名詞，「天」單詞，作主語；「其」句中語詞；「命」作動詞；「哲」，作賓語。此段說明召公認爲上天應該使周朝國運長隆。

「哲」、「吉凶」、「歷年」諸家詮釋略有小異。

第一、《孔傳》詮釋爲：今天制此三命，惟人所修。修敬德則有智、則常吉、則歷年，爲不敬德則愚、凶、不長。雖說之，其實在人。（頁 223）

第二、《蔡傳》詮釋爲：今天其命王以哲乎？命以吉凶乎？命以歷年乎？皆不可知，所可知者，今我初服如何爾，初服而敬德，則亦自貽哲命，而吉與歷年矣。（頁 97）

第三、《錢、江》譯爲：現在上帝該給予明哲，給予吉祥，給予永年。（頁 334）屈氏譯爲：不知道現在老天要使我們明哲與否，使我們吉利或凶險，使我們國運悠長與否。（頁 122）

《孔傳》是將「哲」、「吉凶」、「歷年」解釋爲「有智」、「常吉」、「歷年」；《蔡傳》解釋爲「哲命」、「吉與歷年」；《錢、江》解釋爲「明哲」、「吉祥」、「永年」；屈氏解釋爲「明哲」、「吉利或凶險」、「國運悠長」。根據《孔疏》詮釋曰：愚智夭壽之外而別言吉凶，於凡人則康強爲吉，病患爲凶，於王者則太平爲吉，禍亂爲凶，三者雖以托天說之，其實行之在人。人行之有善惡，天隨以善惡授

〔註119〕同註 96，頁 1077。

之耳。此是立教誘人之辭，不可以賢智夭枉爲難也。(頁223)《孔傳》、《蔡傳》、《錢、江》都沒有將「吉凶」詮釋出來，故取其屈氏「吉利或凶險」之說。

第三節　今文《尚書》疑問句之用語與特點

　　疑問句常用語調、語氣助詞、疑問詞及其它詞語來判斷。馬漢麟《古代漢語講義》一書，[註120]以表示疑問的句子叫疑問句。第一、在古代漢語中，疑問句動詞的賓語如果是疑問代詞，這個疑問代詞賓語，一般放在動詞的前面，這也是古代漢語特有的句法。第二、在古代漢語中，疑問代詞充當介詞的賓語，一般也放在介詞的前面。古代漢語疑問句中，疑問代詞賓語也偶爾有放在動詞或介詞後面的。不過，這種情況在先秦時代比較少見。

一、疑問句句式類型

（一）特指問句

　　按詢問功能分類，漢語的疑問代詞有七類之多，但今文《尚書》所用的疑問代詞只有五類：人物疑問代詞、事物疑問代詞、原因疑問代詞、情狀疑問代詞、方法疑問代詞。根據本文歸納，可得出以下結論：

1. 詢問人

　　古代常用疑問代詞有「誰」、「曷」、「疇」、「孰」、「何」等。而依據筆者考探，今文《尚書》中詢問人的句子並不多，其中用疑問代詞「誰」的1例，用疑問代詞「疇」的5例。與詢問人常用疑問代詞「疇」，相結合的短語有「疇敢」、「疇若」、「若疇」，問句中常不用語氣詞。《虞夏書・堯典》：「使宅百揆亮采，惠疇？」今文《尚書》開始出現句末疑問語氣助詞。

2. 詢問事物

　　詢問事物的「何」找到一例，如：「皋陶曰：「都！亦行有九德；亦言其人有德，乃言曰：載采采。」禹曰：「何？」」（《虞夏書・皋陶謨》）」，禹主要問什麼是九德。

3. 詢問情狀

　　古代漢語常用疑問詞有：「何、曷、胡……」，及一些複詞如：「何如、何若、

〔註120〕同註119，頁38～39。

如何、若何、曷若、奚如、奚若、如台、奈何、何等、何似、何樣似……等」。
詢問人或事物的狀況、事情的經過等。問的是「怎麼樣」、「什麼情況」。今文《尚
書》中詢問情狀的句子，其中用疑問代詞「何」2例、「曷」3例；短語「如何」
3例；短語「如台」3例；短語「曷敢」3例；「曷其」1例；「曷其奈何」1例。
這類問句大多不用語氣詞。「如何」、「如台」算是結合式合義複詞。

4. 詢問原因

常用疑問代詞有「何、盍、曷、胡、奚、底、那」。馬漢麟《古代漢語講
義》一書認爲，〔註121〕詢問原因一般是在句中動詞前加疑問詞「何」、「奚」
等。還有一些複詞，如：「何以、何故、何乃、何如、何事、何說、何因、何
用、何緣、曷故、曷爲、胡爲、胡以、若何、如何、如之何、爲何、爲許、
惡乎、奚爲、奚以、奚以……爲、奚用……爲、焉故、焉爲、焉以……爲、
焉用……爲、以何、緣底、云何、云胡……等。」今文《尚書》中，詢問原
因其中用「何」1例；用「曷」7例；用「割」2例。

另外，「割」並非都是「何」的意思。「夏王率遏眾力，率割夏邑，有眾
率怠弗協。」（《商書・湯誓》）並不是所有的「割」都是「害」，「何」的意思。
「割」在這裡是「剝削」。「弗弔天降割于我家，不少延。」（《周書・大誥》）

「割」雖是「害」，並不是所有的「害」都是「何」，「割」這兒是「災禍」。

「有命曰：『割殷！』告敕于帝。」（《周書・多士》）「割，奪取。」「亦
惟有夏之民，叨懫日欽，劓割夏邑。」（《周書・多方》）「割，殘害，宰割。」

「湯湯洪水方割，蕩蕩懷山襄陵，浩浩滔天。」（《虞夏書・堯典》）《孔
傳》詮釋爲：言大水方方爲害。（頁26）割，害也。

5. 詢問方法

除「何（可）」外，常用一些固定短語如：「何如、何若、何以、何用、
何由、何繇、如何、如……何、如之向、若何、若……何、若之何、奈何、
奈……何、奈之何、奚如、奚若……」等。大都表示「怎麼」、「怎麼辦」一
類意思。

今文《尚書》中，詢問方法的句子，其中用「何」、「如台」、「何其」、「害」。

另外，今文《尚書》中沒有選擇問句。朱德熙《語法講義》一書，〔註122〕
選擇問句中有一種特殊的類型，就是把謂語的肯定形式和否定形式並列在一

〔註121〕同註119，頁138。
〔註122〕同註29，頁203。

起作爲選擇的項目。呂冀平《漢語語法基礎》一書說，〔註123〕選擇問句是把兩種或兩種以上的情況向對方提出，要求對方從中選擇一種來回答。

（二）是非問句

黃六年《漢語文言語法綱要》一書以爲，〔註124〕是非問句提出的問題一般只要求對方作肯定或否定的回答，不需要回答具體的人物、事件、原因等等。這類問句的特點是：（一）句中一般沒有疑問詞。（二）句末大都有語氣詞，表疑問的語氣詞是這類問句極爲重要的表達手段。如果沒有這些語氣詞，在沒有標點的情況下就可能被誤解爲陳述句。（三）下文大都有表示肯定或否定的回答。例如：「降年有永有不永」（《商書・高宗肜日》）

（三）反問句

朱德熙《語法講義》一書認爲，〔註125〕有的句子形式上是疑問句，但不要求回答，只是用疑問句的形式表示肯定或否定。這種疑問句叫做反問句。反問句的形式和意義正相反，肯定形式（及不帶否定詞的形式）表示否定，否定形式（即帶否定詞的形式）表示肯定。反覆問句用作反問句，形式上和否定並列，實際的意思則是肯定的。呂叔湘在《中國文法要略》一書中指出，〔註126〕「反詰實在是一種否定的方式，反詰句裡沒有否定詞，這句話的用意就在否定；反詰句中有否定，這句話的用意就在肯定」。呂叔湘又於《語法研究入門》一書指出，〔註127〕反問句又叫反詰句，在句法結構形式上同一般疑問句沒什麼區別，但其表達功能却不相同。語氣副詞表示反詰句，《尚書易解》

〔註123〕同註2，頁356。反覆問是把一件事情的肯定和否定的情況同時向對方提出，要求對方在肯定或否定方面選擇一種來回答。反覆問跟選擇問大致相同，不同的地方是選擇問可以提兩種以上的情兄要求對方從中選擇回答，而反覆問只能從肯定和否定兩種情況中選擇回答。所謂「反覆」，就指肯定和否定的反覆。

〔註124〕同註12，頁194。是非問句，所提出的問題要求對方作肯定或否定的答覆，一般用「乎」「與」「邪」等字表示疑問語氣。這三個語末助詞在語氣上稍有分別：「乎」和「與」都用於眞正的疑問，「與」的語氣比「乎」要舒緩委婉一點，「邪」於疑問之中還帶些擬議測度和驚訝的語氣。

〔註125〕同註29，頁204。

〔註126〕同註15，頁294。

〔註127〕同註17，頁555。于根元：〈反問句的性質和作用〉，該文指出由於反問句中實際上包含有答案，因此一般不需要回答，但以聽話人角度分析，發現反問句不少是可以回答的，而且實際上有回答的。一種釋自問自答，一種是此問彼答。關鍵是，反問句往往要對方不作反對的回答。

云：其，讀爲豈。（頁 95）「豈」只有一例，如：「予豈汝威？用奉畜汝眾。」（《商書・盤庚中》）且沒有「獨」、「焉」字。《詞詮》云：豈，反詰副詞，寧也。無疑而反詰用之。（頁 164）

二、疑問句的整段使用

有整段用五次、四次、三次的疑問用法。例如：

（一）共用五次疑問：「若昔，朕其逝。朕言艱日思。若考作室，既底法，厥子乃弗肯堂，矧肯構？厥父菑，厥子乃弗肯播，矧肯穫？厥考翼其肯曰：『予有後，弗棄基？』肆予曷敢不越卬敉寧王大命？若兄考，乃有友伐厥子，民養其勸弗救？」（《周書・大誥》）

（二）共用五次疑問：「嗚呼！肆哉！爾庶邦君，越爾御事。爽邦由哲，亦惟十人，迪知上帝命，越天棐忱，爾時罔敢易法，矧今天降戾于周邦？惟大艱人，誕鄰胥伐于厥室；爾亦不知天命不易。予永念曰：天惟喪殷；若穡夫，予曷敢不終朕畝？天亦惟休于前寧人，予曷其極卜？敢弗于從，率寧人有指疆土？矧今卜并吉？肆朕誕以爾東征；天命不僭，卜陳惟若茲。」（《周書・大誥》）

（三）共用四次疑問：今我曷敢多誥？我惟大降爾四國民命，爾曷不忱裕之于爾多方？爾曷不夾介乂我周王，享天之命？今爾尚宅爾宅，畋爾田，爾曷不惠王熙天之命？爾乃迪屢不靜，爾心未愛。（《周書・多方》）

（四）共用三次疑問：「嗟！四方司政典獄。非爾惟作天牧？今爾何監，非時伯夷播刑之迪？其今爾何懲？」（《周書・呂刑》）。